사진 © Henry Dallal

### 크리스티아나 피게레스 Christiana Figueres

1956년 코스타리카에서 호세 피게레스 페레르 대통령의 딸로 태어났다. 2010년부터 2016년까지 유엔기후변화협약(UNFCCC) 사무총장을 지내면서 2015년 파리협정 체결에 주도적인 역할을 했다. 2017년, 파리협정 이행을 추진하기 위한 조직 '글로벌 옵티미즘(Global Optimism)'을 설립했고, '미션 2020' 의장을 맡고 있다. 영국 윌리엄 왕자의 주도로 만들어진 세계 최대 규모 환경상 '어스샷 프라이즈(Earth Shot Prize)' 위원회에도 참여하고 있다. 2015년 〈네이처〉 선정 '올해의 과학인물'에 올랐다. 2016년 경주에서 열린 월드그린에너지포럼에서 기조강연을 한 것을 비롯해 수차례 방한했으며, 국내 언론에 기고하기도 했다.

### 톰 리빗카낵 Tom Rivett-Carnac

1977년 영국에서 태어나 국제비영리단체인 탄소정보공개 프로젝트(CDP)의 영국지부에서 일했고, CDP 미국 대표를 맡았다. 크리스티아나 피게레스가 유엔기후변화협약 사무총장으로 재임할 당시 사무총장 선임고문으로 파리협정 체결에 공헌했다. 피게레스와 함께 '글로벌 옵티미즘' 공동 대표를 맡고 있다.

### 홍한결 옮긴이

서울대 화학공학과와 한국외대 통번역대학원을 나와 책 번역가로 일하고 있다. 쉽게 읽히고 오래 두고 보고 싶은 책을 만들고 싶어 한다. 옮긴 책으로 《걸어 다니는 어원 사전》 《당신의 특별한 우울》 《인듀어런스》 《오래된 우표, 사라진 나라들》 《소리 잃은 음악》 《아이들의 왕 아누시 코르차크》 《인간의 흑역사》 《책 좀 빌려줄래?》 등이 있다.

**한배를 탄
지구인을 위한 가이드**

# 한배를 탄
# 지구인을 위한 가이드

# THE
# FUTURE
# WE
# CHOOSE

기후위기 시대
미래를 위한 선택

크리스티아나 피게레스
×톰 리빗카낵 홍한결 옮김

김영사

# 한배를 탄 지구인을 위한 가이드

1판 1쇄 발행 2020. 12. 28.
1판 3쇄 발행 2023. 12. 1.

지은이 크리스티아나 피게레스, 톰 리빗카낵
옮긴이 홍한결

발행인 고세규
편집 강영특 | 디자인 조명이 | 마케팅 신일희 | 홍보 반재서
발행처 김영사
등록 1979년 5월 17일(제406-2003-036호)
주소 경기도 파주시 문발로 197(문발동) 우편번호 10881
전화 마케팅부 031)955-3100, 편집부 031)955-3200 | 팩스 031)955-3111

값은 뒤표지에 있습니다.
ISBN 978-89-349-9104-5 03300

홈페이지 www.gimmyoung.com          블로그 blog.naver.com/gybook
인스타그램 instagram.com/gimmyoung     이메일 bestbook@gimmyoung.com

좋은 독자가 좋은 책을 만듭니다.
김영사는 독자 여러분의 의견에 항상 귀 기울이고 있습니다.

이 도서의 국립중앙도서관 출판시도서목록(CIP)은 서지정보유통지원시스템 홈페이지
(http://seoji.nl.go.kr)와 국가자료공동목록시스템(http://www.nl.go.kr/kolisnet)에서
이용하실 수 있습니다.(CIP제어번호 : CIP2020051075)

이 책을
크리스티아나의 두 딸 나이마와 이아나,
톰의 딸과 아들 조이와 아서,
그리고 우리가 선택할 미래에 살아갈
후세의 모든 이들에게 바칩니다.

# 차례

글쓴이의 말 • 9

서론: 운명을 좌우할 십 년 • 13

## 1부
# 두 모습의 세상

1. 미래는 우리의 선택 • 29
2. 우리가 만들고 있는 세상 • 35
3. 우리가 만들어야 할 세상 • 46

## 2부
# 세 가지 마음가짐

4. 어떤 사람이 될 것인가 • 63
5. 단호한 낙관 • 68
6. 무한한 풍요 • 82
7. 철저한 재생 • 96

3부
# 열 가지 행동

8. 우리가 해야 할 일 · 111
　　첫 번째 행동: 옛 세상과 작별하자 · 119
　　두 번째 행동: 슬픔을 마주하되 미래의 비전을 품자 · 125
　　세 번째 행동: 진실을 수호하자 · 131
　　네 번째 행동: 소비자가 아니라 시민이라는 의식을 갖자 · 138
　　다섯 번째 행동: 화석연료에서 벗어나자 · 145
　　여섯 번째 행동: 지구의 숲을 되살리자 · 152
　　일곱 번째 행동: 청정 경제에 투자하자 · 160
　　여덟 번째 행동: 기술을 책임감 있게 활용하자 · 166
　　아홉 번째 행동: 성 평등을 실현하자 · 173
　　열 번째 행동: 정치 참여에 나서자 · 179

결론: 새로운 이야기 · 187
지금 할 수 있는 일 · 194
그림 · 200
감사의 글 · 202
주 · 209
참고 문헌과 읽을 만한 자료 · 241
부록: 파리협정 전문 · 248

위험을 피할 은신처가 아니라
위험에 맞설 용기를 달라고 기도합시다.

_라빈드라나트 타고르

우리 두 사람은 친한 친구이자 지구를 함께 여행하는 길동무이
지만, 다른 점이 참 많습니다. 일단 태어난 지질 시대부터 다릅
니다. 크리스티아나는 1956년에 태어났습니다. 1만 2천 년간 안
정된 기후 속에서 인류가 번성했던 '홀로세'가 저물어갈 무렵이
었지요. 톰은 1977년, 이른바 '인류세'가 시작될 무렵에 태어났
습니다. 인류세는 인간이 자신을 번영케 했던 환경을 스스로 파
괴한 지질 시대라고 할 수 있습니다.

　우리는 태어난 나라도 지리적, 정치적으로 너무 다릅니다. 크
리스티아나는 코스타리카 사람입니다. 작은 개발도상국 코스타
리카는 오래전부터 자연과 조화를 이루는 경제성장의 본보기
가 되어온 나라입니다. 톰은 영국 사람입니다. 영국은 경제 규
모가 세계 5위인 나라이며, 산업혁명의 발상지이자 석탄에 의
존한 산업 활동이 시작된 곳이지요.

크리스티아나는 정치와 뗄 수 없는 집안에서 태어났습니다. 부모가 모두 이민자 집안 출신이었습니다. 아버지는 코스타리카 대통령을 세 번 지냈고 현대 코스타리카의 국부로 평가받고 있습니다. 세계에서 유례가 드물 만큼 대대적인 환경 정책을 폈고, 역사상 자국 군대를 폐지한 유일한 국가수반이기도 합니다. 톰의 집안은 대대로 영국에서 살며 민간 부문에서 일했습니다. 직계 선조가 동인도회사의 창업 회장이었는데 그 시절 동인도회사는 역사상 유일하게 사병 조직을 거느린 회사였습니다. 톰의 가장 어릴 적 기억은 석유지질학자인 아버지와 함께 유전을 찾아다니던 일입니다.

크리스티아나는 성인이 된 딸 둘을 둔 어머니이고, 톰은 열 살이 안 된 딸과 아들을 하나씩 둔 아버지입니다.

우리 둘은 언뜻 보면 공통점이 하나도 없습니다. 하지만 가장 중요한 공통점을 가슴 깊이 품고 있습니다. 우리 아이들과 세상 모든 아이가 살아갈 미래를 걱정하는 마음입니다. 2013년, 우리는 **모든** 아이에게 더 나은 세상을 만들어주기 위해 힘을 모으기로 했습니다.

크리스티아나는 2010년에서 2016년까지 유엔기후변화협약 UNFCCC, United Nations Framework Convention on Climate Change 사무총장으로 일했습니다. 유엔기후변화협약은 세계 모든 나라의 기후변화 대응 방향을 제시하는 임무를 맡은 조직입니다. 2009년 코펜하겐 기후변화총회가 크게 실패한 직후에 향후 협상의 총괄을 맡은 크리스티아나는, 국제적 합의를 반드시 이끌어낼 수 있다는 희망의 끈을 놓지 않았습니다.

2013년, 크리스티아나는 톰의 이야기를 들었습니다. 톰은 '미국 탄소공개 프로젝트Carbon Disclosure Project U.S.A.'라는 단체의 대표이사 겸 CEO였고, 예전에 불교 승려로 수행을 하기도 했습니다. 그의 독특한 이력을 흥미롭게 본 크리스티아나는, 같이 일할 사람을 찾고 있는데 이야기 좀 하자며 톰을 뉴욕으로 불렀습니다.

한나절 넘게 맨해튼 이곳저곳을 함께 걷고 나서, 크리스티아나는 톰에게 말했습니다. "당신은 분명 이 일에 필요한 경험이 전혀 없어요. 대신 훨씬 더 중요한 걸 갖고 있어요. 사람들이 지혜를 모을 수 있게 해주는 겸손, 그리고 비할 수 없이 복잡한 상황 속에서 일할 수 있는 용기예요."

그러면서 유엔에 와서 함께 일하자고 제안했습니다. 수석정무참모를 맡아서 파리협정으로 나아가기 위한 협상을 함께 진행하자고 했습니다. 톰은 주로 물밑에서 활동한 '그라운드스웰 계획Groundswell Initiative'이라는 조직을 이끌면서, 민간 부문의 다양한 이해관계자들에게서 파리협정의 지향점에 대한 지지를 이끌어냈습니다. 그로부터 몇 년 후, 세계는 역사상 가장 광범위한 기후변화 관련 국제 협정을 마침내 채택했습니다.

2015년 12월 12일 오후 7시 25분, 마침내 녹색 의사봉이 파리협정의 채택을 알리는 순간, 장시간 가슴 졸였던 각국 대표 5천 명은 자리를 박차고 일어나 환호하며 역사적 돌파구를 연 것을 축하했습니다. 세계 195개국이 만장일치로, 향후 40년간 각국 경제가 나아갈 방향을 제시하는 협정을 채택한 것입니다. 세계가 함께 걸어갈 길이 그려졌습니다.

하지만 길은 걷지 않으면 의미가 없습니다. 인류는 기후변화를 너무나 오랜 세월 방치했습니다. 이제 우리는 그 길을 걸어가야 합니다. 아니, 달려가야 합니다. 이 책은 우리가 달려갈 길을 그려놓은 지도입니다. 모두 함께 달릴 수 있기를 기원합니다.

웹사이트 www.GlobalOptimism.com에서 함께해 주십시오.

# 운명을 좌우할 십 년
## The Critical Decade

이 책을 탈고한 후에 코로나19가 세계를 강타했다. 올 한 해 곳곳으로 북 투어를 다닐 예정이었는데, 기껏 세 곳의 일정을 치르고는 각자 집으로 급히 돌아가 갇혀 지내야 했고, 모든 것이 예전과 달라졌다. 그 후로, 이 책에서 묘사한 암울한 미래와 바람직한 미래가 동시에 극명한 대조를 이루며 부쩍 다가오는 모습에 충격을 금할 수 없었다. 얼떨결에 맞닥뜨릴 미래가 아닌 우리 손으로 선택할 미래를 위해 각자의 몫을 해야겠다는 결의가 새삼 더욱 강해진다.

세상이 불타고 있다는 사실을 누구나 알고 있을 것이다. 아마존 우림에서 캘리포니아까지, 호주에서 북극까지 어느 곳 할 것 없이 타오르고 있다. 때는 이미 늦었고, 너무나 오래 미루어왔던 중대한 선택의 순간이 이제 다가왔다. 불타는 세상을 보고만 있을 것인가, 미래를 바꾸기 위해 행동에 나설 것인가?

우리의 운명이 그 선택에 달려 있다. 그리고 그 선택은 우리의 자기 인식에 달려 있다. 그 선택은 단순하면서도 복잡하다. 하지만 시급한 것만은 틀림없다. 다가올 십 년은 인류사에서 가장 중대한 시기다. 천양지차인 두 미래 중에서 하나를 택해야 한다. 하나는 두려운 미래요, 다른 하나는 뿌듯한 미래다. 이 책에서는 현명한 선택을 내리기 위해 꼭 필요한 세 가지 마음가짐을 제시한다. 우리는 할 수 있다.

어느 금요일 오전 10시 워싱턴 DC에서, 열두 살 소녀가 친구들과 행진을 벌인다. 손에 든 팻말에는 붉은 화염에 휩싸인 지구가 그려져 있다. 런던에서는 검은 옷차림에 전투경찰 헬멧을 쓴 성인 시위자들이 인간 띠를 만들어 피커딜리 광장 차도를 가로막았고, 또 한 무리의 시위자들은 석유회사 BP 본사 앞 보도에 앉아 농성을 벌인다. 서울에서는 다양한 색의 배낭을 멘 초등학생들이 거리로 몰려나와 시위를 벌인다. 들고 있는 현수막에는 '기후를 위한 등교 거부'를 뜻하는 'CLIMATE STRIKE'라는 문구를 세계 언론의 편의를 위해 영어로 적어놓았다. 방콕에서도 수백 명의 청소년이 굳은 결의와 무거운 마음으로 거리를 행진한다. 당당히 앞장선 열한 살 소녀의 손에는 이렇게 적힌 손팻말이 들려 있다. "바닷물이 높아지니 우리도 일어난다THE OCEANS ARE RISING AND SO ARE WE."

스웨덴 의회 앞에서 일인 시위에 나선 십 대 소녀 그레타 툰베리를 필두로, 전 세계에서 수백만 어린이와 청소년들이 기후 변화에 대한 경각심을 호소하고자 시민 불복종 운동을 벌이고 있다. 과학적 전망을 이해하고, 장차 자기들 삶의 질이 하락할 것에 두려움을 느끼면서, 지금 당장 단호한 대응을 요구하고 있다. 그 덕분에 대중도 기후위기 대응이 미비한 현실에 더욱 공분하고 있고, 과학자, 학부모, 교사들이 학생들과 함께하고자 나섰다. 인도의 독립운동이 그랬고 미국의 흑인 민권운동이 그랬듯이, 시민 불복종 운동은 사회에 만연한 불의가 허용 수위를 넘어설 때 터져 나온다. 지금 기후변화도 그런 상황이다. 세대 간 불공평이 용납하기 어려운 수준인 데다가 취약 계층과의 연대가 턱없이 부족한 가운데 시위의 물꼬가 터졌다. 가장 큰 피해를 겪게 될 사람들이 거리로 나섰다. 그들의 분노야말로 우리에게 절실히 필요한 힘이다. 그 힘으로 기존 체제에 맞서는 저항의 물결을 일으킬 수 있고, 새로운 가능성을 여는 데 필요한 창의성을 일깨울 수 있다.

인간은 소중한 것을 위험에서 지키려는 본능이 있지만, 주체적으로 할 수 있는 일이 없다고 느껴질 때 그 본능은 분노로 번지기 마련이다. 절망으로 빠져드는 분노는 변화를 일으킬 힘이 없다. 반면에 신념으로 승화하는 분노는 누구도 막지 못할 만큼 강하다.

이런 시위들이 일어나는 것은 놀랄 일이 아니다. 기후변화는 일찍이 1930년대부터 그 가능성이 알려졌고 1960년부터는 확실히 밝혀진 상태였다. 1960년 지구화학자 찰스 킬링은 지구 대기 중 이산화탄소량을 측정해 매년 상승하고 있음을 밝혀냈다.[1]

그 이후로 우리가 기후변화에 대응해 한 일은 거의 없기에, 기후변화의 원인인 온실가스의 배출량은 점점 늘고 있다. 우리는 여전히 화석연료의 무절제한 채굴과 연소에 기대어 경제성장을 추구하는 가운데 숲과 땅에, 그리고 바다와 강과 대기에 치명적인 타격을 입히고 있다. 우리는 우리 삶을 가능케 해주는 생태계를 슬기롭게 관리하지 못하고, 오히려 크게 망가뜨렸다. 일부러까지는 아니었더라도, 모질게 그리고 확실하게 망가뜨렸다.

우리가 책임을 회피하는 동안 지구는 예전 모습을 영영 잃기 직전의 한계에 급속히 몰렸고, 인류 생존이 걸린 과제인 기후변화는 이제 엄혹한 위기로 치닫고 있다. 하지만 많은 이들의 눈에는 이러한 파괴가 아직 뚜렷이 보이지 않는다. 자연재해의 빈도와 강도가 계속 높아지고 있음에도, 우리는 아직 그 관련성을 온전히 깨닫지 못하고 있다. 우리가 사는 터전이 이렇게 계속 파괴된다면, 앞으로도 아이들을 안전하게 키우고, 먹고살 음식을 장만하며, 해안 지대에 살고, 거주지의 안전을 보장할 수 있을까? 2020년에 인류를 덮친 비극은, 자연을 존중하는 자세 없이 우리 삶과 생계를 영위할 수 없음을 뚜렷이 보여주었다. 불평등을 극복하고, 자연을 되살리고, 인종차별을 타파하고, 기후위기를 해결하기 위해서는, 그 모두가 근본적으로 같은 과제임을 인식하지 않으면 안 된다. 인류가 지구에서 함께 잘 살아갈 방법을 찾는 일이다.

각국 정부는 기후변화에 서서히 대응해 나가고 있지만, 다른 모든 과제에 걸쳐 있는 문제임에도 단일한 문제로 다루고 있을 뿐이다. 지금까지 벌인 가장 광범한 노력은 파리협정을 채택한 것이다. 파리협정은 기후변화 저지를 위한 통일된 전략을 명확히 제시했다. 세계 모든 나라가 2015년 12월에 만장일치로 채택했고, 기록적으로 신속하게 대부분의 나라가 비준을 마쳤다. 그 후 크고 작은 여러 기업이 자체적으로 배출량 감축 목표를 세워 본보기를 보였다. 여러 나라 정부에서 실효성 있는 정책을 법제화했다. 수많은 금융기관이 화석연료 투자를 대폭 줄이고 청정 대체 기술 투자를 크게 늘렸다. 모두 필요한 조치들이지만, 여전히 전 세계의 탄소 배출 증가세를 멈추고 이를 감소세로 돌리기에는 한참 부족하다. 이에 몇몇 나라에서는 '기후비상사태'를 선언하기에 이르렀다. 지구는 날이 갈수록 허약해지면서 점점 인간이 살 수 없는 곳으로 변해가고 있다. 그런 지구를 안정시키려면 하루가 아까운 상황이다. 이제는 시간이 없다. 지구는 임계점을 향해 나아가고 있다. 일단 임계점에 도달하면 환경이 입은 피해도, 인류의 미래가 입은 피해도, 되돌릴 수 없다.

사람들은 기후변화 문제에 실로 다양한 반응을 보여왔다. 한쪽 극단에는 기후변화 부정론자들이 있다. 이들은 기후변화 자체를 '믿지 않는다'고 말한다. 기후변화를 부정한다는 것은 중력을 믿지 않는다는 것과 다를 바 없다. 기후변화의 과학은 믿음도 종교도 정치 이념도 아니다. 측정할 수 있고 검증할 수 있는 사실을 보여줄 뿐이다. 우리가 중력을 믿건 믿지 않건 중력은 우리 모두에게 힘을 미치고 있는 것처럼, 기후변화도 우리가 어디에서 태어나 살고 있건 간에 우리 모두에게 이미 영향을 미치고 있다. 극심한 자연재해가 새로 일어날 때마다 기후변화를 '믿지 않는' 태도가 얼마나 무책임한 것인지도 더욱 자명해진다. 기후변화 부정론자들은 후안무치하게 화석연료 산업의 단기적, 경제적 이익을 수호함으로써 후손들의 장기적 이익을 침해하고 있다.

한편 그 반대쪽 극단에 있는 사람들은 과학의 타당함을 인정하지만, 우리가 기후변화를 막을 수 있다는 자신감을 잃어가고 있다. 생태계와 생물다양성의 이루 말할 수 없는 손실을 진정으로 마음 아파하며, 앞으로 인류가 더욱더 많은 것을 잃으면서 예전 같은 삶을 살지 못할 것을 애통해한다. 그런 사람들은 애통한 감정에 휩싸인 나머지 우리가 힘을 모아 인류사의 흐름을 바꿀 수 있다는 믿음 자체를 잃기도 한다. 다큐멘터리를 볼 때마다, 과학자들이 연구 결과를 발표할 때마다, 자연재해 소식이 들려올 때마다 고통은 깊어진다. 애통한 감정은 사람을 변화시키는 강력한 힘이 될 수도 있다. 그리고 기후변화가 이렇게 오랫동안 거침없이 진행된 한 가지 큰 이유는 우리가 그 여파를 마음으로 아파하지 못했기 때문이라고도 할 수 있다. 각자 시간과 자리를 마련해 아픔을 절실히 느끼고 표현하는 것도 중요하다.

그런 감정을 생생히 마주하다 보면 어둡고 힘든 절망의 시기를 겪을 사람도 많을 것이다. 하지만 슬픔에 빠진 나머지 다 함께 용감히 일어나 변화해 나갈 힘을 잃어서는 안 된다.

그런가 하면 이 두 극단 사이에 있는 더 많은 수의 사람들은, 과학을 이해하고 증거를 인정하지만 아무런 행동도 취하지 않는다. 어떻게 해야 할지 몰라서, 또 기후변화 같은 것은 생각하지 않는 편이 훨씬 마음이 편하기 때문이다. 생각하면 무섭고 위축된다. 어찌 보면 모래 속에 머리를 박은 타조와 크게 다를 바 없는 모습이다. 기상이변 뉴스를 볼 때마다 마음이 편치 않다. 어느 지역에 오백 년 주기의 허리케인이 한 달에 두 번씩 일어난다든가, 오랜 가뭄으로 마을 몇 개가 통째로 사라졌다거나, 폭염이 연일 기록을 경신하고 있다거나, 그런 식으로 현 상황의 엄중함을 보여주는 자연재해 소식이 들려올 때마다 마음 한구석이 불편하다. 하지만 그럴 때 우리는 뉴스를 끄고, 자신이 덜 위선적으로 느껴질 만한 다른 일에 주의를 돌린다. 마치 아무 일도 없다는 듯, 막을 도리가 없다는 듯 행동하는 편이 기분이 나으니까. 인생은 문제없이 흘러가리라고 자기 자신을 속인다. 이해할 만한 반응이지만, 크나큰 실수다. 지금 현실에 안주한다면 우리에게는 결핍과 불안정과 갈등의 미래가 있을 뿐이다.

우리는 기후변화라는 문제를 '해결'할 수 없다. 그러기엔 이미 파괴의 길에 너무 깊숙이 접어들었다. 대기 속에는 온실가스가 이미 너무 많이 쌓였고 생태계는 너무 많이 변해버려서 지구

온난화와 그 누적된 효과를 원래대로 되돌릴 수는 없다. 우리와 후손들은 영원히 바뀐 환경 속에서 살 수밖에 없다. 멸종한 생물도, 녹은 빙하도, 죽은 산호초도, 파괴된 원시림도 되살릴 수는 없다. 우리가 할 수 있는 최선은, 변화의 폭을 감당할 수 있는 범위로 억제해 총체적 파국을 피하고, 거침없이 증가하는 탄소 배출로 일어날 재앙을 막는 것뿐이다. 그러면 적어도 위기는 벗어날 수 있을지 모른다. 거기까지는 우리가 해야 하는 최소한의 일이다.

하지만 그 이상도 해낼 수 있다.

지금 기후변화의 원인에 대처한다면 위험을 최소화하면서 동시에 더 강해질 수 있다. 지금이야말로 안정된 미래를 넘어 더 나은 미래를 만들, 더없이 좋은 기회다. 효율은 높고 비용은 낮은 수송 수단을 마련해 교통량을 줄일 수 있다. 공기를 더 깨끗하게 유지함으로써 더 건강한 삶을 누리고 도시 생활의 질을 끌어올릴 수 있다. 천연자원을 더 슬기롭게 사용해 땅과 물의 오염을 줄일 수 있다. 이렇게 더 나은 환경을 이루는 데 필요한 마음가짐을 지닐 수 있다면, 그 자체가 인류의 성숙을 알리는 신호일 것이다.

기후변화라는 크나큰 도전에 직면했지만, 우리는 기존의 진로를 바꿀 능력이 있다. 그렇지 않다는 객관적 증거는 어디에도 없다. 인류 사회는 이전에도 여러 벅찬 도전에 맞섰다. 노예제도, 여성의 억압과 배제, 파시즘의 발흥 등이 그 예다. 물론 그

중 어느 문제도 깨끗이 해소되지는 않았지만, 함께 대응한다면 극복할 수 있음을 우리는 알고 있다. 기후변화는 인류의 궁극적 운명을 좌우할 수 있기에 한층 더 복잡한 문제이지만, 대처할 준비는 충분히 되어 있다. 우리는 이미 사회적, 정치적으로 수두룩한 성공을 거두기도 했다. 필요한 기술을 전부 갖추진 못했을지라도 대부분은 갖추었다. 자본도 충분하고, 어떤 정책이 가장 효과가 좋은지도 알고 있다. 위기 극복의 관건은 우리가 가진 의지이지, 지식이 아니다. 우리가 이뤄야 할 변화는 막대하지만, 불가능하지 않다.

이 책은 기후변화를 안이하게 생각하는 독자, 고통이나 분노의 시선으로 바라보는 독자 할 것 없이 모든 이에게 보내는, 인류의 미래를 함께 만들어가자는 요청이다. 비록 엄두가 안 나고 벅차 보일지라도, 인류는 기후변화를 헤쳐나갈 저력이 있다. 그 사실을 잊지 말고 단호한 낙관의 자세를 가져주길 요청한다.

지금 세상을 사는 우리에게는 건강하고 번성하는 미래를 우리 손으로 빚어나갈 엄청난 특권이 주어져 있다. 우리는 소중한 것을 지켜낼 힘이 있다. 그리고 지켜내지 않으면 안 된다.

바로 지금, 당신의 응답이 필요하다. 우리와 함께하겠는가?

우리 모두 마음에 새겨야 할 연도가 두 개 있다. 2030년 그리고 2050년이다.

우리는 늦어도 2050년까지, 이상적으로는 2040년까지, 온실가스 순배출량을 0으로 만들어야 한다. 다시 말해 대기 중으로 배출되는 온실가스의 양을 지구가 자연적으로 흡수할 수 있는 수준까지 떨어뜨리는 것이다. 이른바 '순배출 제로' 또는 '탄소 중립'이라고 불리는 상태다. 과학적으로 수립된 이 목표에 다다르기 위해서는 전 세계 온실가스 배출량을 2020년대 초까지 현저히 감소세로 돌려야 하며, 2030년까지 50퍼센트 이상 줄여야 한다.

2030년까지 전 세계 배출량을 절반으로 줄인다는 것은, 인류가 최악의 사태를 벗어날 가능성을 50퍼센트 이상으로 높이기 위해 달성해야 할 최소한의 절대적 목표다. 앞으로 십 년이 결정적인 시기다. 지금부터 2030년까지 배출량을 얼마나 줄이느냐가 앞으로 수천 년까지는 아니더라도 수백 년간 지구에서 우리 삶의 질을 좌우한다고 해도 과언이 아니다. 2030년까지 배출량을 절반으로 줄이지 못한다면, 십 년마다 절반씩 줄여 2050년에 순배출 제로를 달성할 가능성은 희박해진다.

이는 더 물러설 수 없는, 절대적 한계다.

왜냐고?

기후변화의 효과는 선형으로 나타나지 않는다. 조금 더 진행되면 조금 더 나빠지는 게 아니다. 지구에는 극도로 민감한 지역들이 있다. 예컨대 북극 해빙, 그린란드 빙상, 캐나다와 러시아의 북방수림, 아마존의 열대우림 등이다. 지구 온도를 지난 수천 년 동안 일정하게 유지해 준 지역들이다.[2] 그런 지역의 생태계가 훼손되거나 사라지면 지구 온도가 치솟으면서 전 세계

에 되돌릴 수 없는 피해를 준다. 파괴가 도미노처럼 걷잡을 수 없이 연달아 일어난다고 생각하면 된다.[3]

오늘 우리가 에너지, 교통, 토지 이용에 관한 문제를 어떻게 결정하느냐가 장기적 기후변화에 직접 영향을 미친다. 그에 따라 각 분야의 온실가스 배출량이 향후 수십 년간 좌우되기 때문이다. 온실가스가 계속 누적되면 결국 '급변점tipping point'을 넘어가면서 파국이 도래할 수도 있다[4](200쪽 그림 참고). 그리고 나면 엎지른 물을 주워 담을 수는 없다. 2030년과 2050년이라는 이정표는, 우리가 별다른 대처를 하지 않고 방치할 경우 재앙이 도래할 시점을 분석한 최신 과학 연구에 따른 것이다.

좋은 소식이 하나 있다.

아직은 최악의 사태를 간신히 면하고 장기적 여파를 관리할 수 있는 여지가 있다. 하지만 그건 우리가 단기적으로 할 일을 해낸다는 전제에서다. 지금이 역사를 통틀어 우리에게 주어진 마지막 기회다.

조금만 지나도 너무 늦다.

무엇을 해야 하는지는 분명하다. 필요한 수단도 마련되어 있다. 나라마다 기후변화를 우려하는 정도는 다르지만, 각국에서 정부의 대응을 요구하는 국민의 목소리가 커지고 있다.[5] 아이들에게 안전한 미래를 보장해 주려면, 지금 당장 행동해야 한다. 그래야만 그 미래가 존재할 수 있다.

'지구를 살린다'고 하면 흔히 지구 생태계의 몇몇 상징적 요소를 살리는 일을 떠올린다. 이를테면 북극곰, 혹등고래, 산악빙하 같은 것들이다. 자연이 고통받고 있으며, 인간이 이를 방조하고 있으니, 행동해야 한다는 식으로 많이 생각한다. 물론 그런 식의 관점도 여러모로 의미가 있지만, 그렇게 되면 이 일을 우리 일상생활과 관계없는 '외부'의 문제로 인식하기 쉽다.

우리는 기후변화를 지구의 존속에 관한 환경문제로 오랫동안 오해했다. 사실 지구는 끊임없이 변화한다. 45억 년간 이미 엄청난 변화를 거쳤다. 지구 역사를 통틀어 인간이 살 만한 시기는 얼마 없었다. 지금 우리는 인간이 살 수 있는 독보적인 환경을 누리고 있지만, 인류 문명은 생긴 지 고작 6천 년 정도밖에 되지 않았음을 잊지 말자.[6]

지구는 존속할 것이다. 물론 그 모습은 변하겠지만, 계속 존재할 것이다.

문제는 우리가 존속할 것이냐다.

그래서 기후변화는 그 어떤 문제보다 더 근본적인 문제다.

지금 우리가 맞은 위기는 세상 그 어떤 문제보다 더 크고 넓은 문제다. 사회정의를 갈망하는 모든 이들에게도 기후변화는 큰 문제다. 어느 나라에서든 기후변화로 더 큰 피해를 보는 것은 가난한 이들이다. 가난한 이들은 기후변화의 충격에 더 많이 노출되고 더 취약할 뿐 아니라, 재난이 닥쳤을 때 기댈 수 있는 수단도 훨씬 부족하다.

건강 문제를 염려하는 모든 이들에게도 기후변화는 큰 문제다. 화석연료의 연소는 온실가스 배출로 기후변화를 유발하는 것으로만 그치지 않는다. 산업용, 발전용으로 석탄을 태우거나 교통수단에 경유나 휘발유를 사용하는 과정에서 우리 주변 대기가 미세먼지로 오염된다. 공기 중에 떠다니는 극미한 오염 물질들은 우리 몸의 방어기제가 거르지 못하고 그대로 통과시키기 때문에 호흡기와 순환기에 깊숙이 침투해 폐와 심장, 뇌에도 손상을 일으킨다. 건강에 워낙 치명적인 영향을 끼쳐서 매년 대기오염과 관련된 질병으로 사망하는 사람이 7백만 명이 넘는다.[7]

경제 안정과 투자가치를 고민하는 모든 이들에게도 기후변화는 큰 문제다.[8] 석탄은 이미 세계 대부분 지역에서 경제적 자생력이 없다는 사실을 부인할 수 없다. 태양에너지를 비롯해 더 값싸고 깨끗한 재생에너지와 이제 더 이상 경쟁이 되지 않기 때문이다.[9] 곳곳에서 탄광과 석탄 화력발전소가 폐쇄되고 있고, 석탄 투자 철회 운동이 추진력을 얻고 있다. 다른 화석연료에 대한 투자 철회 운동도 그 뒤를 이을 가능성이 크다.[10] 각국 중앙은행은 고탄소 자산에 투자된 수조 달러 규모의 자금이 안고 있는 거시경제적 위험을 주시하고 있다. 자산 가치의 장기적 안전을 기할 수 있는 청정에너지 자산으로 점진적이면서도 확실하게 이동해야 한다는 인식이 점점 높아지고 있다.[11]

마지막으로 무엇보다 중요한 것이 있다. 기후변화는 세대 간 불공평을 염려하는 모든 이들에게, 다시 말해 우리 모두에게 큰 문제다. 우리가 해야 할 일을 하지 않는다면 우리 후손들은 그 무참한 결과를 무력하게 받아들일 수밖에 없다. 그러므로 우리는 후손들에게 막중한 도덕적 책임을 지고 있다. 지금 우리가 힘든 선택을 내리지 않는다면, 우리 자녀와 후손들에게서 그들이 마땅히 누려야 할 미래를 빼앗게 된다.

우리 뇌는 위협이 눈앞에 닥쳤을 때만 행동하게끔 만들어져 있다고도 한다. 기후변화의 위협이 이제 눈앞에 닥쳤다. 세계 곳곳에서 일어나는 강력한 태풍과 허리케인, 산불, 가뭄, 홍수는 기후변화의 증거로 부족함이 없다. 그리고 그러한 재난의 빈도와 규모, 발생 지역은 앞으로 계속 늘어날 것이다. 우리는 기후변화를 더는 부인하거나 무시할 수 없다. 이제 마지못해 건성으로 임하던 자세는 버려야 한다. 우리 어깨에 지워진 과제의 막중함을 느끼고, 그에 걸맞게 행동해야 할 때다.

## 1부

# 두 모습의
# 세상

# TWO
# WORLDS

# 1 미래는 우리의 선택
## Choosing Our Future

지질 시대는 길고 변화가 느리다. 적어도 예전엔 그랬다. 지구에는 이따금씩 북반구 대륙의 상당 부분이 광대한 빙하로 덮이는 '빙하기'가 서서히 찾아왔다가 서서히 지나가곤 했다. 마지막 빙하기는 약 260만 년 동안 이어졌다. 그러다가 여러 가지 자연적 기후변화 요인으로 날씨가 아주 조금씩 따뜻해지면서, 지구는 서서히 빙하기를 벗어나 홀로세에 접어들었다. 홀로세는 20세기에 이르기까지 1만 2천 년간 이어졌고, 그동안 지구의 온도는 비교적 안정적으로 유지되어 평균을 중심으로 1℃ 이내의 변동만 보였다.[1]

홀로세 내내 지구는 온도, 강수량, 바다와 육지의 생태계 등 모든 면에서 인간이 번성할 수 있는 최적의 환경조건을 유지했다. 그렇게 안정된 환경 덕분에 작은 부족 단위로 살던 인간 약 1만 명은 정착 생활을 할 수 있었다. 농경을 시작하고, 도시를

발전시키고, 산업 활동과 대량생산을 할 수 있었다. 인류는 번성하여 인구가 77억에 이르렀다.[2]

홀로세에는 '생명이 생명 번성에 유리한 환경을 스스로 만들었다'고 할 수 있다.[3] 우리는 별일 없었다면 홀로세라는 지질 시대를 계속 누릴 수 있었을 것이다. 그런데 그러지 못했다.[4]

지난 50년간 인간은 지구환경의 건전성을 심각하게 훼손함으로써 스스로 지구살이를 위태롭게 만들었다. 산업혁명 이후 인간이 누려온 생활방식 탓에 자연의 모든 체계가 크게 망가졌다. 무절제한 화석연료 사용과 방대한 삼림 파괴라는 두 주범 때문에, 오늘날 대기 중 온실가스 농도는 마지막 빙하기 한참 전 이후로 유례가 없는 높은 수준에 이르렀다.[5] 그로 인해 전 세계에서 홍수, 폭염, 가뭄, 산불, 허리케인 등 기상이변의 빈도가 잦아지고 강도도 점점 높아지고 있다. 세계 열대우림은 이미 절반이 사라졌고, 매년 약 1,200만 헥타르가 사라지고 있다. 현재 속도로 간다면 약 40년 뒤에는 유럽 전체와 맞먹는 면적인 10억 헥타르의 숲이 사라지게 된다.[6] 지난 50년간 포유류, 조류, 어류, 파충류, 양서류의 개체 수가 평균 60퍼센트 줄어들었다. 이미 6차 대멸종 시대에 접어들었다고 보는 의견도 있다.[7] 최근 연구에 따르면 현재 생존 중인 동식물종의 12퍼센트가 멸종 위기에 처해 있으며, 앞으로 기후가 제 기능을 하지 못하게 된다면 멸종 위기는 더욱 심각해지리라 예측된다.[8]

지난 50년간 인간이 배출한 열의 증가분 중 90퍼센트 이상은 바다에 흡수됐다.° 그로 인해 전 세계 산호초의 절반이 이미 죽었다.¹⁰ 햇빛을 반사해 지구 온도 조절을 돕는 여름철 북극 해빙이 급속히 줄어들고 있다.¹¹ 육상 빙하가 녹아 해수면이 20센티미터 이상 높아지면서 대수층(지하수를 함유한 지층)에 염수가 대규모로 스며들고, 폭풍해일이 심해지며, 저지대 섬 지역 주민들이 생존에 위협을 받고 있다.¹² 한마디로, 우리는 단 50년 만에 혜택받은 지질 시대인 홀로세를 끝내고 인류세라는 새 지질 시대에 돌입했다. 자연적 과정이 아니라 인간 활동이 생물지구화학적 환경을 현저히 좌우하는 지질 시대가 열린 것이다. 인간이 사상 최초로, 지구의 대규모 기후변화를 일으키는 주된 요인이 된 것이다.¹³

인류세에 관한 연구는 하나같이 인류가 단 50년 동안 전례 없는 수준의 파괴를 자행했음을 지적한다.¹⁴ 거기엔 인류가 이미 주사위를 던졌으며, 이번 지질 시대를 통틀어 파괴는 점점 심해질 수밖에 없다는 전제가 깔려 있다.

우리가 보는 관점은 전혀 다르다.

대대적인 파괴의 가능성이 커지고 있는 것은 사실이지만, 그것이 피할 수 없는 운명은 아니라고 주장하고자 한다. 비록 인류세의 시작점은 선명하고 고통스럽게 역사에 새겨졌지만, 그 전체 이야기는 아직 다 기록되지 않았다. 우리는 아직 펜을 손에 들고 있다. 그리고 그 어느 때보다 손에 단단히 쥐고 있다. 마음만 먹는다면, 자연과 인간 정신의 회생에 관한 이야기를 쓸 수도 있다. 하지만 그러려면 선택을 내려야 한다.

우리와 후손들이 살게 될 세상을 결정하는 데 우리에게 주어진 선택지는 많지 않다. 선택지는 사실 둘뿐이다. 파리협정에도 명기된 그 두 선택지를 이제 독자에게 제시하고자 한다. 우선, 세상은 산업혁명 이전보다 이미 0.9℃ 더 따뜻해졌다는 사실을 기억하자. 파리협정에 따라 세계 각국은 지구의 온도 상승을 "2℃보다 훨씬 아래로" 제한하고 더 나아가 1.5℃ 이내로 억제하기 위해 노력하기로 약속했다. 이를 위해 국가별로 배출 감축 노력을 기울이고, 그 노력을 5년마다 상당한 정도로 강화하기로 했다. 그 첫 단계로, 2015년에 184개국이 첫 5년 동안 스스로 취할 노력을 상세히 기록해 제출했다. 그리고 5년마다 다시 모여 더 강도 높은 수준의 실행 노력을 제출하기로 동의했다. 처음 제출한 약속은 순배출 제로라는 장기 목표 달성을 위한 첫 단추에 불과하기 때문이다.

두 가지 시나리오가 있다. 둘 중 하나가 우리의 현실이 될 것이다.

**우리가 현재 만들어가는, 온도가 3℃ 이상 오른 세상.**[15] 이 첫 번째 시나리오는 지금 우리가 나아가고 있는 매우 위험한 행로를 묘사한 것이다. 만약 각국 정부와 기업, 개인들이 2015년에 제출한 목표 이상의 노력을 기울이지 않는다면, 2100년에는 지구 온도가 최소 3.7도 오를 것이다.

그러나 그 목표조차 지키지 못한다면 지구 온도는 4~5도 오르리라 예상된다(200쪽 그래프 참고). 미리 경고하지만, 이 전망은 암울하다. 최악의 시나리오 중 상당수는 금세기 후반에야 실현될 것으로 보이지만, 금세기 중엽에 이르면 이미 인류는 참담한 운명을 맞게 될 것이고, 생물다양성은 크게 훼손될 것이며, 우리와 후손들은 회복 가능성 없이 꾸준히 나빠지는 세상에서 살게 될 것이 분명하다.

**우리가 만들어야 할, 온도 상승을 1.5℃ 이내로 억제한 세상.**[16] 이미 과거에 배출한 탄소를 되돌릴 수는 없다. 늦긴 했지만, 우리는 여전히 자연과 인간이 존속을 넘어 함께 번영하는, 더 나은 세상을 위해 싸울 수 있다. 그리고 그런 세상을 이룰 수 있다. 과학자들은 누누이 분명하게 밝혔다. 1.5도 상승 시나리오는 여전히 실현할 수 있으나 그 기회의 창은 빠르게 닫히고 있다고. 성공 확률을 50퍼센트(물론 이 자체로도 용인하기 어려운 위험 수준이다) 이상으로 높이려면, 전 세계 배출량을 2030년까지 현재 수준의 절반으로 줄이고, 2040년까지 다시 그 절반으로 줄이고, 늦어도 2050년까지는 순배출 제로를 달성해야 한다.[17] 이렇게 큰 변화를 이루어내려면 일상생활과 직업 활동의 거의 모든 분야에서 일대 변혁이 필요하다. 숲을 대규모로 재조성하고 새로운 농업 방식을 실천하는 것은 물론, 2020년까지 석탄 생산을 중단해야 하며, 이어 석유와 천연가스 채굴을 중지하고, 화석연료와 내연기관까지 사용을 중단해야 한다.

우리가 구체적으로 해야 할 행동은 책 뒷부분에 상술해 놓았지만, 우선은 미래가 우리 선택에 달렸다는 사실을 깨닫고, 그 미래를 함께 만들어가야 한다. 우리는 공동의 책임을 지고 있다. 더 나은 미래의 실현이 가능해지는 것을 넘어 유력해지도록, 더 나아가 확실해지도록 만들 책임이 있다.

위대한 야구 선수 요기 베라가 남긴 명언이 있다. "예측이란 참 어렵다. 특히 미래에 대해서는 더욱 그렇다." 여기 두 가지 시나리오를 구상해 보았지만, 30년 후의 세상을 예측한다는 것은 물론 어느 정도 상상에 의존할 수밖에 없는 일이다. 그러나 이 두 시나리오에는 현재 과학적으로 가능한 최선의 예측 또는 예상만을 담았다.[18] 과학의 예언은 이미 상당 부분 우리 눈앞에 현실로 나타나고 있다. 이 두 시나리오는 미래에 대한 예측보다는 미래의 가능성에 대한 경고로 읽어주기 바란다. 우리에게는 아직 그 미래를 바꿀 기회가 있다.

# 2 우리가 만들고 있는 세상
## The World We Are Creating

때는 2050년이다. 각국은 2015년에 제출한 목표 이상으로는 배출량을 감축하려는 노력을 기울이지 않았다. 이대로 가면 2100년경 지구 온도는 3℃ 이상 오르리라 예측된다.

가장 먼저 실감할 수 있는 변화는 공기의 질이다.

세계 곳곳의 공기는 후덥지근하고, 날에 따라 미세먼지 오염도 심각하다. 눈에서 눈물이 자주 난다. 기침이 좀처럼 떨어지지 않는다. 예전에 마스크는 주로 감염병이 유행할 때 타인에게 병을 전파하지 않으려고 썼지만, 이제는 대기오염으로부터 자기 건강을 지키기 위해 쓴다. 이제 문밖에만 나가면 신선한 공기를 마실 수 있는 세상이 아니다. 아침마다 창문이나 현관문을 열기 전에 전화기로 그날 공기 질을 확인한다. 맑고 화창해 보인다고 해도 안심할 수 없다. 폭풍과 폭염이 겹치고 집중되는 시기에는 대기오염과 지표 오존 농도가 심각해진다. 그럴 때 외출하려면 부자들만 장만할 수 있는 고가의 특수 제작 얼굴 마스크를 착용해야 한다.[1]

대기오염으로 인한 인명 피해는 유럽과 미국에서보다 동남아시아와 중앙아프리카에서 크다.[2] 유럽과 미국은 실외 활동 인구가 상대적으로 적지만, 실내에서도 공기가 살짝 매캐해 속이 메슥거릴 때가 있다. 석탄은 이미 10년 전부터 사용을 중단했지만, 세계적으로 공기 질은 그다지 나아지지 않았다. 여전히 수많은 승용차와 버스가 곳곳에서 유해 배기가스를 내뿜고 있기 때문이다. 몇몇 나라에서는 비구름을 만들어 인공 강우로 하늘에서 오염 물질을 씻어 내리려 시도하지만, 결과는 희비가 엇갈린다. 인공 강우는 구현이 어렵고 효과가 불확실하며, 부유한 나라라 해도 매번 성공하지는 못한다.[3] 최고의 전문가라 해도 강우 위치를 정확히 조절할 수는 없다. 더군다나 산성비는 작물 피해를 일으켜 식량 공급에 막대한 차질을 주므로 유럽과 아시아에서는 인공 강우를 놓고 국제 분쟁이 일어나기도 한다.[4] 따라서 작물 재배는 점차 지붕 덮인 시설로 옮겨가고 있으며, 그런 추세는 점점 가속될 것으로 보인다.[5]

세상이 점점 더워지고 있다. 앞으로 20년간 지구 일부 지역은 온도가 더 높아질 것으로 전망되며, 그 추세는 이미 손쓸 도리도 없고 되돌릴 수도 없다. 오랜 세월 바다와 숲, 풀과 나무, 토양은 인간이 뿜어내는 이산화탄소의 절반을 흡수해 왔다. 이제는 숲이 대부분 벌목이나 산불로 사라져 얼마 남지 않았고, 영구동토가 녹으면서 이미 온실가스가 가득한 대기 중으로 온실가스를 더 뿜어내고 있다.[6]

점점 뜨거워지는 지구의 열기에 사람들은 숨 막히는 답답함을 느낀다. 5년에서 10년 후면 세계 곳곳의 방대한 지역이 점점 주거에 부적합한 지역으로 변모할 것이다. 2100년경에는 호주, 북아프리카, 미국 서부 등에서 어느 정도나 주거가 가능할지 알 수 없다. 우리 자녀와 후손들에게 어떤 미래가 기다리고 있을지 아무도 모른다. 지구환경이 이런저런 급변점을 연달아 맞는 가운데 인류 문명의 전망은 암울해져 간다. 앞으로 인류는 옛날처럼 사방에 뿔뿔이 흩어지리라는 관측도 있다. 작은 부족 단위로 모여 그나마 살 수 있는 땅에 겨우 발붙여 살아가게 되리라는 전망이다.[7]

지구환경은 이미 급변점 몇 개를 고통스럽게 넘어섰다. 그 첫 번째는 산호초의 소실이었다. 한때 형형색색의 물고기들이 노닐던 웅장한 산호초 주변에서 스쿠버다이빙을 즐기던 시절은 이제 몇몇 사람만 기억하는 옛날이야기가 되었다. 이제 산호는 거의 사라지고 없다. 세계 최대의 산호초 지대였던 호주의 그레이트배리어리프는 이제 세계 최대의 수중 묘지다. 수온이 비교적 낮은, 적도에서 북이나 남으로 더 멀리 떨어진 바다에 인공 산호를 키우려는 시도를 몇 차례 했지만 대부분 실패했고, 해양 생물은 돌아오지 않고 있다. 산호초는 지금 남아 있는 10퍼센트

도 몇 년 안에 소멸해 곧 지구에서 사라질 것으로 보인다.[8]

두 번째 급변점은 북극해를 뒤덮은 얼음이 녹은 것이었다. 이제 여름철 북극 해빙은 사라졌다. 극지방은 다른 지역보다 온난화가 6~8도 더 큰 폭으로 진행됐기 때문이다. 사람이 살지 않는 추운 최북단에서 얼음은 소리 없이 녹았지만, 그 효과는 금방 피부로 느껴졌다. 지구가 더 빠르게 더워졌다. 태양열을 반사하던 흰 얼음이 사라지고 검은 바다가 열을 흡수하면서 바닷물의 양이 불어나 해수면이 더 높아지고 있다.[9]

공기가 습해지고 해수면 온도가 오르면서 무시무시한 허리케인과 사이클론이 기승을 부린다. 방글라데시, 멕시코, 미국 등지의 해안 도시에서는 최근 무참한 기반 시설 파괴와 극심한 홍수로 수천 명이 사망하고 수백만 명이 집을 잃었다. 이런 일이 이제 점점 잦아진다.[10] 해수면 상승 때문에 매일같이 세계 어딘가에서 주민들이 고지대로 대피한다. 뉴스에는 어머니들이 아기를 등에 업고 물을 헤치며 걷는 모습이라든지 격류에 산산조각이 난 집들의 모습이 연일 보도된다. 갈 곳이 없어 물이 발목까지 들어찬 집에서 생활하는 주민들, 잠자리에 곰팡이가 피어 연신 콜록거리고 숨을 쌕쌕거리는 아이들의 이야기가 뉴스 기사를 장식한다. 보험사들이 파산하는 바람에 생존자들은 재건에 나설 여력조차 없다. 급수원 오염, 해수 침입, 농지 오염 물질 유출은 일상적인 풍경이다. 두 가지 이상의 재해가 동시에 닥칠 때도 많다. 극심한 수해를 겪는 지역에 식량과 식수 등 기본적

인 구호물자가 도달하는 데도 수주에서 수개월이 걸리기도 한
다. 말라리아, 뎅기열, 콜레라, 호흡기 질환, 영양실조 등의 질병
이 창궐한다.[11]

이제 모든 시선은 서남극 빙상에 쏠려 있다.[12] 그것마저 사라
진다면, 민물이 바다로 대량 유입되어 해수면 높이가 5미터 이
상 오를 수 있다. 그러면 마이애미, 상하이, 방글라데시 다카 같
은 해안 도시들은 사람이 살 수 없게 된다. 군데군데 고층건물
만 수면 위로 솟아 있고 주민들은 종적을 감춘, 바닷물에 잠긴
유령 도시로 남게 된다.

세계 곳곳에는 살아왔던 터전을 버리지 못해 해안 지역에 남
은 주민들도 있지만, 그들이 맞닥뜨려야 할 문제는 비단 바닷물
의 상승과 범람에 그치지 않는다. 이제는 어업 중심의 생활에
작별을 고해야 한다. 이산화탄소를 흡수한 바닷물이 산성화되
면서 수소이온농도지수(pH)가 해양생물이 살기 어려운 정도로
낮아져, 몇 나라를 제외한 세계 각국은 공해에서조차 어업을 금
지했다.[13] 얼마 안 되는 물고기라도 있을 때 잡아야 한다고 주장
하는 이들도 많다. 딱히 반박하기도 어려운 주장이고, 그 밖의
사라져가는 모든 것에 대해서도 할 수 있는 주장이다.

해수면 상승도 피해가 컸지만, 내륙의 가뭄과 폭염은 그야말
로 지옥을 방불케 하는 상황을 초래했다. 방대한 면적의 땅이
심각할 정도로 건조해지고 때로는 뒤이어 사막화 현상까지 발
생하면서[14] 야생 동식물을 볼 수 없게 된 지 오래다.[15] 그런 곳은

대수층이 말라붙어 인간도 가까스로 살아간다. 모로코의 마라케시, 러시아의 볼고그라드 같은 도시는 사막으로 변하기 직전이다. 홍콩, 바르셀로나, 아부다비 등의 여러 도시는 오래전부터 해수를 담수화해 사용하고 있고, 물이 말라붙은 지역에서 밀려드는 이민 인파에 대처하느라 애를 먹고 있다.

극심한 더위가 기승을 부린다. 파리의 여름철 기온은 종종 44℃까지 오른다. 30년 전이라면 신문에 크게 보도될 일이었지만 이제 이변에 속하지도 않는다. 모든 사람이 실내에 머물며 물을 마시고 에어컨을 갈망한다. 찬물에 적신 수건을 얼굴에 덮고 소파에 누워, 가뭄과 산불이 거듭되는 이 순간에도 포도며 올리브며 콩 농사를 짓고 있는 가난한 농부들은 애써 생각하지 않으려 한다. 물론 그런 농산물은 이제 부자들이나 누리는 사치품이다.

그래도 특히 더운 지역 사람들에 비하면 훨씬 나은 형편이다. 세계 인구 중 20억 명은 연중 45일 이상 기온이 60℃로 치솟는 곳에서 산다. 우리 몸은 그 정도의 온도에서 여섯 시간 이상 실외에 머물면 체온조절 능력을 잃는다. 인도 중부 같은 지역은 점점 사람이 살기 힘들어진다. 그래도 한동안 살아보려고 노력한 주민들이 있었다. 하지만 실외에서 일할 수 없고 그나마 기온이 가장 낮아지는 새벽 4시에나 두어 시간 눈을 붙일 수 있는 환경에서는 살기가 쉽지 않았다. 더위가 덜한 시골 지역으로 이주 행렬이 줄을 잇지만, 난민 문제, 주민 소요, 가용 수자원 부족

으로 인한 유혈 충돌 등 문제가 끊일 날이 없다.[16]

세계 각지에서 내륙빙하가 빠르게 사라져간다. 예전에는 히말라야, 알프스, 안데스의 빙하가 녹아내리면서 연중 가용 수자원을 적절히 조절해 주었지만, 이제 겨울에 산꼭대기에 쌓인 눈이 거의 얼지 않으니 봄여름에 얼음이 조금씩 녹아내릴 일도 없다. 그로 인해 수백만 인구가 끊임없는 위기 속에 살아간다. 이제 폭우로 물난리가 나지 않으면, 가뭄이 길게 이어진다. 물 부족에 대처할 수단이 별로 없는 취약 지역은 이미 종파 간 유혈 충돌, 집단 이주, 사망 등의 파장에 시달리고 있다.

미국 일부 지역에서조차 물을 놓고 극렬한 갈등이 빚어진다. 돈으로 원하는 만큼 물을 사려는 부자들과 만인에게 공평한 물 공급을 요구하는 대중 사이에 투쟁이 벌어진다. 공공시설의 수도꼭지는 거의 잠겨 있고, 화장실은 동전을 넣어야 수돗물을 쓸 수 있다. 연방의회에서는 물 재분배를 놓고 격론이 벌어진다. 물이 많이 부족한 주에서는 상대적으로 여유가 있는 주에서 물을 더 내놓아야 공평하다고 주장한다. 정부 인사들이 이 문제를 놓고 여러 해 대치하는 가운데, 콜로라도강과 리오그란데강은 한 달이 다르게 쪼그라들어 간다.[17] 리오콘초스강과 리오그란데강이 말라붙어 수자원 확보가 어려워진 멕시코와의 분쟁도 임박한 상황이다.[18] 이미 페루, 중국, 러시아 등 여러 나라에서 비슷한 분쟁이 불거졌다.

식량 생산량은 지역에 따라 월별로, 계절별로 변동이 심하다.

굶주리는 인구가 역사상 어느 때보다 많다. 기후대가 바뀌어 이제는 농작이 가능해진 지역도 있고(알래스카주, 북극지방),[1] 메말라 황폐해진 지역도 있다(멕시코, 캘리포니아주). 그런가 하면 극심한 더위는 물론 홍수, 산불, 토네이도로 불안정한 지역도 있다. 전반적으로 식량 공급을 예측하기가 매우 어렵다. 그러나 바뀌지 않은 사실도 하나 있다. 돈 있는 사람은 식량을 구할 수 있다는 것. 중국 등의 나라들이 국내 자원의 유출을 막으려고 수출을 중단함에 따라 세계무역은 침체된 상태다. 재난과 전쟁이 맹위를 떨치면서 곳곳의 교역로도 막혔다. 수요공급의 원리에 따른 현실은 냉혹하다. 식량이 부족해지면서 가격이 치솟았다. 소득 불평등은 어제오늘의 일이 아니지만, 이렇게까지 극단적이고 위험한 수준에 이르렀던 적은 없었다.

성장 부전과 영양실조가 곳곳에 만연해 있다. 출산율은 전반적으로 떨어졌지만, 식량난이 극심한 나라에서 더 크게 떨어졌다. 영아 사망률이 치솟고, 대규모 빈곤이 일어나는 상태에서 국제 원조는 정치적으로 옹호하기 어렵다. 식량이 충분한 나라들은 단호하게 식량 유출을 막고 있다.

일부 지역은 밀, 쌀, 수수 등 기본 식량을 구하기 어려워지면서 비관적인 전문가의 예상보다 더 급속히 경제 붕괴와 시민 소요에 휩싸였다. 과학자들은 가뭄과 기온 변동 그리고 염분에 강한 곡물 품종의 개발에 힘썼으나 한계가 있었고, 그것으로는 인구를 먹여 살리기에 부족하다. 그로 인해 식량 폭동, 쿠데타, 내전이 불거지면서 취약 계층은 더욱더 큰 고통에 시달린다. 집단 이주 행렬을 막으려고 국경을 걸어 잠그는 선진국들도 참담한 현실을 비껴가지 못한다. 주식시장이 폭락하고 환율이 널뛰며, 유럽연합은 해체됐다.[20]

　각 나라가 국부와 자원이 나라 밖으로 유출되지 않도록 꽁꽁 틀어막는 한편, 인구 유입은 철저히 차단하고 있다. 대부분 나라에서 군대는 중무장한 국경 순찰대 노릇을 할 뿐이다. 완벽한 봉쇄가 목표지만 그렇게까지 하기는 어렵다. 절박한 사람들은 어떻게든 틈을 찾아낸다. 예전에 선한 사마리아인 역할을 자처했던 몇몇 나라도, 이제는 사실상 국경과 지갑을 닫고 눈마저 감은 상태다.[21]

　적도 부근이 살기 어려워지면서 중앙아메리카에서 멕시코와 미국으로 북상하는 이주 행렬이 끝없이 이어진다. 칠레와 아르헨티나 남단 쪽으로 남하하는 사람들도 있다. 유럽과 아시아 전역에서도 같은 광경이 연출된다. 지구의 북쪽과 남쪽에 위치한 나라들에서는 이주민을 받아야 한다거나 막아야 한다는 정치적 논란이 뜨겁다. 이주를 허용하되 이주민에게 노예에 가까운 조건을 강요하는 나라들도 있다. 오도 가도 못하는 이주민들은 여러 해 만에 겨우 거처를 구하거나 국경 지대에 생겨난 난민촌에 정착한다.

　캐나다와 스칸디나비아 등 기후가 비교적 온화한 지역에 사는 주민들도 대단히 취약하긴 마찬가지다. 극심한 토네이도, 돌발 홍수, 산불, 진흙사태mudslide, 눈보라의 공포가 늘 마음 한구석에 어른거린다. 거주 지역에 따라 지하 대피실에 식량을 비축해 놓거나, 비상용품 가방을 차에 실어놓거나, 집 주위에 2미터 너비의 화재 대비용 도랑을 파놓는다. 일기예보를 늘 확인한다. 밤에 전화기를 꺼놓는 것은 무모한 행동이다. 비상사태가 일어나면 몇 분 안에 행동해야 할 수도 있다. 정부에서 운영하는 경보 체계는 기능이 단순하고 통신 환경이 열악한 곳에서는 오작동이 잦다. 민간업체의 안정적인 위성 경보 서비스를 이용하는 부자들은 조금 더 발 뻗고 잔다.

날씨는 어쩔 수 없다 쳐도, 최근 국경 지역에서 들려오는 소식은 차마 마주하기 힘들 만큼 불편하다. 자살률이 심상치 않게 치솟고 보건 당국의 압력이 커지면서, 언론사들은 집단 학살, 인신매매, 난민촌 바이러스 발생 같은 사건에 대한 보도량을 줄였다. 이제 뉴스를 믿기 어렵다. 예전부터 암울한 재난 현장을 라이브 영상 등으로 제보하는 역할을 했던 소셜 미디어는 이제 음모론과 조작 영상이 넘쳐난다. 뉴스에서는 전반적으로 묘한 의도성이 느껴진다. 현실을 왜곡하고 거짓 이야기로 사람들을 안심시키려는 느낌이다.

안정된 나라에서 안전하게 사는 사람들도 물론 있다. 하지만 마음이 점점 괴롭다. 지구환경이 급변점을 하나씩 넘어설 때마다 희망의 불씨가 하나씩 꺼져간다. 고삐 풀린 온난화는 멈출 가망이 없고, 인류는 몰락을 향해 천천히 그러나 확실히 나아가고 있는 것이 분명하다. 더위만 문제가 아니다. 영구동토가 녹아 과거의 미생물이 깨어나면서, 오늘날 사람들이 접해 보지 못해 저항력을 기르지 못한 질병들이 다시 세상에 등장하고 있다.[22] 모기와 진드기가 번성하기 쉬운 기후가 되어 해충이 옮기는 질병이 창궐하면서, 이전까지 안전했던 지역도 점차 손쓰기 어려운 상황에 몰리고 있다. 엎친 데 덮친 격으로, 항생제 내성으로 인한 공공보건 위기마저 더욱 심각해졌다. 거주 가능 지역의 인구밀도가 높아지고 기온이 계속 오르는 탓이다.[23]

인류의 종말이 점점 여러 사람의 입에 오르내린다. 기정사실이되 시간문제일 뿐이라고 보는 사람이 많다. 앞으로 몇 세대가더 살 수 있느냐 하는 문제일 뿐이라는 것이다. 팽배한 절망감을 가장 잘 드러내는 지표는 급등하는 자살률이다. 하지만 그뿐만이 아니다. 모두의 마음속에 끝없는 상실감과 짓누르는 죄책감, 그리고 이 거침없는 재앙을 막기 위해 해야 할 일을 하지 않은 이전 세대에 대한 원망이 가득하다.

# 3  우리가 만들어야 할 세상
## The World We Must Create

때는 2050년이다. 인류는 2020년부터 10년마다 온실가스 배출
량을 절반으로 감축하는 데 성공했다. 이대로라면 2100년경 지
구의 온도 상승은 1.5℃ 이내에 머물 것으로 예측된다.

 세계 대부분 지역의 공기가 촉촉하고 상쾌하다. 도시도 예외
가 아니다. 숲속을 걷는 것과 비슷한 느낌인데, 실제 숲속을 걷
고 있기 때문이라고 해도 과언이 아니다. 공기가 산업화 이후
그 어느 때보다 깨끗해졌다.
 나무 덕분이다. 주변 사방에 나무가 있다.[1]
 나무는 기후 문제를 해결할 유일한 방법은 아니었지만, 나무
가 급속히 늘어나면서 인류는 탄소 배출을 틀어막을 시간을 벌
수 있었다. 각국은 기업들의 기부금과 공공 예산으로 사상 최대
규모의 식수 운동을 벌였다. 처음엔 현실적 필요성에서 시작한

일이었다. 탄소를 재배치해 기후변화를 저지하기 위한 전략의 하나일 뿐이었다. 나무는 공기 중에서 이산화탄소를 흡수해 산소를 내보냄으로써, 탄소를 땅속으로 되돌려 보내는 역할을 하니까. 식수는 물론 기후변화를 줄이는 데도 도움이 됐지만, 혜택은 거기서 그치지 않았다. 사람들은 푸르름을 되찾은 땅에 살면서 오감이 크게 충족되는 체험을 했고, 도시 주민들은 이를 더 실감했다. 도시 생활은 그 어느 때보다 더 쾌적해졌다. 나무가 아주 많이 늘고 차가 훨씬 줄면서, 거리를 통째로 도시 텃밭과 아이들의 놀이터로 바꾸어나갈 수 있게 됐다. 곳곳의 공터와 우중충하게 방치되었던 골목길이 수풀이 우거진 땅으로 변신했다. 건물 옥상은 모두 텃밭이나 꽃밭으로 바뀌었다. 한때 낙서투성이였던 삭막한 건물 벽면은 담쟁이덩굴이 무성하게 뒤덮고 있다.

스페인의 녹화 운동은 온도 상승을 저지하려는 노력의 일환으로 시작됐다. 남위도에 위치한 마드리드는 유럽에서 손꼽힐 만큼 건조한 도시다. 지금은 배출량을 잘 통제하고 있지만, 이전에는 사막화의 위험에 놓여 있었다. 건물의 온기와 검은색 포장도로가 태양열을 흡수하는 '열섬 효과' 때문에, 600만 인구의 터전 마드리드는 불과 몇 킬로미터 떨어진 교외보다 기온 몇 도가 더 높았다. 게다가 대기오염으로 인해 조산율이 높아지고,[2] 심혈관 질환과 호흡기 질환으로 사망률이 치솟았다. 뎅기열과 말라리아 등 아열대성 질환이 늘어나면서 의료 시스템이 포화

상태에 이른 가운데, 마드리드 정부와 시민들은 힘을 한데 모았다. 차량 수를 줄이고 냉각, 산소 공급, 오염 물질 여과를 위해 도시 녹화 작업에 전폭적인 노력을 기울였다. 광장 바닥은 빗물을 모을 수 있도록 다공성 물질로 포장했다. 검은색 지붕은 모두 흰색으로 칠했고, 곳곳에 식물을 심었다. 식물들은 소음을 줄여주고 산소를 배출했을 뿐만 아니라, 남향 벽면에 단열 효과를 높여주고 인도에 그늘을 드리워주었고, 공기 중으로 수증기를 배출했다. 대대적인 노력은 엄청난 성공을 낳았고, 세계 각국에서 그 선례를 따랐다. 마드리드는 앞선 경험으로 신산업을 주도하면서 경제 호황을 누렸다.

대다수 도시에서 기온이 내려가면서 삶의 질이 높아졌다. 빈민가는 여전히 존재하지만, 곳곳에 심은 나무가 기온 상승을 많이 막아준 덕분에 살기에 훨씬 좋은 환경이 되었다.

도시의 기능과 구조를 바꾸는 일은 기후 문제를 해결하는 데 대단히 중요한 역할을 했다. 하지만 거기에 만족할 수는 없었다. 도시를 벗어난 세계의 모든 지역에서도 야생 재건 노력을 기울여야만 했다. 이제 전 세계의 삼림 면적률은 50퍼센트에 이르고, 농업은 나무 위주의 수목농업 쪽으로 많이 옮겨 갔다.[3] 그 결과 여러 나라의 풍경이 몰라보게 바뀌었다. 물론 좋은 쪽으로의 변화다. 탁 트인 평야와 단일 작물이 빼곡한 풍경을 그리워하는 사람은 없는 듯하다. 그 대신 견과나무와 과일나무가 우거진 수풀, 목초지가 간간이 섞인 울창한 삼림, 수 킬로미터에 걸

처 뻗은 공원 녹지가 곳곳을 덮은 가운데, 다시 살아난 곤충들은 꽃가루받이에 한창이다.[4]

세계 인구의 75퍼센트를 차지하는 도시 주민들에게 또 하나 희소식은, 전기철도가 내륙 곳곳에 거미줄처럼 깔린 것이다. 미국 동해안과 서해안에 깔린 고속철도망은 국내 항공편 수요를 거의 대체했다. 동해안 철도는 애틀랜타, 시카고와 연결된다. 비행기는 연료 소비 효율을 높이기 위해 느린 속도로 운항하고 있기에, 구간에 따라서는 초고속열차를 이용하는 것이 오히려 더 빠르다. 물론 초고속열차는 온실가스를 전혀 배출하지 않는다.[5] '미국열차사업'은 10년에 걸쳐 경제에 활력을 불어넣은 기념비적 공공사업이었다. 끝없이 뻗어 있던 고속도로망을 새 교통체계로 바꾸는 과정에서 수백만 개의 일자리가 창출됐다. 홍수의 영향을 받지 않도록 높이 띄운 철도를 설계하고 건설하는 데 수많은 철도 기술 전문가, 엔지니어, 건설 노동자가 참여했다. 이 대규모 사업 덕분에 화석연료 산업의 소멸로 일자리를 잃은 인력 중 상당수가 재교육과 훈련을 받았다. 또 새로이 노동시장에 진입한 세대에게는 신기후 경제의 혁신과 매력을 맛볼 기회가 되었다.

이 초대형 공공사업이 진행되는 동안 한편에서는 재생에너지원 개발 경쟁이 불붙었다. 순배출 제로로 나아가기 위한 중요한 과제 하나가 전기의 비중을 높이는 것이었다. 목표를 이루려면 기존 인프라를 전면 교체하고 구조적 변화를 이룰 필요가 있었다. 화석연료가 퇴출된 마당에, 전력망을 나누어 쪼개고 전력원을 분산하는 일은 어찌 보면 그리 어렵지 않았다. 고비용을 감당할 여건이 되는 나라에서는 핵에너지를 일부 사용하기도 하지만,[6] 이제 세계는 주로 풍력, 태양, 지열, 수력 등의 재생에너지원에 의존한다. 주택과 건물마다 전기를 자체 생산한다. 벽면마다 무수한 나노입자를 함유한 태양광 페인트를 칠해 햇빛을 모으게 했고,[7] 바람 부는 곳마다 풍력 터빈을 세웠다. 해가 잘 들거나 바람이 잘 부는 언덕에 집이 있어 자체 수요보다 더 많은 에너지를 생산한다면, 여분의 에너지는 스마트 그리드(지능형 전력망)로 흘러 들어간다. 연소에 드는 비용이 없으므로 에너지는 기본적으로 공짜다. 에너지가 그 어느 때보다 풍족할 뿐 아니라 효율적으로 사용된다.

스마트 기술을 채용한 인공지능 장치로, 사용하지 않는 기계와 가전기기는 자동으로 꺼지기 때문에 에너지가 낭비되는 일이 없다. 그렇게 효율적으로 돌아가는 시스템 덕분에, 몇 가지 예외를 제외하면 삶의 질이 희생된 것은 없다. 오히려 여러모로 더 나아졌다.

선진국은 재생에너지 전환을 대대적으로 벌이는 과정에서 종종 불편을 겪기도 했다. 옛 인프라를 개조하고 업무 방식을 바꿔야 하는 경우가 많았기 때문이다. 하지만 개발도상국에는 새 시대가 열렸다. 개발도상국들은 경제성장과 빈곤 타파를 위해 인프라를 새로 지으면서 탄소 배출 저감과 회복력 증진이라는 새 기준에 모든 것을 맞추었다. 21세기 초까지 전기가 들어오지 않는 오지에 살았던 10억 인구는, 이제 집 옥상에 설치된 태양광 모듈이나 지역사회에 설치된 풍력 미니 그리드(소형 전력망)를 이용해 에너지를 생산해 쓴다. 그러자 훨씬 더 넓은 기회의 문이 열렸다. 인구 전체의 위생, 교육, 보건 수준이 비약적으로 개선되었다. 이제는 힘들게 애쓰지 않아도 깨끗한 물이 집마다 공급된다. 아이들이 밤에도 공부할 수 있게 되었다. 원격 의료 서비스를 쉽게 받을 수 있게 되었다.

전 세계의 주택과 건물은 전기뿐 아니라 여러 방면에서 자급자족형으로 바뀌고 있다. 예를 들면, 이제 모든 건물은 빗물을 모아 자체적으로 이용한다. 재생에너지로 전력을 생산하면서 국지적 담수화가 가능해져, 세계 어디에서나 깨끗한 식수를 바로 생산할 수 있게 되었다. 그 물을 수경 재배 텃밭에도 이용하고, 화장실 변기와 샤워에도 쓴다.[8] 인류는 전반적으로 삶의 재생, 재조직, 재구조화를 통해 생활 방식을 더 지역적인 형태로 바꾸는 데 성공했다. 에너지 단가는 크게 떨어졌지만, 장거리 통근 대신 지역 생활을 택하는 경향이 우세하다. 통신 연결성이 개선되어 집에서 일하는 사람이 많아지면서, 생활이 유연해지고 여가 시간이 늘어났다.

지역사회의 힘이 강해지고 있다. 어릴 적에는 이웃 사람을 길에서 마주치는 일이 전부였던 사람이 많다. 그러나 이제 모든 것을 더 값싸고 깨끗하고 지속 가능하게 만들려고 하다 보니,

사람들은 삶의 모든 측면에서 더 '지역적'인 것을 지향하게 됐다. 채소 재배, 빗물 집수, 퇴비 만들기 등 예전에 각자 혼자 하던 일도 이제 공동으로 한다. 자원과 책임을 이웃 간에 공유한다. 처음에 사람들은 이런 공동체 생활에 거부감을 느꼈다. 뭐든 각자 알아서, 집 안에서 혼자 하는 것에 익숙했으니까. 하지만 얼마 안 가 사람들은 전에 알지 못했던 동지애와 이웃 간 지원의 손길을 고마워하고 소중히 여기게 됐다. 대다수는 바뀐 생활 방식이 더 행복한 삶을 누릴 수 있게 해준다는 점을 깨달았다.

식량 생산과 조달은 공동체 활동의 큰 부분을 차지한다. 사람들은 산업화한 농업을 개혁해야 할 필요를 절감하면서 재생농업으로 빠르게 옮겨 갔다. 다년생 작물을 혼작하고, 지속 가능한 방목을 추구했으며, 대규모 농장의 윤작을 개선했고, 지역사회는 소규모 농장에 점점 의존하게 됐다.[9] 예전에는 대형 마트에 가서 수백 킬로미터 떨어진 산지에서 공수해 온 식품을 샀다면, 지금은 주로 지역의 농부와 생산자에게서 식품을 산다. 이제는 건물이라든지 거주 구역 단위로, 또는 대가족인 경우는 가족 단위로 주로 식품을 구매한다. 그렇게 집단별로 일주일에 한 번씩 식품을 배달받아, 집단 내부에서 구성원들에게 분배한다. 식품 분배나 조율, 관리 등의 책임은 모든 구성원이 나누어 맡는다. 가령 한 주는 아래층 주민과 짝이 되어 건물 내 분배를 맡고, 그다음 주는 위층 주민과 짝이 되어 분배를 맡는 식이다.

이렇게 공동체 단위로 식량 수급을 해결하니 지속 가능성 면에선 우수하지만, 식품은 여전히 가격이 비싸서 가계 지출의 30퍼센트에 이른다. 그래서 자기가 먹을 것을 직접 키우는 일도 필수다.[10] 공동 텃밭, 옥상, 학교, 발코니 벽면에 이르기까지 사방이 온통 밭이라고 해도 과언이 아니다.

사람들은 농작물을 직접 키워보면서, 먹을 것이란 원래 비쌀 수밖에 없다는 사실을 깨달았다. 먹을 것을 키워내려면 물, 흙, 땀, 시간 등 얼마나 귀중한 자원이 들어가는가.[11] 또 그래서 자원을 가장 많이 고갈시키는 식품으로 꼽히는 동물단백질과 유제품은 이제 거의 먹지 않게 됐다.[12] 하지만 식물로 만든 대체 식품이 워낙 질이 좋아 고기와 유제품이 사라진 것을 아쉬워하는 사람은 거의 없다. 어린아이들은 과거에 동물을 잡아 그 고기를 먹었다는 사실을 믿기 어려워한다. 물고기는 아직 먹지만 양식에 의존하고 있으며, 예전보다 발전된 기술로 수율을 더 안정적으로 관리하고 있다.[13]

몸에 안 좋은 음식은 이제 사람들이 잘 먹지 않아 점점 식단에서 사라지고 있다. 가공육, 설탕, 유지식품 등에 붙은 세금도 농업 활동으로 배출되는 탄소량을 줄이는 데 한몫했다. 무엇보다 가장 큰 혜택은 사람들의 건강이다. 암, 심장마비, 뇌졸중의 발병률이 낮아지면서 수명이 늘어났고 세계적으로 의료 비용이 점점 낮아지고 있다. 실제로, 기후변화 대처에 들어간 비용의 상당 부분은 정부의 보건 예산 절감으로 만회할 수 있었다.[14]

막대한 의료비 지출뿐만 아니라, 휘발유차와 경유차도 이제 옛날이야기다. 휘발유차와 경유차 제조는 2030년에 이미 대부분의 나라에서 금지되었지만,[15] 내연기관이 도로에서 완전히 사라지기까지는 그 후로 15년이 더 걸렸다. 이제 그런 차를 볼 수 있는 곳은 교통 박물관이나 어쩌다 열리는 클래식카 경주 대회 정도다. 그런 대회에서는 참가자들이 환경부담금을 내고 몇 킬로미터씩 트랙을 돈다. 물론 그런 차들을 수송할 때는 거대한 전기 트럭이 끌고 간다.

이런 전환 과정을 남들보다 한발 앞서 추진한 나라도 있다. 노르웨이 등의 기술 선진국과 네덜란드 같은 자전거 친화적인 나라들은 다른 나라들보다 훨씬 먼저 자동차 금지법을 시행했다. 전환에 가장 애를 먹은 나라는 놀라울 것도 없지만 미국이었다. 내연기관 자동차는 일단 판매가 금지되었고, 그 후 도시 내 '초저 수준 배출 구역'으로 지정된 곳에서 운행도 금지되었다.[16] 그러다가 전기자동차 배터리 용량이 획기적으로 개선되었고,[17] 신소재 개발로 제조원가가 절감되었으며, 충전 및 주차 설비가 전면적으로 개선되었다.[18] 이로써 전기자동차 이용자들은 값싼 전력을 손쉽게 이용하게 되었다. 더군다나 자동차 배터리가 이제 전력망과 양방향으로 연결되면서, 전력망에서 전기를 끌어오기만 하는 것이 아니라 차를 운행하지 않을 때는 전기를 전력망에 되돌려 주기도 한다. 재생에너지로 돌아가는 스마트 그리드를 충전해 주는 역할을 하게 된 것이다.

전기자동차는 널리 보급되어 있고 사용이 손쉬운 것이 장점이었지만, 마침내는 속도에 대한 욕구까지 충족해 줌으로써 더 바랄 게 없어졌다.[19] 나쁜 습관을 끊으려면 더 건강한 습관을 들이든지 아니면 더 재미있는 습관이라도 들여야 한다고 했던가. 처음에는 중국이 전기자동차 제조 경쟁을 주도했지만, 곧 미국에서 획기적으로 개선된 차들을 내놓기 시작했다. 심지어 일부 클래식카도 내연기관을 전기기관으로 교체해 정지 상태에서 시속 100킬로미터까지 3.5초 만에 도달할 수 있게 개량하기도 했다.[20] 차량은 전기모터로 구동하는 게 본래 더 유리하다는 사실을 사람들이 깨닫기까지 그리도 오랜 시간이 걸렸다는 건 어찌 보면 묘하다. 전기모터는 회전력도 더 세고, 속도도 더 낼 수 있고, 제동 시 발생하는 에너지를 회수할 수도 있으며, 정비 부담도 비할 수 없이 작다.

시골에서 도시로 이주해 오면 전기자동차조차 별 필요가 없어진다.[21] 도시 내에서의 이동은 이제 아주 편리하다. 교통이 물 흐르듯 막힘이 없다. 전철을 탈 때 정기권을 어디에다 뒀는지 찾거나 줄 서서 표를 사거나 할 필요가 없다. 시스템이 승객 한 명 한 명의 위치를 추적해 승차역과 하차역에 따라 자동으로 운임을 계좌에서 출금해 간다. 차량 공유도 아주 보편화되어 있다. 사실 자율주행 승차 공유와 관련해 법을 만들고 안전을 확보하는 일이야말로 도시교통 혁신을 위해 넘어야 할 가장 큰 산이었다. 목표는 2050년까지 대도시권에서 개인 소유 차량이 사라지게 하는 것이었다.[22] 아직 목표를 이루기까지는 갈 길이 멀지만, 조금씩 진전이 이루어지고 있다.

육상 운송의 수요 자체도 전보다 줄었다. 3D프린터가 널리 보급되어, 집 밖에서 사야 할 물품이 전처럼 많지 않다.[23] 하늘길을 질서 정연하게 운항하는 드론들이 물품을 배달해 주고 있어 차량의 필요성은 더욱 줄었다.[24] 그래서 이제는 도로를 좁혀나가고, 주차장을 없애고, 보행자와 자전거 이용자의 편의를 위해 도시 설계를 바꾸는 사업을 추진하고 있다. 주차빌딩은 이제 승차 공유나 전기자동차 충전 및 보관의 용도로만 사용되며, 구시대의 흉물 같던 콘크리트 외벽도 푸른색으로 뒤덮였다. 이제 도시는 인간과 자연의 공존을 위해 설계된 곳이라는 느낌을 풍긴다.

국제항공 분야에도 큰 변화가 일어났다. 제트연료는 바이오연료로 대체되었다. 통신기술이 워낙 발전해 세계 어느 곳에서 열리는 회의에도 직접 가지 않고 가상으로 참여할 수 있다. 항공기는 여전히 운항하지만, 예전보다 드물고 이용 요금이 대단히 비싸다. 업무 수행이 점점 분산되고 공간의 제약이 크게 사라지면서, 돈을 모아 이른바 '슬로케이션slow-cation'을 떠나는 사람도 많다. 해외여행을 며칠이 아니라 몇 주나 몇 달씩 다녀오는 것이다. 유럽 여행을 가는 사람은 현지에서 무배출 교통수단을 타고 대륙을 횡단하며 몇 달 이상 머물기도 한다.[25]

탄소 배출량을 줄이는 데는 성공했다고 할 수 있지만, 기록적이었던 대기 중 이산화탄소 농도가 남긴 후유증은 여전히 진행 중이다. 온실가스란 좀처럼 사라지지 않고, 대기 속으로밖에

갈 곳이 없다. 그래서 여전히 기상이변이 점점 심해지는 원인이 되고 있다. 물론 화석연료를 계속 사용했더라면 상황은 더 극단적이었을 것이다. 빙하와 북극 해빙은 아직 녹고 있고, 해수면도 아직 높아지고 있다. 극심한 가뭄과 사막화가 미국 서부, 지중해 연안, 중국 일부 지역에서 일어나고 있다. 계속되는 기상이변과 자원 황폐화로 인해 소득과 공공보건, 식량 안보와 가용 수자원 면에서 계층 간의 격차가 계속 크게 벌어지고 있다. 하지만 이제 각국 정부는 기후변화가 그런 문제를 증폭시킨다는 점을 확실히 인식하고 있다. 그래서 이제는 취약계층이 겪을 여파를 미리 내다보고 인도적 위기로 번지기 전에 대처할 수 있다.[26] 여전히 많은 이들이 하루하루 위험 속에서 살고 있지만, 상황은 예전만큼 극단적이거나 혼란스럽지 않다.[27] 개발도상국들의 경제는 튼튼하고, 나라들 사이에 싹튼 신뢰를 바탕으로 뜻밖의 연합이 속속 형성되었다. 이제 세계 어디에서든 도움의 손길이 필요한 사람들이 생기면, 도와줄 정치적 의지와 자원이 충분하다.

수십 년째 커지고 있는 난민 문제는 여전히 분쟁과 갈등의 주요 원인이다. 하지만 15년 전쯤부터는 난민 위기라는 말을 쓰지 않게 되었다. 각국이 난민 유입 관리에 대한 국제적 지침에 합의한 것이다. 난민의 현지 동화, 원조 및 물자 제공, 역내 국가 간 임무 분담 등에 대한 기본 틀이 마련되었다. 합의 사항은 대개 제대로 지켜지지만, 가끔 나라 하나가 선거 한두 번을 치르는 동안 파시즘에 휘둘리면서 혼란을 초래하기도 한다.

기술 분야와 업계도 힘을 보탰다. 정부 사업을 수주해, 난민들에게 대량으로 식량과 거처를 제공할 방법을 개발해 냈다. 한 회사는 4인용 주거 시설을 며칠 만에 혼자서 지을 수 있는 거대 로봇을 발명했다.[28] 자동화와 3D 프린팅 기술 덕분에 고품질의 난민용 주택을 저렴한 비용으로 신속히 지을 수 있다. 민간업계의 노력으로 물 수송 기술과 위생 설비도 혁신적으로 개선되었다. 예전처럼 천막촌이 난립하거나 심각한 주거난이 발생하지 않으니 콜레라 문제도 줄어들었다.

이제 세계인은 한배에 탔다는 인식을 확실히 하고 있다. 한 나라에 재해가 일어나면 다른 나라에도 몇 년 안에 일어날 가능성이 크다. 깨닫기까지는 시간이 좀 걸렸지만, 지금 태평양 섬나라들을 해수면 상승 위기에서 구할 수 있다면, 5년 후에 네덜란드 로테르담을 위기에서 구할 수 있다는 사실을 이제는 모두 알고 있다. 어느 나라든 세계 곳곳의 문제에 온 힘을 기울여 관여하는 것이 곧 자국의 이익을 위하는 길이다. 기후변화 문제의 해결 방안을 미리 연구해, 실전에 적용하기 전에 장기간 시험해 볼 수 있다는 점에서 현명한 처사다. 또 한편으로는 친선을 돈독히 하는 효과도 있다. 그러면 우리가 도움이 필요할 때도 남들이 손을 내밀어 주기 마련이다.

이제는 시대정신이 크게 변했다. 우리가 세상을 바라보는 시각이 많이 바뀌었다. 그리고 뜻밖에도, 서로를 바라보는 시각

역시 많이 바뀌었다.

2020년, 청소년 운동을 계기로 경고의 종이 울려 퍼지면서 우리는 무언가를 깨달았다. 그때까지 소비 과다와 경쟁 과다, 그리고 탐욕스러운 사익 추구라는 병을 앓고 있었다는 자각이었다. 우리는 그런 가치에 목을 매고 이익과 지위 추구에 매진하다가 환경을 무참히 망가뜨렸다. 인류는 제어 불능이었고, 세상은 붕괴 직전까지 갔다. 재생, 협력, 지역사회라는 가치를 도외시한 대가로 임박한 파멸을, 지구의 변화 앞에 피부로 실감하지 않을 수 없었다.

우리가 생각을 바꾸고 우선순위를 바꾸지 않았다면, 인류의 이익 도모와 지구의 이익 도모가 맞물려 있음을 깨닫지 못했다면, 우리는 자멸 위기에서 벗어나지 못했을 것이다. 가장 근본적인 변화는 시민, 기업, 정부 할 것 없이 새로운 기준을 품고 그에 따라 행동하기 시작했다는 점이다. 그것은 바로 '이익이 되건 말건, 인류에 유익한 일인가?'라는 기준이다.

우리는 금세기 초에 기후변화 위기를 맞닥뜨리고서야 비로소 화들짝 놀라 제정신을 차렸다. 환경을 다시 살리고 돌보려고 애쓰면서, 자연스레 서로를 더 깊은 관심과 배려의 마음으로 돌보게 되었다. 그리고 인류가 살아남는다는 것은 기상이변을 무사히 극복해서만 될 일이 아님을 깨달았다. 그것은 이 땅을, **그리고** 우리 서로를 책임 있게 보살펴야 하는 일이었다. 처음 우리는 인류의 운명이 걸린 이 투쟁을 시작하면서 인간이라는 종의 생존만을 생각했지만, 언제부터인가 이 투쟁에는 **우리 인간성**의 운명도 걸려 있다는 사실을 깨달았다. 우리는 생명 공동체의 더 성숙한 일원이 되어 기후위기에서 벗어났다. 그리고 우리에게 생태계를 되살리고 인간으로서의 힘과 지혜를 펼칠 능력이 있음을 확인했다. 인류의 운명이 끝났느냐 여부는 우리 스스로 어떻게 믿느냐에 달려 있었다. 그 부정적인 믿음을 일소해 버린 것이야말로 우리가 이룬 진정한 성과였다.

## 2부

# 세 가지
# 마음가짐

# THREE
# MINDSETS

# 4 어떤 사람이 될 것인가
## Who We Choose to Be

우리 미래는 아직 쓰여 있지 않다. 그 미래는 지금 우리가 어떤 사람이 되고자 하느냐에 따라 좌우된다.

우리 두 저자가 파리협정의 진행을 도우면서 배운 사실이 하나 있다. 어떤 문제의 배경이 복잡해 마음대로 통제할 수 없으면(보통 거의 그렇지만), 그 배경 속에서 내 행동을 바꾸는 게 가장 강력한 방법이라는 것이다. 내가 촉매가 되어 전체의 변화를 이끌어내면 된다. 우리는 어떤 과제를 마주했을 때 무엇을 '하느냐'로 바쁜 경우가 많다. 그러나 먼저 생각해 보아야 할 것은 무엇이 '되느냐'다. **우리 자신이**, 또한 다른 사람들이, 어떤 상태로 과제에 임할 것이냐 하는 것이다. 그리고 가장 중요한 것은 우리의 마음 상태다.

마하트마 간디는 어떤 변화를 이루려면 몸소 그 변화가 되라고 했다. 우리가 어떤 행동을 하느냐 하는 것은 행동에 앞서 어떤 마음가짐을 품느냐에 크게 좌우된다. 시급한 과제가 눈앞에 있는데 자신의 내면을 먼저 들여다본다는 것은 언뜻 이해되지 않을 수도 있다. 그렇지만 더없이 중요한 일이다.

과거에 우리가 주로 가졌던 마음 상태 그대로 변화를 시도한다면 발전이 더디고 부족할 수밖에 없다. 획기적인 변화의 장을 열려면 생각하는 방식을 바꿔야 하고, 근본적으로는 우리의 자기인식을 바꿔야 한다. 더군다나 앞으로 수백 년간 인간 삶의 질이라는 막중한 결과가 달린 문제라면, 우리의 자기인식을 그 뿌리까지 파고들어 가볼 만하다.

어찌 보면 묘하게도, 시스템을 바꾸려면 무척 개인적인 노력이 필요하다. 우리의 사회구조와 경제구조는 우리 사고방식의 산물이니까.

이를테면, 우리 경제의 바탕에 깔린 믿음은 이런 것이다. '자원은 무한정 채취해서, 되는대로 쓰고 마음대로 버려도 된다. 지구의 재생 속도보다 많이 취해서 써도 괜찮고, 우리가 감당할 수 있는 수준 이상으로 오염시켜도 괜찮다.' 우리는 그동안 대단히 착취적인 철학에 입각해 행동해 왔다.

이제 그런 식으로는 안 된다.

자연과학자들은 이미 여러 면에서 지구가 생명을 더 부양하기 힘든 한계점에 이르렀다는 증거를 충분히 내놓았다. 이제 머지않아 채취하고 사용할 것도 거의 남지 않는다는 것이다. 사회과학자들은 우려의 목소리로 명확한 주문을 하고 있다. 이제는 자연과 조화를 이루는 '재생경제regenerative economy'를 향해 나아가야 한다는 것이다. 한번 사용한 자원을 다른 용도로 다시 쓰고, 쓰레기를 최소로 줄이고, 고갈된 자원을 보충해야 한다는 것이다. 우리는 모든 자원의 궁극적 재생자이자 재사용자인 자연의 지혜로 되돌아가야 한다.

그만큼 잘 알려지지는 않았으나 그 못지않게 중요한 사실이 있다. 그간의 개인주의적, 경쟁적 방식이 이제는 한계에 봉착했다는 것이다. 서구 사회는 오랫동안 전체의 행복보다 개인의 이익을 중시하는 경향이 있었다. 이제 우리는 우리 자신에 대한 이해를 넓혀야 할 뿐 아니라, 우리와 타인의 관계, 그리고 우리를 지구에서 살아갈 수 있게 해주는 자연과의 관계에 대한 이해를 넓혀야 한다.

현재 위기를 벗어나려면, 생각을 완전히 바꿔야 한다. 살아남아 번영하려면, 우리가 자연 전체와 뗄 수 없이 밀접하게 연결되어 있음을 깨달아야 한다. '관리인'으로서의 의식stewardship을 가슴속에 키우고 간직해야 한다. 이런 변화는 개인에서부터 시작된다. 우리가 어떻게 자신을 인식하고 세상 사람이 우리를 어떻게 인식하는지에 따라 타인과 협력하는 방식뿐 아니라 주변과 상호작용하는 방식, 그리고 궁극적으로는 우리가 함께 만들어갈 미래가 결정된다.

더 나은 세상을 함께 만들어가려면 세 가지 마음가짐이 필수라고 믿는다. 그리고 거기에 일부러 다소 도발적인 이름을 붙였다. '단호한 낙관', '무한한 풍요', '철저한 재생'이다. 모두 예부터 전해 내려오는 정신이다. 역사 속 위인들에게서 그 훌륭한 본보기를 많이 찾을 수 있다. 하지만 우리가 바라는 미래를 이루려면 그런 자세를 모든 사람이 가져야 한다. 세 가지 다 개인적으로나 집단적으로 인간이 타고난 자질이며, 마음만 먹으면 발휘할 수 있고, 키워나갈 수 있고, 일상 속에서 연마할 수 있는 가치들이다.

의식 개혁이란 너무 거창하다고 생각하는 사람도 있을 것이고, 그걸로 되겠냐고 생각하는 사람도 있을 것이다. 하지만 오늘날 우리는 외부세계와 내면세계의 밀접한 연관성을 점점 크게 절감하고 있다. 작가 조애너 메이시는 이렇게 말하기도 했다. "예전에는 자신을 바꾸는 일과 세상을 바꾸는 일이 별개의 시도로 여겨졌고 양자택일의 문제로 간주되었다. 이제 더 이상 그렇지 않다."[1] 과학적 지식의 눈으로 보아도, 영적 통찰의 눈으로 보아도, 인간과 자연이 서로 밀접히 연결되어 있다는 사실은 점점 뚜렷해지고 있다.

세 가지 마음가짐은 그 자체로서도 우리를 변화시키지만 새로운 길을 열어줌으로써 우리를 더 강력한 변화로 이끈다. 우리는 인간관계, 직장, 가정 등 우리 삶의 현재 모습에 애착을 가진 나머지 그런 것들이 영원하리라고 자신을 자주 속인다. 하지만 영원한 것은 없다. 우리가 아무리 순간을 붙잡고 멈춰 있다고 주장한들, 모든 것은 늘 변화한다. 우리가 바라는 변화를 이루려면, 새로운 길을 작심하고 걷는 수밖에 없다.

　우리가 새로 나아갈 길은 패배주의를 넘어 낙관주의로 가는 길이다. 채취extraction가 아닌 재생regeneration으로 가는 길이다. 단선형 경제에서 순환형 경제로, 사익에서 공익으로, 단기적 사고에서 장기적 사고 및 행동으로 가는 길이다. 세 가지 마음가짐을 함양한다면, 우리 삶과 세상이 나아갈 방향을 더 분명하고 확실하게 설정할 수 있다. 그런 바탕 위에서 비로소 우리가 바라는 세상을 함께 만들어갈 수 있다.

# 단호한 낙관
### Stubborn Optimism

2,500년 전, 석가모니는 낙관의 힘을 잘 알고 있었다. 밝은 마음이야말로 깨달음으로 가는 길의 종착점이자 그 첫걸음이라고 누누이 설파했다. 밝은 마음으로 나아가라는 것이다. 밝은 마음 없이는 앞으로 나아갈 수가 없다.

석가모니는 또 우리가 마음가짐에 수동적으로 매여 있는 게 아니라 마음가짐을 능동적으로 만들어갈 수 있음을 알았다. 이는 신경과학으로 입증된 사실이다. 우리의 타고난 천성이 낙관적이거나 비관적이거나 하는 것은 중요하지 않다. 지금 우리는 역사적으로 마땅히 수행해야 할 임무를 지고 있다. 그 임무를 수행하려면 대부분의 사람들 마음을 의도적으로 새로 길들일 필요가 있다.

심리학 연구에 따르면, 마음가짐은 새롭게 바꿀 수 있다. 반복되는 사고 패턴을 찾아낸 다음, 더 건설적인 사고방식을 의도적으로 키워나가는 것이다. 그러려면 그러한 패턴들을 인식하고, 무의식적인 추정을 가려내고, 유익하지 않은 추정을 의심해 보는 등의 실천이 필요하다.[1]

　복잡할 것은 없지만 쉬운 일도 아니다. 사람은 누구나 주변에서 나쁜 일이 일어나면 본능적으로 어떤 반응을 하게 마련이다. 일상 속에서 기후변화와 관련한 심각한 뉴스를 들었다거나 버스를 놓쳤다거나 하는 모든 현상에 우리는 어떤 학습된 반응을 보인다. 그리고 그 반응에 따라 상황에 대처하는 방식이 결정된다. 기후변화에 대해 압도적인 대다수가 보이는 반응은 무력감이다. 변해가는 세상을 보고, 두 손을 들어버린다. 끔찍하면서도 너무나 복잡하고 어마어마하고 기가 질리는 일이라, 도저히 막을 재간이 없다고 생각한다.

　이 학습된 반응은 사실과 거리가 멀 뿐 아니라, 근본적으로 무책임한 반응이기도 하다. 기후변화 대처에 보탬이 되고자 한다면, 그와는 다른 반응을 몸에 익혀야 한다.

　그리고 그렇게 할 수 있다. 관점은 바꿀 수 있고, 관점을 바꾸면 실제로 놀라운 효과가 있다. 해결책을 다 손에 쥐고 있지 않아도 된다. 진실을 외면할 필요도 물론 없다. 그리고 그래서는 안 된다. 우리 앞에 놓인 냉엄한 현실을 똑바로 바라보자. 그리고 잊지 말자. 지금 지구에 사는 모든 생명의 미래를 크게 바꿀 기회가 우리 손에 쥐어져 있다. 이 얼마나 엄청난 행운인가.

　우리는 무력하지 않다. 전혀 그렇지 않다. 우리가 하는 행동은 하나하나 다 의미가 있고, 우리는 인류사의 가장 위대한 장을 함께 써나갈 사람들이다. 그 말을 주문처럼 머릿속에서 되뇌자. 우리 마음이 위기 상황에서 스스로 무력하다고 고집하면서 위기를 인정하지 않으려 하는 모습을 잘 들여다보고, 그러한 태도를 배격하자. 얼마 안 지나 사고 패턴이 바뀌기 시작할 것이다.

머릿속에서 지금은 이미 늦어서 아무 소용이 없다고 항변한다면, 이 사실을 기억하자. 0.1도의 온도 상승도 엄청난 차이가 있고, 탄소 배출을 조금이라도 줄이려는 노력은 미래 세대의 어깨를 그만큼 더 가볍게 해준다.

머릿속에서 기후변화 문제는 막막하기만 하다고, 그보다는 내가 직접 성과를 낼 수 있는 일에 주력하는 게 낫지 않겠냐고 주장한다면, 이 사실을 떠올리자. 세대를 아우르는 큰 과제를 위해 힘을 모으는 일은 흥미진진할 뿐 아니라 삶에 풍부한 의미와 관계를 더해줄 수 있다.

머릿속에서 화석연료에 의존하는 생활방식을 줄이는 건 불가능하다고 외친다면, 이 사실을 기억하자. 영국은 이미 50퍼센트 이상의 에너지를 청정 에너지원에서 얻고 있고,[2] 코스타리카는 100퍼센트 청정에너지만 사용하고 있으며,[3] 캘리포니아주도 지금 걸음마 하는 아기들이 대학을 마칠 무렵이면 승용차와 트럭을 포함해 100퍼센트 청정 에너지원으로 전환할 계획이다.[4]

머릿속에서 문제는 정치가 제대로 돌아가지 않는 것이며 그걸 해결할 가망이 없으니 뭘 해도 소용이 없다고 주장한다면,

이 사실을 떠올리자. 그래도 정치체제는 아직 국민의 의견에 반응을 보이며, 역사를 통틀어 민중은 늘 희박한 확률을 뚫고 정치적 변화를 이끌어냈다.

만약 우리 한 사람은 변화를 일으키기엔 너무 미약하니 굳이 나설 필요가 있느냐고 머릿속에서 주장한다면, 이 사실을 잊지 말자. 급변점은 비례적으로 찾아오지 않는다. 얼마만큼 해야 변화가 찾아올지는 모르지만, 종국에는 시스템이 꿈틀하고 움직일 것이고, 작은 행동 하나하나가 모두 새 세상을 만드는 데 보탬이 될 것이다. 한 사람 한 사람이 아름다운 지구의 책임 있는 관리자로서 올바른 선택을 내릴 때마다, 우리는 거대한 변화에 힘을 보태게 된다.

특별히 종교를 믿지 않는 사람이라도, 중세 유럽의 위대한 대성당을 지은 수많은 석공들을 한번 떠올려 볼 만하다. 한 사람 힘으로는 대성당 전체를 완공할 수 없으니, 석공은 작업을 포기할 수도 있었을 것이다. 그런데 그러지 않고, 자기가 맡은 한 부분에 정성과 공을 쏟아부었다. 후세 사람들에게 감동과 영감을 줄 위대한 집단적 노력에 한 힘을 보탠다는 자부심으로. 이것이 바로 낙관이다. 이런 낙관적인 태도를 키운다면 인류사의 진전에 중요한 이바지를 하게 될 뿐 아니라, 오늘 당장 우리의 삶도 더 나아지게 된다.

체코의 극작가이자 정치가 바츨라프 하벨은 낙관을 가리켜 "세상의 상태가 아닌, 마음의 상태"라고 말했다.[5] 낙관적인 마음가짐이 변혁을 이루려면 보통 세 가지 특성이 꼭 있어야 한다고 이야기한다. 첫째는 지금 당장 눈에 보이는 것 너머를 내다보려는 의지, 둘째는 최종 결과의 불확실성을 편하게 받아들이는 마음, 셋째는 낙관적 자세로 생겨나는 책임의식이다.

낙관하기 위해서는 일단 나쁜 소식을 인정해야 한다. 과학 보고서, 뉴스, SNS, 가족들과 식탁에서 나누는 대화⋯ 눈만 돌리면 들려오는 그 모든 소식 말이다. 그리고 그보다 어렵지만, 조금이라도 변화를 이루려면 꼭 해야 할 일이 있다. 우리가 처한 역경을 인정하되, 뭔가 다른 미래가 실현 가능할 뿐 아니라 이미 부지불식중에 우리 삶 속에서 실현되고 있음을 깨닫는 것이다. 나쁜 소식을 부인하지 않으면서, 동시에 기후변화와 관련한 여러 좋은 소식에도 관심을 기울여야 한다. 이를테면 재생에너지 가격이 계속 내려가고 있다는 소식, 2050년 또는 그 이전까지 순배출 제로를 목표로 삼은 나라가 늘어나고 있다는 소식, 내연기관 차량을 금지하는 도시가 늘고 있다는 소식, 그리고 구경제에서 신경제로 점점 더 많은 자본이 이동하고 있다는 소식 등이다. 어느 하나도 아직 충분한 규모로 진행되고 있지는 않지만, 진행 중이라는 것만은 확실하다. 낙관이란, 우리가 바라는 미래를 용의주도하게 확인하고 규정해서 적극적으로 달려가는 것이다.

물론 확실한 일에 전념하는 것이 늘 쉬운 법이다. 아무리 옳은 일이라고 해도 현재 성공 확률이 그리 높아 보이지 않는 일에 힘을 쏟는다는 것은 쉽지 않다. 지금 나와 있는 기후변화 대응 수단은 하나같이 아직 미완성이다. 그 어느 것도 궁극적인 성공을 보장해 주지는 못한다. 우리는 아직 어떤 재생에너지가 앞으로 주종이 될지, 또 신속한 보급에 유리할지 알지 못한다. 전기자동차의 배터리 문제(무게, 비용, 재활용 등)는 여전히 해결되지 않았고, 충전망도 확충하려면 갈 길이 멀다. 신기술의 위험을 더 효과적으로 관리해 주는 금융 상품도 나와야 한다. 주택과 자동차의 단독 소유에서 공동 소유로 나아가는 시장 모델의 변화가 더 힘을 얻어야 하고 적절한 규제도 마련되어야 한다.

미래를 좁은 시각이 아닌 넓은 시각으로 바라보면, 이러한 불확실성을 의연하게 받아들여야 함을 알 수 있다. 그러지 않으면 기존의 명확한 한계에서 한 치도 벗어날 수 없다. 우리는 실수와 지연과 실망을 감수할 자세가 되어 있어야 한다. 그렇지 않다면 검증되고 확실한 것의 한계에 묶일 수밖에 없고, 암울한 운명을 향해 나아갈 수밖에 없다.

기존의 습관, 관행, 기술에 의존할 경우 생태계의 종말과 인류의 고통만이 있을 뿐이라는 냉엄한 자각 앞에서, 이러한 마음가짐은 더욱 중요할 수밖에 없다. 현실을 낙관의 눈으로 바라본다는 것은, 새로운 미래가 보장되어 있지는 않을지언정 가능하다는 사실을 인식하는 것이다. 우리는 모두 기후변화의 위기 앞에서 낙관하지 않으면 안 된다. 성공이 보장되어 있기 때문이 아니라, 실패란 상상할 수 없기 때문이다.

낙관은 우리에게 힘을 준다. 참여하고 힘을 보태어 변화를 이루어내겠다는 욕구를 자극한다. 아침에 눈을 뜨면 도전의식과 희망을 동시에 느끼면서 자리에서 벌떡 일어나게 만든다. 서서히 찾아오는 변화에 눈뜨게 하고, 변화에 능동적으로 참여하고 싶은 마음이 들게 한다. 미국의 작가이자 운동가인 리베카 솔닛은 그 점을 이렇게 표현했다. "희망은 위급할 때 문을 부술 도끼다. … 희망이 있다면 문을 밀치고 탈출할 수 있다. 우리가 가진 것을 모두 쏟아부어야만 미래에 끝없는 전쟁을 막을 수 있고, 지구의 보물이 사라지는 것을 막을 수 있고, 빈곤층과 소외계층의 고통을 막을 수 있기 때문이다. … 희망을 품는다는 것은 미래에 온몸을 던지는 것이다. 그렇게 미래에 헌신함으로써 현재가 살 만해진다."[6]

다시 말해, 낙관은 새로운 현실을 만들 수 있게 해주는 힘이다.

낙관은 결코 임무 달성에 따른 **결과**가 아니다. 그것은 낙관이 아니라 자축이다. 낙관은 도전에 맞서는 데 필요한 **재료**다.

낙관이란 커다란 과제를 해결할 수 있다는 굳은 자신감이다. 더 나은 현실을 위해 부단히 노력하겠다는 결심이다.

낙관이란 결정 하나하나, 행동 하나하나를 통해 우리가 더 나은 미래를 그려갈 수 있음을 당당히 입증하는 것이다.

마틴 루터 킹 주니어 목사는 앨라배마주의 음침한 감옥에서, 아무리 장래가 암울할지라도 가슴속에 간직한 꿈을 실현해 나가자고 촉구했다. 역사 속의 다른 지도자들도 마찬가지였다. 존

F. 케네디는 핵전쟁이 불가피하다는 관점을 결코 받아들이지 않았다. 간디는 영국의 소금세 폐지를 주장하며 비폭력 행진을 이끌었다.

이들은 모두 더 나은 세상을 이룰 수 있다고 믿고, 그러한 세상을 만들기 위해 기꺼이 싸우고자 했다. 상황이 어렵다는 사실을 무시하지도 않았고, 현실을 왜곡하여 제시하지도 않았다. 아무리 불가능해 보일지라도 변화를 이룰 수 있다는 굳건한 믿음으로, 현실과 당당히 맞섰을 뿐이다.

본 저자는 2015년 파리협정을 향해 나아가는 과정에서, 변혁을 일으키려면 낙관이 얼마나 중요한지 깨달았다. 크리스티아나가 2010년 유엔 연례 기후협상의 총괄을 맡았을 때는, 바로 전해에 코펜하겐에서 열렸던 협상이 완전히 결렬된 후였다.

코펜하겐 총회는 대참사였다고 해도 과언이 아니다. 여러 해 동안 준비를 거쳤고, 두 주 동안 밤낮으로 치열한 협상을 벌였지만, 얻어진 결과는 정치적으로 수용하기 어렵고 법적 효력이 없는 빈약한 합의에 불과했다. 미국은 성급하게 협상 성공을 선언했다가 체면을 구겼다. 중국과 인도를 위시한 개발도상국들의 반대가 주요한 걸림돌이 되었다. 불만과 분노, 그리고 충돌이 난무하는 싸움판이 벌어졌다.

주최측이 '희망hope'과 '코펜하겐Copenhagen'을 합쳐서 만든 홍보 문구 '호펜하겐Hopenhagen'과는 거리가 멀어도 한참 먼 모습이었다.

말 그대로 유혈 사태까지 벌어졌다.

베네수엘라 대표 클라우디아 살레르노는, 몇 나라 지도자들이 밀실 협상을 벌이는 자리에 참여하려 했으나 거부당했다. 그런 후에 회의장에서 격분해 발언권을 요구하면서, 나라 이름이 적힌 금속 명패를 손에서 피가 나도록 책상에 연신 내리쳤다.

"기어이 피를 봐야 제 말을 들어주실 건가요?" 그녀는 덴마크인 의장에게 외쳤다. "몇몇 나라가 자기들끼리 국제협정을 정할 수는 없습니다. 의장님은 지금 유엔에 대한 쿠데타를 방조하고 있는 겁니다."

한마디 한마디 외칠 때마다 피 묻은 명패를 내리치는 소리가 쾅쾅 울렸다.

지구를 살리는 일이 이렇게 힘든 것이라면, 인류의 운명은 무척 암울해 보였다.


6개월 후, 반기문 유엔 사무총장은 크리스티아나에게 국제 기후협상의 총괄 책임을 맡아달라고 요청했다. 그다지 희망 섞인 요청은 아니었다. 쓰레기통에 버려진 휴지 조각을 꺼내 뭐라도 만들어달라는 주문이었다.

유엔 고위 관료건, 정부 대표건, 각국의 기후 운동가건, 그 누구도 각국이 실행 가능한 합의에 이를 수 있으리라고 생각하지 않았다. 그건 너무나 복잡하고 비용이 많이 드는 일이며, 이제는 어차피 늦었다고 누구나 생각했다.

그래서 크리스티아나가 맞닥뜨렸던 가장 힘든 과제는, 합의가 가능하다는 것 자체를 모든 이에게 설득하는 것이었다. 최종 합의안에 들어갈 정치적, 기술적, 법적 사항을 따지기 전에, 일단 기후 문제에 관한 분위기를 바꾸는 데 전념해야 했다. 불가능을 가능으로 만들어야 했다.

가장 먼저 할 일은 본인의 태도를 바꾸는 것이었다.

크리스티아나는 유엔기후변화협약(UNFCCC) 사무국의 사무총장으로 임명된 지 얼마 안 되어, 처음이자 가장 기억에 남는 기자회견을 했다. 국제 기후협상 과정의 대변자로서, 독일 본의 마리팀 호텔에 마련된 창문 없는 회견실에서 40명의 언론인 앞에 섰다.

평이한 질문이 몇 개 나온 후, 누군가가 가장 중요한 질문을 했다. "피게레스 총장님, 국제적 합의라는 게 가능하다고 생각하십니까?"

그녀는 주저 없이 불쑥 답을 던졌다. "제 살아생전엔 불가능할 겁니다."

그 말은 코펜하겐에 모였던 수천 명의 대표자뿐 아니라 그 회의를 온라인으로 지켜본 수백만 시청자들의 마음을 직감적으로 대변한 것이었다. 희망은 사라지고, 상처는 깊을 때였다. 그 당시 만연하던 분위기를 표현한 말이었지만, 말하고 나니 그녀 자신의 폐부를 깊숙이 찔렀다. 문제는 바로, 지금 자신이 보인 그 태도였다. 지금 내가 체념에 빠져 이 국제협상 과정 자체가 체념하는 분위기에 휩싸이게 된다면, 오늘날 취약한 처지에 놓인 수백만 인구의 삶의 질은 물론 후손들의 운명도 거기에 좌우될 것이 분명했다. 그런 광경을 보고만 있을 수는 없었다.

불가능이란 기정사실이 아니라, 하나의 태도에 지나지 않는다.

크리스티아나는 그날 기자회견을 마치고 나오면서, 가장 먼저 해야 할 일이 무엇인지 깨달았다. 자신이 우선 가능성의 전도사가 되어야 했다. 그리하여 모든 이가 머리를 맞대고 해결책을 찾아낼 수 있도록 도와야 했다. 정확히 어떻게 해야 할지는 알 수 없었다. 하지만 다른 방법이 없다는 것만은 분명했다.

복잡하고도 방대한 규모의 변혁을 이루어낸다는 것은, 직물을 짜본 경험이 없고 심지어 짜야 할 무늬가 무엇인지 눈으로 본 적도 없는 사람 수천 명을 데리고 정교한 무늬의 직조 공예품을 짜는 상황과 비슷했다. 2백 개에 이르는 나라를 대표하는 각계각층의 참가자 수천 명이 유엔 직원들 5백 명의 도움으로, 60개 이상의 협상 주제를 놓고, (기간이 일부 겹치는) 다섯 차례의 협상을 벌여나갔다. 물론 인류의 장래를 더 밝게 만들겠다는 마음이야 누구나 같았지만, 거기서 한 꺼풀만 더 들어가면 모든 것이 끊임없는 협상의 대상이었다. 실무회의 안건 하나하나를 정하는 문제에서부터 과학적 연구 결과를 정책에 어떻게 반영할 것인가 하는 논쟁적인 문제에 이르기까지, 어느 것 하나 쉽게 합의할 수 없었다. 예상했던 대로, 난항과 좌초는 곧 일상사가 되어갔다.

협상 과정을 통틀어, 우리는 수면 밑에서 일어나는 힘겨루기에 주의를 바짝 기울였다. 상충하는 힘들을 건설적인 방향으로 유도해, 집단적 참여와 지혜라는 비옥한 토양에서 혁신적 해결책이 빚어질 수 있도록 힘썼다. 추진력을 유지하기 위해서는 적재적소에 신중하게 거듭 개입해 주어야 했지만, 그러한 개입이 강압적으로 느껴지게 해서는 절대 안 되었다. 억눌린 에너지를 끊임없이 해소해 주면서 다음 단계로 넘어가고자 애썼다. 복잡한 동적 시스템은 통제할 생각으로 바라보면 엄두가 안 나지만, 잠재력의 벌판을 잘 관리한다는 생각으로 바라보면 흥미가 솟는다. 문제들이 풀려가고 공통으로 합의된 터전이 비옥해지면서 벌판은 꽃을 피운다.

2015년 12월, 195개국이 파리협정을 만장일치로 채택했다. 파리협정은 수억 명의 사람들에게 역사적 위업으로 널리 인정받았다. 이러한 큰 성공에는 수천 명의 노력은 물론 수많은 요인이 힘을 보탰음이 분명하다. 하지만 그 열쇠는 낙관적 마음가짐의 전파에 있었다. 그 덕분에 집단적 지혜가 피어났고, 효과적 의사결정이 가능했다. 협정이 채택되는 자리에 있던 모든 이들은 물론 온라인으로 지켜보던 수백만 명도, 다가올 미래를 낙관했다. 사실 낙관은 여정의 출발점이기도 했다. 낙관에서 시작하지 않았다면, 우리는 어떠한 합의에도 이를 수 없었다.

하지만 파리에서도 그랬듯, 앞으로 다가올 지난한 세월을 헤쳐가는 과정에서도, 단순한 낙관만으로는 부족하다는 사실 역시 잊지 말아야 한다. 그 첫 합의를 이끌어내기 위해 기나긴 밤을 새우고 여러 해 동안 씨름하며 우리가 버텨낼 수 있었던 비결은, 단호한 낙관이 있었기 때문이다. 지극히 어려운 과제가 놓여 있을 때 우리에게 필요한 것은 단호한 낙관이다.

낙관은 말랑말랑한 감성이 아니다. 낙관은 거친 근성이다. 매일같이 암울한 소식이 들려오고, 세상이 곧 망할 것이라고 하는 사람이 줄을 잇는다. 우리는 부끄럽게 굴복할 수도 있다. 아니면 당당하게, 불확실한 세상 속에서 중심을 잡고 나아갈 수도 있다. 우리 앞에 놓인 길에 장애물이 수두룩할 것은 당연하다. 당분간은 기후가 개선되기는커녕 악화할 것도 당연하다. 그러나 굴하지 않고 밀고 나가야 한다. 굳은 결의와 단호한 용기로 장애물을 극복하고 앞으로 나아가야 한다.

우리에게는 시스템 전체의 변혁과 개인의 행동 변화가 모두 필요하다. 하나만 있고 다른 하나는 없다면 필요한 속도로 필요한 규모의 변화를 이루어낼 수 없다. 우리는 사회에서 다양한 역할을 맡고 있다. 가족의 일원이자 집단의 리더이며, CEO, 정책 입안자이기도 하다. 우리가 어떤 일을 맡고 있든지, 공동선을 위해 각자 자리에서 할 수 있는 일, 아니 해야 할 일이 있다. 그 누구도 예외일 수 없다.

특히 인류가 거대한 도전에 직면한 지금, 우리가 유일하게 취할 수 있는 책임 있는 행동은 인간과 그 밖의 생명을 보호하고 역사의 행로를 더 나은 쪽으로 돌리는 것뿐이다. 늦었지만 지금이라도 방향은 충분히 바꿀 수 있다. 하지만 그러려면 모두가 뜻을 모으고 강한 낙관을 품어야 한다. 그래야만 기존의 행로에서 힘껏 벗어날 수 있다.

파리협정을 이끌어내기까지 거쳐온 5년간의 여정은 지금 우리가 걸어가야 할 길과 여러모로 닮았다. 현재 대부분의 사람은 10년 만에 경제를 획기적으로 바꾸는 것은 불가능하다고 생각한다. 하지만 그런 숙명론에 젖어 있을 여유는 없다. 우리의 유일한 선택은 역사의 방향을 바꾸기 위해 지금 당장 할 수 있는 행동에 온 힘을 쏟는 것뿐이다. 그 출발점은 이 도전을 바라보는 우리 나름의 시각과 결연한 태도, 그리고 어려움 속에서도 우리의 신념을 남들에게 퍼뜨릴 힘이다. 이것이 바로 단호한 낙관이다.

인류 진화의 역사는 인류가 시대의 도전에 창의적으로 적응해 온 역사다. 지금 우리는 인류사의 가장 큰 도전을 마주하고 있다. 그 도전은 우리가 현재 가진 능력을 넘어서는 것처럼 보일 수도 있다. 하지만 이는 우리 능력을 한 단계 더 끌어올려 보라는 요청일 뿐이다. 우리는 할 수 있다.

# 6 무한한 풍요
## Endless Abundance

'원하는 것이나 필요하다고 생각되는 것을 얻으려면 남들과 경쟁해야 한다'는 생각이 우리 마음속에는 뿌리 깊이 자리 잡고 있다. 우리는 대부분 한 사람이 이득을 보면 다른 사람은 손실을 볼 수밖에 없다는 제로섬 세계관의 숨 막히는 압박 속에서 성장했다(득실의 총합은 제로이므로 한 사람이 득을 볼 때 다른 사람이 실을 보아야만 '평형'이 유지된다는 논리다). 이러한 제로섬 인식은 우리 세계관에 경쟁이라는 요소를 확고히 각인시켜놓았다. 지난 세월 동안 이루어진 경제와 사회의 발전은 경쟁이 없었다면 이루지 못했을 것이 많다. 또 기후변화 대응에 필요한 신기술을 개발하기 위해서도 건강한 경쟁력은 여전히 필요하다. 그러나 경쟁이라는 관점 위주로 모든 결정을 내린다면, 우리 삶은 굳건한 중심을 잃게 되고, 부족하지 않은 자원조차 부족하다는 착각이 들기 시작한다.

열차나 버스에서 다른 사람보다 먼저 자리를 차지해야 한다는 각오와 긴박감이 물밀듯 밀려오는 기분을 느껴보지 않은 사람은 없을 것이다. 이것이 워낙 보편적인 감정이기 때문에 버스나 열차 승차장에서는 승객들이 모두 하차한 다음에 승차하라는 안내를 내보내기도 한다. 하지만 자리를 차지하려는 욕심에, 안내에도 불구하고 먼저 밀고 들어가는 사람들이 있다.

이런 상황에서 벌어지는 쟁탈전은 우리의 경쟁 본능에서 비롯된 것이 아니다. 그것은 우리 마음속에 각인된, 자원이 부족하다는 '인식'에서 비롯된다. 이는 실제 사실과 관계없이 무언가의 양이 제한되어 있다고 보는 관점이다. 좋은 자리는 하나밖에 없다고 확신한 나머지, 남들보다 먼저 그것을 차지하고 싶은 것이다. 객관적 현실이 그러하건 그러하지 않건, 부족에 대한 두려움은 경쟁적 반응을 낳고, 경쟁적 반응은 다시 부족에 대한 두려움을 부추기는 악순환이 이루어진다.

자원이 부족하다는 인식은 우리의 정신을 아주 좁은 상자에 가둬놓는다. 그 상자를 넓히는 방법은 두 가지가 있다. 첫째, 부족하다는 인식은 객관적 현실이 아니라 우리 머릿속 관념에 지나지 않을 때가 많다는 사실을 깨닫는 것이다. 버스나 열차 안에는 다른 자리도 있고 또 몇 분만 기다리면 다음 버스가 온다는 자각을 통해, 우리 마음을 옥죄는 부족 관념의 상자에서 벗어날 수 있다.

두 번째 방법은 제로섬 인식에서 한 발짝 떨어져 상황을 바라보는 것이다. 찬찬히 생각해 보면 제로섬이란 퍽 이상한 개념이다. 물론 버스 안의 자리는 그 수가 한정된 것이 맞다. 하지만 다른 사람이 득을 본다고 하여 그것이 꼭 나의 실이라는 법은 없다. 어쩌면 내 자리를 양보한 것이 뜻밖의 즐거운 대화를 나누는 계기가 될지도 모른다. 어쩌면 그 작은 호의로 인해 다른 사람의 하루가 더 즐거워지거나 내 하루가 더 즐거워질 수도 있다. 남에게 베풀면 내가 행복해진다는 것은 잘 알려진 사실이다. 손실이라고 생각했던 것이 이득이 될 수 있다. 즉, '내 손실 ↔ 남의 이득'이 아니라 '우리의 이득'이 될 수 있는 것이다.

모든 것은 마음가짐에 달려 있다.

마음가짐이란 워낙 강력한 것이어서 마음가짐에 따라서는 어떤 자원이 부족하다고 철석같이 믿을 수도 있다. 그 결과 불필요한 경쟁이 벌어지면, 우려했던 부족 현상이 실제로 일어나게 된다. 한 예를 들면, 미국 애리조나주 투손은 사막 위에 있는 도시인데, 세월이 흐르면서 물이 점점 부족해졌다. 일 년 내내 도시에 흐르던 샌타크루즈강이 이제는 말라붙었다. 투손의 연중 강우량은 28센티미터에 불과하다. 그리고 이 지역은 물이 항상 부족하다는 인식이 있었기 때문인지, 투손의 점점 늘어나는 인구는 더 많은 물을 갈구하며 지하수를 땅속에서 뽑아내는 데 혈안이 되었고, 결국 지하수위가 91미터나 떨어지기에 이르렀다. 샌타크루즈강을 따라 즐비하던 풀과 나무도 강물이 마르면서 모두 말라 죽었다. 물이 부족하다는 인식이 물을 과도하게 뽑아 쓰는 결과를 낳았고, 이는 물을 더 부족하게 만든 것이다. 헐벗은 맨땅(또는 포장도로)에는 그나마 조금 내리는 비가 잘 흡수되지 않고 대부분 씻겨 내려가기 때문이다.

흥미로운 사실은 이 부분이다. 투손의 연중 강우량 28센티미터는 사실 시의 인구가 매년 소비하는 물의 양보다 많다.[1] 투손은 물이 딱히 부족한 적이 없었다. 부족하다는 인식이 있었을 뿐이다. 어느 시점에 우물 안에 들어 있는 물의 양에만 집착하지 않고 물 순환 전체를 크게 바라보면, 투손은 사실 물이 풍부함을 알 수 있다. 어떤 자원이 부족하다는 '인식'이 있지만 실제로는 풍부할 때(예컨대 버스에 자리가 사실 많다거나 강우량이 충분히 많은 경우), 우리가 취할 수 있는 반응은 두 가지다. 좁은 시각에서 경쟁적으로 행동할 수도 있고, 넓은 시각에서 협력적으로 행동할 수도 있다. 우리의 반응을 좌우하는 요인은, 심오하게는 각자 자기인식이 얼마나 명확한가 하는 것에서부터 단순하게는 그날 기분 상태가 어떤가 하는 것까지 다양하다. 마음가짐을 바꾼다고 기존 사실이 바뀌지는 않는다(버스 안의 자리 수나 강우량은 변하지 않는다). 하지만 우리가 하는 경험은 하늘과 땅 차이로 달라진다. 그리고 협력하는 마음가짐으로 임할 때, 빈약하기보다는 더 풍부한 경험을 하게 되는 경우가 많다.

그러나 만약 자원이 '실제로' 부족하고 점점 부족해지고 있다면 상황은 많이 달라진다. 언뜻 드는 생각과는 달리, 인식만 그런 것이 아니라 실제로 자원이 부족할 때 우리가 생존을 위해 취할 수 있는 **유일한** 행동은 오로지 협력뿐이다. 다행히도 흔히 생각하는 것과는 달리, 인간은 그런 행동을 택하는 경향이 있다. 적어도 특정한 상황에서는 그렇다.

허리케인이나 지진 또는 테러와 같은 재앙이 닥쳤을 때, 사회 구성원들은 서로 연대하는 경향이 있다. 미국 뉴올리언스를 강타한 허리케인 카트리나와 필리핀을 휩쓴 태풍 하이옌 등 세계 곳곳의 재해에 관한 연구들에 따르면, 지역사회 주민들은 처음 고난이 닥쳤을 때 이타적인 연대 정신을 압도적으로 보이며, 이후에 재건과 복원을 위해 협력하는 것으로 나타났다.[2] 그럴 때 우리는 경쟁하려는 성향을 누르고 베풀려는 성향을 발휘한다. 시간과 재능과 돈을, 위로의 마음을, 아니면 따뜻한 집밥 한 그릇이라도 베풀려고 한다. 우리가 이렇게 경쟁에서 벗어난 행동을 하는 주된 이유는, 베풂으로써 자신이 행복해지기 때문이다. 힘든 시기에 남을 돕는 행동은 사실 우리 자신을 위한 행동이기도 하다.[3]

파리협정의 최종 협상 개시를 두 주 앞둔 2015년 11월 13일, 파리 역사상 최악의 테러가 터졌다. 사람들이 많이 모이는 파리 곳곳의 6개 지점에서 자행된 테러로, 130명이 사망하고 500명에 이르는 부상자가 발생했다.[4] 테러가 지나간 후 레퓌블리크 광장에는 시민들이 가져다 놓은 신발 수천 켤레가—프란치스코 교황이 보낸 소박한 검정 신발 한 켤레와 함께—가지런히 줄 맞춰 놓였다. 모든 이들의 기억에 남을 광경이었다. 그 일이 있고 두 주도 안 되어 155개국의 국가원수와 정부 수반들은 몸을 사리기는커녕 파리에 모여들어, 역사상 가장 많은 국가원수와 정부 수반이 한날 한 지붕 아래 모이는 기록을 세웠다. 그만큼 전 세계의 기후 문제 합의가 중요하기 때문이기도 했고, 또 이는 프랑스와의 연대를 보여주려는 단합된 행동이기도 했다.

우리는 크나큰 고통과 고난의 시기에 굳세게 일어났고, 나란히 연대하여 서로를 도왔다. 그렇게 한데 뭉쳐 서로를 보살피려는 본능을 기후위기 대응에도 발휘해야 한다.

우리에게 기억나는 최근의 재해들, 그리고 뒤이어 촉발된 협력과 연대의 움직임은 주로 한 지역 내에서만 영향을 미쳤다. 하지만 지금 우리는 전 세계적 자원 부족 사태라는 어마어마하게 큰 도전과 마주했다. 지구상의 곤충, 조류, 포유류 수는 50년 전보다 대폭 줄었고, 삼림 면적도 크게 줄었다. 토양은 예전만큼 비옥하지 못하고, 바다는 예전만큼 풍요롭지 못하다. 그만큼 눈에 띄지는 않지만 더욱 심각한 여파를 불러올 문제는, 지구 대기의 온실가스 수용 여력이 한계에 이르렀다는 점이다. 지구 대기를 욕조라고 생각해 보자. 욕조 안에는 50년 동안 물 대신 온실가스가 차올랐다. 이제 욕조 테두리까지 차올라 욕조의 수용 한계에 다다르기 직전이다. 대기가 온실가스를 수용할 수 있는 최대치, 이른바 '탄소 예산carbon budget'에 거의 도달한 것이다. 탄소 예산을 초과하면 욕조는 걷잡을 수 없이 넘쳐나게 된다. 지금 우리는 대기의 급변점을 넘어서기 직전이다. 그 결과는 두

려울 만큼 예측이 불가능하고, 되돌릴 수도 없다. 세계 어느 곳에서건 이산화탄소가 조금이라도 배출될 때마다 재앙의 가능성은 조금씩 현실이 되어간다. 우리는 욕조에 남은 공간을 급속히 소진해 가고 있다. 그야말로 근본적인 자원 부족 사태다.

1992년에 채택된 유엔기후변화협약은, 선진국들이 기후변화에 대한 역사적 책임이 압도적으로 크다는 인식에 바탕을 두었다. 화석연료에 의존한 산업화로 탄소 배출을 주도했기 때문이다. 반면 개발도상국들은 역사적 책임이 크지 않지만, 각국의 경제 규모에 비해 선진국보다 더 큰 피해를 보고 있다. 이는 이념적 주장이 아니라 명백한 사실이다. 한편 30년이 지난 지금에 와서 보면, 일부 개발도상국이 빈곤에서 벗어나 발전하고 인구를 늘리는 과정에서 여전히 화석연료에 주로 의존한 경제성장으로 배출량을 급속히 늘리고 있는 것도 사실이다. 이에 따라 선진국은 개발도상국의 배출량 저감 책임을 늘려야 한다고 주장해 왔다. 개발도상국들은 자국의 경제성장을 저해한다는 이유로 그 요구를 딱 잘라 거절했다. 개발도상국들이 기후변화의 피해를 점점 크게 절감하는 상황에서도 그런 태도는 바뀌지 않았다.

현재 남아 있는 탄소 예산을 어떻게 공평하게 할당할 것이냐 하는 문제를 놓고 지금까지 여러 가지 제안이 나왔다. 선진국의 배출량 상한선을 정하고 개발도상국이 남은 여분을 쓰게 하자는 제안도 있었다. 선진국들 입장에서는 받아들일 수 없는 제안이었다. 선진국은 배출량을 점차 줄여나가고, 개발도상국은 배출량의 증가율을 통제하자는 제안도 있었다. 그럼 어느 지점에서 양쪽이 만나야 할지 좀처럼 합의가 되지 않는 것이 당연했다. 그런가 하면 전 세계적으로 1인당 연간 이산화탄소 배출량을 2톤으로 제한하자는 제안도 있었다. 그러나 각국의 1인당 연간 배출량이 적게는 0.04톤에서 많게는 37톤까지 실로 다양하니, 2톤을 훨씬 넘게 배출하는 나라들은 당연히 관심조차 보이지 않았다.

대기의 수용 여력을 공평하게 배분하는 문제는 어떤 방식을 내놓아도 해결이 난망했다. 우리가 이 문제를 부족과 경쟁이라는 마음가짐으로 해결하려 하는 한, 공평한 결과란 있을 수 없다.

지금 지구가 처한 상태는 그런 마음가짐이 더는 통하지 않는, 존속을 위협하는 부족 상태다. 인간의 터전이자 대기 중 온실가스 농도를 안전하게 유지해 주는 생태계가 존속하기 어려운 한계에 내몰린 상황이다. 아마존 우림이 파괴되어 탄소 배출량이 치솟으면, 브라질뿐 아니라 지구 전체가 그 고통을 짊어져야 한다. 마찬가지로 북극의 영구동토가 녹으면, 북극 주변 나라들뿐 아니라 지구 전체가 고통을 겪는다. 우리는 모두 한배에 타고 있다. 한쪽에 구멍이 나면 그 자리에 앉은 승객들만 익사하지 않는다. 죽든 살든 우리는 한 운명이다.

새로운 제로섬 모델의 전제는 경쟁이 아닌 협력이다. 협력이 곧 생물권을 재생하고 풍요를 창출하는 데 필요한 동력이라는 것이다.

　시간은 자정에 가까웠고, 우리는 한계점에 봉착해 있었다.

　2014년 페루 리마에서 열린 협상은 처음 며칠간은 매끄럽게 진행됐지만, 곧 예상했던 난관이 우리 발목을 잡았다. 배출 감축 의무를 결정하는 문제였다. 이 문제가 언젠가 제기될 것은 알고 있었다. 그리고 이번에 나올 결과는 무척 중요했다. 다음 해 파리협상의 성패가 거기에 달려 있기 때문이었다.

　지금까지 큰 국제협상을 치르면서 난감한 교착상태에 이를 때면 늘, 종종 자정을 넘긴 시간, 누군가가 우리 사무실 문을 조용히 두드리곤 했다. 여러 해 동안 중국 대표단 단장을 맡아온 셰전화解振華 장관이었다. 늘 그랬듯이 그는 이번에도 명확한 메시지를 들고 왔다. 현재 나온 협상문 초안은 나라 간 기후변화 책임과 대응 능력의 큰 차이가 잘 반영되어 있지 않다는 것이었다. 개발도상국들은 이번 리마에서든 내년 파리에서든, 불공평한 합의는 받아들일 수 없다고 했다. 그러고는 미국과 중국이 최근에 맺은 협약을 거론했다. 경쟁과 부족에 바탕을 둔 접근 방식에서 벗어나, 협력과 풍요의 자세를 지향한 협약이었다. 그 협약은 선진국의 역사적 책임이나 개발도상국의 배출 감축 의무에 초점을 두지 않았다. 무언가 다른 패러다임에 바탕을 두고 있었다. 그것은 배출량 감축이 세계 전체와 개별 국가에 두루 가져올 혜택을 모두 공동으로 추구해 나갈 것을 촉구하는, 제로

섬을 넘어선 새로운 모델이었다.

이제 우리가 할 일은 그 개념적 모델을 바탕으로 전 세계 195개국이 합의할 수 있는 내용을, 당시 공감대를 쌓아가고 있던 나머지 모든 문제와 논리적으로 상충하지 않는 형태로 만들어가는 것이었다. 우선 우리는 미국 대표단과 중국 대표단 사이에서 수정 합의문의 단어와 구두점 하나하나를 거듭해 협의해야 했다. 양측 대표단 사무실을 재빨리 그러나 조심스럽게 오가야 했다. 수천 명의 다른 대표들이 교착상태에 지치고 불안해하며 회의 전체가 물거품이 되지 않을까 염려하고 있는 상황에서, 절박감을 겉으로 드러낼 수는 없었다. 그러나 양측이 서로 몇 차례 선의를 교환한 후 마침내 합의안이 모습을 갖추었고, 양측은 각기 자기 그룹에 속한 나라들의 지지를 얻어내는 일에 착수했다.

합의문에 담긴 새로운 관점은 배출 감축이 그야말로 모든 나라의 책임임을 명확히 했다. 그것이 지구 전체의 이익이자 **동시에** 각국의 이익을 위한 길임을 깨닫자는 것이었다. 경쟁이 아닌 공동의 승리를 지향함으로써, 새로 창출된 풍요 속에서 서로의 이익을 침해하지 않고 모든 이가 혜택을 누릴 수 있게 하자는 마음가짐의 변화가 합의문의 문구에 반영되었다. 그리고 이를 계기로, 그다음 해 전 세계가 파리협정 채택으로 나아갈 길이 열렸다.

오늘날 점점 많은 나라가 21세기의 자국 발전이 청정한 방식으로 이루어질 수 있고 또 그렇게 되어야만 함을 절감하고 있다. 경제의 탈탄소화를 이룸으로써 더 많은 일자리를 만들고 깨끗한 공기와 효율적인 교통 그리고 쾌적한 도시와 비옥한 땅을 이룰 수 있다는 사실을 깨달아가고 있다. 이렇게 풍요 창출의 마음가짐을 갖는다고 해서 탄소 경제의 취약점이 사라지는 것은 아니다. 오히려 각국 입장에서는 탄소 경제를 계속 제한해야 할 개별적, 집단적 이유가 수없이 많아진다. 한 나라가 청정 기술 및 정책의 혜택을 앞장서서 보여준다면 다른 나라들도 뒤따르면서 변화가 힘을 얻게 될 것이며, 전 세계의 탈탄소화가 가속화하면서 지구를 지킬 수 있을 것이다.

협력하고자 하는 마음에서 행동하면, '내가 원하거나 필요하다고 생각되는 것'을 얻어낸다는 제약적 사고의 틀에서 벗어나 더 넓은 사고의 틀을 받아들이게 된다. 내가 그리고 남들이 무엇을 다양한 형태로 얻을 수 있고 이룰 수 있는지 생각하게 된다. 풍요로움의 자각은 물리적 자원이 늘어났다는 착각이 아니다. 여러 욕구와 필요를 충족해 모든 이를 만족시킬 방법이란 실로 다양하다는 사실을 깨닫는 것이다. 그럼으로써 자원을 지키고 다시 채울 수 있으며, 사람들 간의 관계도 풍성해진다.

이것이 무한한 풍요다.

우리는 각자의 삶 속에서 협력을 증진하고 풍요를 키워나가는 마음가짐을 가질 필요가 있다. 마음가짐을 그렇게 바꾸는 일은 생각보다 어렵지 않다. 예를 들어 태양과 바람, 물, 파도, 지열에서 얻는 무한히 풍요로운 에너지를 생각해 보자. 현재 전력

생산에 쓰이고 있고, 절대 소진될 일이 없는 에너지들이다. 토양과 숲, 바다도 재생해 가면서 슬기롭게 관리하면 무한히 풍요롭게 유지할 수 있다. 마구 낭비하여 금방 고갈시켜버리지 않으면 된다. 사실 생태계란 본래 풍요의 법칙을 바탕으로 돌아간다. 자연적으로 풍부하게 만들어지는, 이를테면 노폐물 같은 요소가 성장에 필요한 먹이와 양분이 된다.

그뿐인가. 우리가 인간으로서 가진 창의성, 연대 의식, 혁신성 등의 특성들도 역시 무한히 풍부하다.

인터넷상에서 집단적으로 생성되고 자유롭게 공유되는 지식의 부상은, 아직 데이터 면에서 해결해야 할 과제가 있긴 하지만, 협업 시스템 그리고 무한한 풍요라는 개념을 더 이해하기 쉽게 만들어주었다. 위키피디아, 링크드인, 웨이즈(사용자가 지도 편집에 참여하는 내비게이션 앱—옮긴이) 등을 예로 들어보자. 각각의 시스템 안에서는 수많은 사용자가 네트워크로 긴밀히 연결되어 있고, 네트워크는 점점 커지고 있다. 사용자들의 기여로 이루어진 시스템이지만, 그 지식의 총합은 사용자들의 총합보다 크다. 그리고 시스템은 끊임없이 변화한다. 어떤 분야에서는 덩치가 크게 불어나고, 또 어떤 분야에서는 나아가던 방향을 조정하고, 그러면서 미지의 영역으로 계속 뻗어간다. 경쟁도 어느 정도 역할을 하긴 하지만, 그 역할은 제약될 수밖에 없다. 그 속에선 누구나 기여하고, 누구나 도움을 받고, 누구나 끝없이 커지는 전체의 일원이기 때문이다. 협력이 그 핵심이요, 무한한 풍요에서 나오는 공동의 이익이 그 결실이다.

그다음 단계로는, 인간의 모든 활동 분야에 공개 방식을 도입한 세상을 생각해 볼 수 있다. 경쟁의 원리가 아닌 협력의 원리로 돌아가는 세상이다. 모든 자연 생태계에서 관찰되는 원리를 따라, 체계 전반에 걸쳐 학습과 성장을 명확히 장려하는 방식이다. 끊임없이 서로 가르쳐주면서, 지식을 함께 창출하는 능력뿐 아니라 재화와 서비스를 누구나 공익에 쓸 수 있도록 나누는 능력을 기하급수적으로 키워나가는 것이다.

풍요를 실천하는 첫걸음은 자원이 부족하다는 인식에서 벗어나 우리가 함께 **풍요롭게 만들** 수 있는 게 무엇인지 생각해 보는 것이다. 그럼으로써 남들을 새롭게 보게 되고, 남들에게서 배우고 남들과 나눌 수 있는 게 무엇인지 깨닫게 될 것이다. 우리의 경쟁 본능을 더 명확히 자각하고, 이를 제어하기 위해 우리 모두 함께 이기는 방법을 더 열심히 찾게 될 것이다. 공동의 과업에 힘을 보탠 사람에게 감사의 뜻을 더 표현하게 될 것이고, 여기에 힘입어 곳곳에서 더 높은 수준의 협업과 공동 작업이 이루어질 것이다. 우리가 힘들여 얻은 결과물을 누구와도 기꺼이 나누어 후속 작업의 재료로 삼을 수 있게 하면서, 지식재산권을 주장하려는 마음을 버릴 것이다. 타인의 성취가 우리의 손실이 아니기 때문이다. 우리 모두 함께 끊임없이 성취를 이루어가는 과정일 뿐이다.

우리는 인류 진화의 다음 단계에 접어들고 있다. 이제 인간은

지구의 다른 생물들과 함께, 스스로 초래한 천연자원 부족 사태
는 물론, 지구 대기의 탄소 수용 능력이 급속히 고갈되고 있는
현실에 적응해야 한다. 그러려면 협력을 무엇보다 더 중요하게
여겨야 한다. 더없이 심각한 부족 사태를 맞은 지금, '다 함께 이
기거나 다 함께 지거나 둘 중 하나'라는 새로운 제로섬 관점을
내면화해야 한다. 그리고 우리에게 아직 남은 것들과 우리가 앞
으로 함께 만들고 나눌 수 있는 것들을 풍요의 마음가짐으로 바
라보아야 한다.

# 철저한 재생
## Radical Regeneration

그날도 유엔에서 고된 하루를 보낸 우리 두 사람은, 사무실 근처 작은 식당에서 조용히 식사하고 있었다. 마무리된 일은 무엇이고 앞으로 남은 일은 무엇인지 대화와 의견을 나누던 중이었다. 옆자리에서는 두 청년이 식사를 마치고 세 번째 맥주잔을 기울이며 앞으로의 계획을 이야기하고 있었다. 우리는 우리 이야기에 집중하려고 했지만, 왠지 두 사람의 대화에 관심이 쏠렸다.

"그런데 왜 옮기려고?"

"여기 있어 봤자 나한테 더 좋을 게 없거든."

"어디로 갈 건데?"

"모르겠어. 어디든 더 좋은 걸 얻을 곳으로 가야지."

우리는 서로 마주 보고 눈썹을 치켜올렸다. 우리가 수없이 들어보았던 이야기였다. 얻을 게 다 떨어졌으면, 딴 데 가서 새로 찾아봐야 한다는 말이었다.

'더 좋은 것을 얻으러' 간다는 생각은 그 청년만의 엉뚱한 발상이 아니었다. 인간 사회가 오랜 세월 지녀왔던 특성이다. 정복자들이 이국땅을 약탈해 광물이며 쇠붙이며 먹을 것을 빼앗고는 혼란과 전염병과 성경책만 안겨준 일들이 역사 속에는 비일비재했다. 비옥한 땅을 쥐여 주면 순식간에 나무와 양분을 뽑아가고 메마른 땅만 남겨놓는 것도 인간의 특기다.

그런 본능에 근본적으로 잘못된 점은 없다. 그런 본능이 있어야 난관에 맞서 성장할 수 있다. 하지만 인간의 성장은 개인적인 면에서나 직업적인 면에서나, '얻기'와 '주기'의 쌍방통행으로 이루어진다. 그런데 우리 인류는 얻기만 하는 일방통행에 워낙 익숙해진 나머지, 자원만 취해 가고 그 자리에 생긴 공백을 간과할 때가 많다.

지구는 더 이상 일방향적 성장을 뒷받침해 주지 못한다. 채취를 일삼아 온 인류의 행보는 막다른 길에 다다랐다. '얻기'의 시대는 끝났다. 지금 우리 앞은 '정지─전방에 낭떠러지'라고 적힌 커다란 붉은색 표지판이 가로막고 있다.

채취 성향은 인간의 행동에 깊이 새겨져 있다. 채취와 고갈의 반복에서 벗어나려면, 그 못지않게 강력하면서 본성적인 인간의 또 다른 특성에 주목해야 한다. 그것은 재생을 돕는 능력이다. 자신과 타인을 돌보고, 자연과 관계를 맺고, 힘을 모아 사용한 자원을 메꾸고 내일을 대비해 충분히 남겨놓는 능력이다. 이러한 성향도 우리에게는 본능과 다름없지만, 현대 사회에서는 그리 잘 발달하지 않았다. 이제 그 성향을 다시 전면에 내세워야 할 때다.

재생의 습관은 우리에게 낯설지 않다.

자녀가 방황기를 보낼 때 부모가 얼마나 따뜻한 도움의 손길을 내밀어주는지 생각해 보자. 그럴 때 부모는 자녀의 걱정을 얼마나 참을성 있게 들어주고 희망을 되찾아 주려고 애쓰는가. 혹은 일이 잘 안 되어 좌절한 친구에게 우리가 얼마나 열심히 격려해 주는지 생각해 보자. 친구가 자신감을 되찾아 제 실력을 온전히 발휘할 수 있도록 얼마나 시간과 공을 들여 위로해 주는가.

때로는 친구나 가족을, 심지어는 지구 반대쪽에 사는 모르는 사람을 이렇게 재생시키려 행동하는 편이 우리 자신을 재생시키는 것보다 쉽게 느껴진다. 그것도 훌륭하지만, 가장 큰 성과를 내려면 우리 자신에서부터 시작해야 한다.

기후위기 속에서 우리는 각자 힘을 보충하고 탈진하지 않게 막아야 할 시급한 책임이 있다. 극심한 스트레스 속에서 기후변화 대응 업무를 수년간 우리와 함께해 왔던 동료들 가운데는, 기력이 소진되기 직전 휴가를 내 자연의 품이나 사랑하는 이들 곁에서 시간을 보내고 기력을 회복하는 현명한 사람들도 있었다. 특히 현명한 동료들은 일상 속에서 명상이나 마음 챙김 기법을 실천하기도 했다.

우리 두 저자는 경험을 통해, 매일같이 사방에서 쏟아지는 나쁜 소식을 견뎌내려면 반드시 중심을 유지해야 한다는 걸 배웠다. 굳건한 중심이 없다면, 나뭇가지는 나뭇잎처럼 사방에서 불어오는 바람에 휘둘리기 마련이다. 그보다는 나무가 되어 우리의 가치관, 원칙, 신념에 튼튼히 뿌리박고 서 있는 것이 바람직하다. 우리 두 저자는 명상을 한 날과 하지 않은 날의 차이를 확실히 느낀다. 명상은 물론 다년간 수련해야 그 혜택을 본격적으로 볼 수 있지만, 하루하루가 다르게 그 효과가 느껴지기도 한다. 명상 같은 정신적 수련에 전혀 흥미가 없는 사람도 있을 것이다. 그럴 수 있다. 하지만 그렇다고 해서 자기 마음을 챙기는 일을 게을리해서는 안 된다. 공예, 그림, 음악, 운동, 산책, 정원 가꾸기… 무엇이든 좋다. 몸과 마음의 힘을 다시 채워주는 활동을 찾아서 꾸준히, 의도적으로 수행하자.

우리가 첫 번째 할 일은 자신이 언제 어떤 식으로 소진되는지 알아차리고 자신에게 힘을 주는 것이다. 두 번째 할 일은 우리가 가족과 친구들에게 이미 발휘하고 있는 재생 능력을 다시 확인하고 더 키우는 것이다. 하지만 거기서 그쳐서는 안 된다. 세 번째 할 일은 우리와 각별한 몇몇 사람 이외의 사람들로, 그리고 자연으로까지 관심을 넓히는 것이다.

자연계에서 '**재생**regeneration'이라고 하면, 좁은 의미에서 생물체의 몸 일부가 손실되었을 때 나머지 건강한 조직의 힘으로 자연적으로 복원되는 과정을 가리킨다. 가령 도마뱀, 문어, 불가사리 등은 잃어버린 다리나 꼬리를 다시 살리는 능력이 있다. 인간 성인도 간의 일부가 제거되거나 손상되었을 때 간을 원래 크기로 재생할 수 있다. 까지거나 베인 피부가 흔적도 없이 깨끗이 아물곤 하는 기적도 우리에게 익숙한 현상이다.

재생은 조금 더 넓은 의미로 어떤 종이나 생물계가 스스로 회복하는 능력을 가리키기도 한다. 인간이 방해하지만 않으면 가능한 일이다. 멸종 위기에 몰렸던 고래와 황폐해졌던 땅이 그 좋은 예다. 귀신고래와 혹등고래는 19세기 포경업자들의 남획으로 한때 멸종될 뻔했지만, 포경이 금지되면서 이제 예전 개체 수를 거의 회복했다. 인간이 채취 압력을 거두면 동물 개체 수는 회복될 수 있음을 알 수 있다(물론 멸종까지 가지 않은 경우에 그렇다). 생태계도 마찬가지다. 바닷속에 버려진 고대 유적 사진을 보면 온통 녹색으로 뒤덮여 있다. 체르노빌 일대의 생태계가 활발하게 회복된 것도 좋은 예다. 인간이 사라지자 풀들이 다시 자라나기 시작했고, 벌레와 균류의 터전이 마련되면서 토양이 기름져졌다. 이제 새소리가 울려 퍼지고 멧돼지와 곰 같은 큰 포유동물까지 돌아왔다. 인간이 채취 행위의 압력을 거두면, 보통 자연은 다시 건강해진다.

오늘날은 기후변화, 삼림 파괴, 생물다양성 손실, 사막화, 바다의 산성화 등 여러 위기가 한데 겹치면서, 지구의 자연적 회복력에 순진하게 기댈 수 없는 형편이 됐다. 자연은 원래 복원 능력이 있지만, 재생이 늘 완전히 저절로 일어나지는 않는다. 현재 우리는 자연의 자기재생 능력을 거의 소멸시켜버린 상태다. 그래서 인간이 의도적으로 개입해야 생태계를 복원할 수 있는 경우가 많은데, **야생재건**rewilding이라고 하는 것이 그 예다. 가축 방목이나 지속적인 수확을 거둘 수 없게 하는 파괴적 행위를 중단하는 데 그치지 않고, 야생동물을 다시 들여옴으로써 자연이 제 모습을 찾고 생물다양성이 서서히 회복되도록 돕는 것이다. 황폐해졌거나 헐벗은 땅에 크고 작은 나무를 심는 일도 의도적 재생 활동의 한 예로, 토양의 건강과 생산력을 회복시키고 지하 대수층을 안정시키는 효과가 있다. 스코틀랜드 북부의 하일랜드 지방에서는 현재 재조림 사업이 주목받고 있는데, 연구 결과 나무가 사라지면 나무 주변 흙 속에 존재하던 균류도 사라진다는 사실이 밝혀졌다. 균류가 식물의 뿌리와 결합해 형성하는 균근은 숲을 되살리는 데 엄청나게 이로운 것으로 드러났다. 그에 따라 이제는 묘목을 심을 때 뿌리에 야생 버섯의 포자를 뿌려줌으로써, 울창했던 칼레도니아 삼림지대를 되살리는 작업에 더욱 박차를 가하고 있다.

산호 양식도 의도적 재생 활동의 좋은 예다. 현지의 산호초에서 산호를 일부 수집해 잘게 쪼갠 다음 안정된 공간에서 키워 빠르게 성장시키고, 복원할 지점에 심어서 손상된 산호초가 다시 자랄 수 있게 하는 것이다. 산호 양식 기법에 혁신적 기술이 도입됨에 따라, 곧 대규모 복원 작업에 착수하는 과학자들이 절멸되었거나 절멸 위기에 처한 산호초 지대를 되살릴 수 있으리라 기대된다. 자연은 스스로 회복하는 능력이 있지만, 인간이 의도적으로 재생을 도울 때 복원 확률도 높아지고 복원 속도도

빨라진다. 우리가 힘을 보탠다면, 앞으로 지구의 변화 방향은 재생 위주가 될 수도 있다.

우리는 이미 여러 방면에서 자연계를 스스로 회복할 수 없는 한계점까지 몰아붙였다. 자유롭게 늘었다 줄었다 하는 고무줄도 너무 많이 당기면 끊어지는 것과 비슷한 상황이다. 이제 우리는 자연의 재생을 의도적이면서 계획적으로, 그리고 대규모로 원활히 실시하지 않으면 안 된다.

모든 것을 예전으로 되돌릴 수는 없다. 이미 수많은 종이 멸종해 되살릴 수 없고, 일부 생태계는 이미 회복이 불가능한 한계 이상으로 손상되어 있을 수도 있다. 그러나 다행히 지구의 자연환경은 여전히 강인한 면이 있어서, 우리가 행동과 마음으로 보살필 때 긍정적 반응을 보인다. 우리가 적절한 계획과 의도로 재생 활동에 임할 때, 생태계는 비록 예전 상태를 되찾지는 못할지라도 더 회복력 있고 건강해진 새 모습으로 되살아날 수 있다.

재생의 마음가짐으로 옮겨 가기 위해서, 먼저 단순한 사실 하나를 인정하고 마음속에 새겨보자. 우리는 자연 없이 살 수 없다. 말 그대로 생명을 유지할 수 없다. 인간은 산소 없이 몇 분 이상 살 수 없고, 우리가 마시는 산소는 풀과 나무 등 지상식물의 광합성과 바닷속의 식물성 플랑크톤에게서 나온다. 우리가 마시는 물은 모두 빗물, 빙하, 호수, 강물에서 온다. 땅이 없다면 과일도 채소도 곡물도, 소고기 닭고기 돼지고기도 먹을 수 없고, 강과 바다가 없다면 생선을 비롯한 해산물을 먹을 수 없다. 인간은 물 없이 1주일 이상 살 수 없고, 먹을 것 없이 3주일 이상 살 수 없다. 우리가 숨 쉬는 공기, 마시는 물, 먹는 음식은 하나같이 자연에서 오는 것이니 우리는 자연과 뗄 수 없는 존재다. 간단한 진리이지만, 간과하거나 당연시하기 쉽다.

생태계가 제대로 돌아가지 않으면 문제가 되는 것은 당장의 생존뿐만이 아니다. 우리는 주변의 자연환경과 접촉하지 않으면 몸과 마음의 건강을 유지하기 어렵다. 하지만 도시화의 가속과 전자기기 이용 시간의 증가로 자연과의 접촉은 크게 부족해지고 있다. 실내에서 앉은 자세로 생활하는 비율이 늘면서, 자연광 부족, 공기 질 저하, 폐쇄 공간, 스크린 응시 시간 증가 등으로 인해 비만과 체력 저하는 물론 고립감과 우울감이 늘고 있다. 이런 연관된 증상들을 통틀어 '자연결핍장애'라는 이름으로 부르기도 한다.¹ 반대로, 자연 속에서 운동하고 시간을 보내면 사망률, 스트레스, 질병이 현저히 줄어든다는 연구가 나와 있다. 자연물을 가지고 놀거나 식물을 가꾸거나 자연 풍경에 노출되면 행복감이 높아지고 끝없이 바뀌는 빛과 날씨와 계절에 눈뜨게 된다.

우리 몸과 마음이 자연과 다시 연결되면, 신체 질환을 막고 불안과 스트레스를 해소하는 데 강력한 효과가 있다. 서구에 흔히 '신린요쿠'라는 이름으로 알려진 삼림욕은 일본 보건 당국에서 처음 보급한 활동으로, 숲속에서 시간을 보내며 마음을 차분히 돌아보는 것을 뜻한다. 면역력 강화, 혈압 감소, 불면증 해소, 기분 개선, 기력 증진 등 몸과 마음에 유익한 효과가 있어서, 현재 일본에서 예방 의료와 치료의 중요한 축을 담당하고 있다.

소아청소년과 의사들 가운데는 아동 비만 문제에 대한 처방책으로 아이들이 자연 속에서 자유로운 시간을 더 많이 보내게 할 것을 권하는 이들이 늘고 있다. 그럼으로써 주변의 동식물과 특이한 장소들을 경이감과 애정으로 대하는 마음도 키울 수 있다는 것이다. 아이들에게 직접 집에서 식물을 키워보게 하거나 밖에서 나비, 새, 잠자리를 쫓아다니게 하면, 다큐멘터리로 멸종 위기종이나 먼 나라 생태계 이야기를 보는 것과는 비교할 수 없는 효과가 있다고 주장하기도 한다.

우리가 지구의 생명 부양 체계에 절대적으로 의존하며 밀접히 연결되어 있다는 대중의 인식도 높아지고 있다. 생태계와 지구의 건강을 되살려야 할 필요성도 점차 절감하는 추세다. 지금도 세계 곳곳에서는 나무를 심고, 맹그로브 숲과 이탄지대(죽은 식물이 분해되지 않고 쌓인 땅으로, 지구의 탄소 저장고 역할을 한다—옮긴이)를 보존하고, 습지를 재생하고, 황폐해진 땅을 회복시키려는 노력이 수없이 이루어지고 있다. 이를 위해 빗물 집수, 다년생 곡물 재배, 잔디 심기, 혼농임업(농업과 임업을 겸한 영농 방식—옮긴이) 등 다양한 방법이 동원되고 있다. 그러나 이런 해법들을 전 지구적으로 확대해 나가려면 아직 갈 길이 멀다.

재생의 마음가짐은 의식적으로 그리고 일관되게 추구할 때 가장 효과가 크다. 그것은 우리가 함양해야 할 강인한 의지이자 온화한 마음이다. 그것은 남들에게서 무언가를 얻어내려는 자세에서 벗어나, 우리 내면의 부족함을 메우고 남들에게도 힘과 통찰을 되찾을 수 있도록 도움을 주는 것이 우리의 책임이라는 깨달음이다. 그것은 자연으로부터 채취하고 수확하는 관행에서 벗어나, 지구에 사는 생명을 보호하고 더 나아가 지구의 생명 부양 능력을 키우는 것이 우리의 책임이자 개인적 이익에도 부합한다는 깨달음이다. 개인적 목표와 환경적 목표는 늘 맞물려 있고 상호보완적이다. 우리는 그 둘 모두에 주목해야 한다.

우리는 재생의 마음가짐을 통해 자연이 돌아가는 방식(재생)과 인간이 삶을 꾸려온 방식(채취) 사이의 간극을 메울 수 있다.[2] 그러한 마음가짐을 갖는다면 인간의 창의성과 문제 해결 능력, 그리고 지구에 대한 열렬한 애정을 동력 삼아 "지구에서 살아가는 인간의 모습을 탈바꿈시킬" 수 있다.[3]

우리 시대의 가장 유명한 자연사학자로 꼽히는 데이비드 애튼버러 경은 "에덴동산은 이제 없다"고 경고한 바 있다. 우리도 그렇게 생각한다. 그렇기에 우리는 이제 에덴동산이 아닌 '의도의 동산'을 만들어야 한다. 인류세를 용의주도한 재생의 시대로 만들어가야 한다.

깎여나간 산, 파괴된 숲, 고갈된 바다 대신에 전 세계 수백만

곳에서 야생재건 사업이 펼쳐지는 광경을 상상해 보자. 10억 헥타르의 면적이 새로 숲으로 덮이고, 습지와 초원이 살아나고, 열대 해양 곳곳에 산호가 다시 자라나는 모습을 떠올려보자.

인류세가 저절로 재생의 시대가 되는 일은 없을 것이다. 하지만 우리가 뜻을 둔다면 그렇게 만들어갈 수 있다. 명확한 방향성을 가지고, 채취에 기반을 둔 성장에서 벗어나 재생의 가치, 원칙, 실천을 바탕으로 한 생명 지속적 사회를 향해 나아갈 수 있다.

인간이 생태계와 지구의 생명을 지속시키는 힘이 되려고 노력하는, 재생의 인류 문화를 일으키자. 그러려면 정책 전문가뿐 아니라 예술가도, 기업인뿐 아니라 농부도, 투자가뿐 아니라 할머니도, 과학자뿐 아니라 토착민 지도자도 모두 자기 몫을 해주어야 한다.

재생의 원리를 우리 삶과 활동을 재편하는 기본 원리로 삼자. 땅과 공동체의 회복력을 되살리면서, 동시에 우리 영혼을 치유하자. 회사에서 회의를 할 때나 집에서 일가친척 모임을 가질 때도, 탄소 중립적으로 진행하는 것은 물론 더 나아가 손에 흙과 물을 직접 묻히는 재생 활동을 벌여보자. 지구의 생명을 황폐화하지 않고 되살리는 행동에 같이 참여하는 것이다.

우리는 이제 자기를 중심에 두는 행동이 아닌 자연과 조화를 이루는 행동을 지향해야 한다. 모든 행동은 결과의 안전성을 철저히 따져 단호히 판단해야 한다. 어떤 행동을 하기 전에 이렇게 자문해 보는 것이다. 이 행동은 인간과 자연이 하나의 융합된 체계로서 함께 번영한다는 목표에 능동적으로 기여하는가? 그렇다면 해도 좋다. 그렇지 않다면 해서는 안 된다. 협상의 여지는 없다.

그 미래는 아득한 꿈이 아니다. 이미 이루어지고 있다. 저명한 작가 아룬다티 로이가 한 말 그대로다. "지금과 다른 세상은 이루어질 수 있을 뿐 아니라, 이미 다가오고 있다. 비록 살아생전에 그 세상을 만나보지 못할 이들이 많을 수도 있겠지만, 조용한 날에 가만히 귀 기울여보면, 그 숨소리가 들린다."

## 3부

# 열 가지 행동

TEN
ACTIONS

# 8  우리가 해야 할 일
## Doing What Is Necessary

파리협상의 첫 주가 끝나가는 2015년 12월, 우리 두 사람이 사무실에서 일하고 있는데 문을 노크하는 소리가 들렸다.

유엔의 보안 책임자, 케빈 오 핸런이 들어왔다. 여러 해 동안 함께 일한 사람이었기에 표정에서 근심의 기색이 쉽게 읽혔다.

"폭발물이 발견됐습니다."

우려했던 최악의 시나리오였다.

파리에서 최근 벌어진 테러 때문에, 우리는 유엔 회의장 도착 및 출발 구역의 경비 책임을 개최국 경찰에 맡긴 상태였다. 원래 유엔 협상장은 회의 기간 중 치외법권 지역으로 간주되어 개최국의 관할권이 미치지 않는다. 하지만 제21차 당사국총회는 르부르제 공항을 하나의 거대한 회의장으로 삼은 데다가, 195개 국에서 2만 5천 명이 모이는 자리였으니 테러의 표적이 될 가능성이 누가 봐도 높았다. 따라서 프랑스 경찰, 특히 대테러 특수부대와 폭발물 탐지견의 도움이 꼭 필요했다.

전국에 경찰 3만 명이 배치됐고, 검문소 238곳이 세워졌다. 전례 없는 삼엄한 경비였다. 우리가 유엔 회의장 안에서 이루려고 하는 일도 전례가 없긴 마찬가지였다. 유엔 역사상 최대 규모의 기후변화 협상이 이제 5일 차에 접어든 시점이었다. 그 성패는 엄청나게 중요했다.

케빈은 르부르제 지하철역에서 쓰레기봉투에 담긴 폭발물이 발견됐다고 했다. 르부르제 지하철역은 교통 중심지이자 회의장 인근의 역이었다. 2만 5천 명의 참가자가 한 명도 빠짐없이 그곳을 종일 이용했다. 크리스티아나의 두 딸도 하루에 두 번 이상은 그 역을 이용했다. 톰의 두 딸은 집에서 아빠의 퇴근을 기다리고 있었다. 우리는 서로를 마주 보았다. 서로의 눈동자에, 3주 전 파리와 생드니 곳곳에 펼쳐졌던 광경이 비쳤다. 유리 파편. 낭자한 피. 시신들. 가족들의 절규.

발견된 폭발물은 해체했지만, 일대에 폭발물이 더 있는지는 알 길이 없었다.

모든 것이 갈림길에 놓여 있었다. 우리는 수년간의 작업 끝에 마침내 전 세계 기후 협정문의 초안을 마련한 상태였다. 거기엔 순배출 제로 경제라는 장기 목표가 제시되어 있었고, 취약계층 보호에 관한 문구가 들어 있었고, 온도 상승을 "2℃보다 훨씬 아래로" 억제할 수 있도록 정기적으로 배출 감축 목표를 반드시 높게 한 규정까지 들어 있었다. 모두 야심 찬 목표들이었다. 하지만 여러 나라가 그 문구를 빼려고 압력을 행사할 테니 최종 문안에까지 들어가리라는 보장은 없었다. 게다가 우리는 그것으로 만족할 수 없었다. 최대 1.5℃ 상승 제한을 목표로 하고자 했다. 온도가 2℃ 상승한 세상은 기반 시설 파괴, 생물계 파괴, 살인적 폭염, 기아, 물 부족 등의 피해 규모가 1.5℃ 상승에 비해 세 배에 이르게 된다. 그 차이가 수백만 명의 목숨을 살릴 수 있다. 저지대 섬과 해안 지역까지 살릴 수 있을지도 모른다. 이 회의를 취소한다면 앞으로 과연 다시 합의에 이를 수 있을지 알 수 없었다. 만만찮은 정치적 장애물이 여전히 가로놓여 있었고, 우리가 만들어갈 세상의 발목을 잡는 저항의 움직임이 일어나고 있었다.

이번이 기회였다.

그리고 결단을 내려야 할 때였다.

회의를 중단하고 전 세계 기후협정을 이룰 기회를 날릴 것인가. 회의를 계속하고 그에 따른 모든 위험을 감수할 것인가. 크리스티아나는 어려운 선택이라면 숱하게 내려본 사람이었지만, 이건 어머니로서는 쉽게 내릴 수 있는 선택이 아니었다.

온갖 위험과 두려움 그리고 상실의 이미지가 그 순간 우리 두 사람에게 파도처럼 밀려들었다. 끔찍한 상황이었지만, 그 상황에 오래 머물러 있을 수는 없었다. 이쪽이든 저쪽이든, 행동을 취해야 했다.

지금 당신도 선택을 앞두고 있다. 그리고 그 선택에 어떤 위험이 따르는지도 이제 알고 있다.

당신이 그 선택을 하고 실행에 옮길 수 있는 시간은 이제 얼마 남지 않았다. 앞서 우리는 기후위기라는 전 지구적 도전에 맞서기 위해 누구나 키워야 할 마음가짐을 논했지만, 그것만으로는 부족하다. 근본적인 변화를 이루려면 마음가짐의 변화를 행동으로 옮겨야 한다.

당신이 우리의 바람대로 재생의 미래를 택하기로 한다면, 그러한 미래를 만드는 데 필요한 행동이 열 가지 있다. 그중엔 낯익은 것도 있겠고, 새로운 것도 있을 것이다. 우리가 만들려는 세상의 모습뿐 아니라, 그것을 이루기 위한 노력에 따르는 위험까지 고려해 뽑은 행동들이다.

어찌 보면 기후위기의 큰 해결책은 너무나 명백하다. 대기 중으로 온실가스를 더 배출하지 않으면 된다. 하지만 그 목표를 이루기 위해서는, 작은 해결책을 수없이 많이 찾아내야 한다.

온실가스는 인간의 생존 활동에서 나오는 직접적 산물이다. 이를테면 먹을 것을 구하거나 돌아다닐 때 나온다. 인간은 행동 방식과 존재 방식 자체가 지구를 병들게 하는 원인과 너무나 복잡하게 엮여버렸기에, '이제 지금부터 그만' 하는 식으로 한순간에 온실가스 배출을 멈출 수는 없다.' 그러면 어떻게 될지 상상해 보자. 만약 화석연료 사용을 일순간에 완전히 중지하고 사람들이 익숙하게 하던 활동을 하지 못하도록 금지한다면, 며칠까진 아니어도 몇 주일 내로 전 세계에서 혁명이 터져 나올 것이다.

　반대로 각국 정부가 노력을 충분히 하지 않아 젊은이들과 그 후대의 삶을 계속 위험에 몰아넣는다면, 역시 큰 폭동이 일어날 가능성이 크다. 아니 어쩌면 이미 일어나고 있는지도 모른다.[2]

　우리에게 필요한 것은 완전한 변혁이지만, 그 속도는 과학적으로 합당해야 하며 그 방식은 민주주의에 부합해야 한다. 독재 정치나 무정부 상태로 추락하는 것을 원치 않는다면 매우 중요하게 새겨야 할 점이다. 기후변화의 파장은 향후 수십 년간 이주민 폭증, 농업 생산량 감소, 기상이변 심화 등의 형태로 규모와 파괴력을 키워갈 것이다. 국가 지도자들은 점점 포퓰리즘으로 기울면서 국민의 단기적 이익을 지킨다는 명분을 내세울 것이다. 이는 기후변화의 근본 원인을 해결하려는 노력을 가로막아 위기를 악화시킬 수 있다. 오늘날 정치 상황을 조금만 관찰해도 그러한 우려는 기우가 아님이 분명히 드러난다. 시리아에서는 5년 동안 이어진 사상 최악의 가뭄으로 농업이 붕괴하면서 농촌에서 도시로 이주 행렬이 이어졌다. 이미 이라크에서 전쟁 난민들이 대규모로 유입되고 있었던 터라, 갈등이 복합적으로 불거지면서 내전이 발발했고, 바샤르 알아사드 대통령의 유혈 진압이 뒤따랐다. 그러자 시리아인을 중심으로 한 난민 행렬이 유럽으로 몰렸고, 앙겔라 메르켈 독일 총리는 결국 난민 대다수를 수용했다.[3] 이 난민 문제를 계기로 극우 정파 '독일을 위한 대안(AfD)'이 평균 지지율을 3퍼센트에서 16퍼센트로 끌어 올리며 주요 정치 세력으로 떠올랐고, 독일 정치 지형에 큰 변동이 일어났다.* 사실상 유럽연합의 지도자였던 메르켈은 힘을 잃었고, 그 파장은 지금까지 유럽 정치와 세계 정치를 흔들고 있다.

기후변화의 파장이 날로 심각해져가는 오늘날, 극단주의 정치 세력을 배격하려면 무척 철저한 준비가 필요하다. 여기 보인 열 가지 행동 분야는, 탄소 배출량을 줄일 방법은 물론 우리 사회가 극단주의 정파의 퇴행 압력에 휘둘리지 않도록 힘을 키울 방법을 함께 제시한 것이다.

우리가 요청하는 열 가지 행동은 화석연료에서 벗어나고 기술적 해법에 투자하자는 게 전부가 아니다. 사회 안전망을 한계로 몰아붙이지 않는, 더 공정한 경제체제를 이루자는 요청이기도 하다. 모든 이들에게 적극적 정치 참여를 촉구하는 요청이자, 돌아가기에는 너무 위험한 과거에 대한 향수를 버리자는 요청이다. 이 추가적인 부분들은 기후변화 문제와 거리가 멀어 보일지도 모르지만, 대응에서 뺄 수 없는 근본 요소다. 우리는 비난과 보복의 악순환을 거부하고, 우리에게 절실한 공동의 노력을 적극적으로 포용해야 한다. 불평등이 계속 확대되어 사회 안전망이 한계에 몰리게 해서는 안 된다. 그렇게 된다면 민주국가의 유권자들이 그 이상의 경제 변화를 허락하지 않을 것이다. 우리는 이 문제를 총체적으로 한꺼번에 다루지 않으면 안 된다.

우리의 요청은 만만치 않다. 생활 습관의 작은 변화도 물론 중요하지만, 그런 단순한 요청이 아니다. 모두 함께 번영할 미래를 위해 우리의 우선순위를 완전히 바꾸는 일이다. 그러려면 앞에서 논의한 마음가짐을 키우고 실천함으로써, 새 세상을 향해 발걸음을 더 크게 내디뎌야 한다.

세상이 결국 선택할 길과 우리 미래의 모습은 그 어느 한 사람의 손에 달려 있지 않다. 하지만 우리 한 사람 한 사람이 열가지 행동 분야에 각자 참여함으로써, 재생의 세상으로 나아가는 변화의 일원이 될 수 있다.

우리는 모두 역사라는 거대한 직물 공예품을 함께 짜고 있다. 우리는 과거 역사적 격동기에 살았던 사람들을 생각해 보면서, 우리가 만약 그때 살았더라면 숭고한 선택을 했던 사람 중 한명이었을 것이라고 자연스럽게 상상한다. 뭉그적거리고 몸을 사리며 변화를 거부한 사람은 아니었으리라고 생각한다. 그렇다면 지금이 기회다. 여기서 요청하는 행동 하나하나를 모두 한인간으로서 직접 해낼 수 있다. 그러려면 남들에게 기후변화의 심각성을 설득할 필요도 있겠지만 말이다. 독자가 이 책을 읽고나서 '나도 의미 있는 차이를 만들 수 있다'는 깨달음을 얻기를 바랄 따름이다.

이제 더는 무력감에 젖어 있을 여유가 없다.

기후변화 대응이 국가나 지자체나 기업이나 특정 개인의 책임이라고만 생각하고 있을 여유가 없다. 그것은 우리 모두 개인적으로, 집단적으로 걸머져야 하는 세계 만인의 임무다. 우리는 삶 속에서 부모, 배우자, 친구, 직업인, 신앙인, 불가지론자 등

다양한 역할을 맡고 있다. 수완이 출중한 사람도 있고 아무 수완이 없는 사람도 있다. 기업의 임원도 있고, 시나 도나 국가의 수장도 있다. 당신이 누구든 간에, 그 모든 역할의 수행자로서 당신이 하는 참여가 지금 필요하다.

마음가짐을 바꾸는 일은 무척 중요하지만, 그것만으로는 충분치 않다. 최대한 이른 시일 내에 '행동'에 착수할 것을 제안한다. 우선 열 가지 행동 중 한두 가지만 중점을 두어 해보자. 가장 와닿는 분야를 골라 먼저 실행하면서 점차 넓혀나가 보자. 이 책에 담긴 내용은 지금 이 시점에서 무척 중요하다고 생각되는 방향을 제시했을 뿐이며, 우리 모두 그 밖에도 수없이 많은 방법으로 차이를 만들어낼 수 있음을 명심하자.[5] 이 책을 읽고 이 여정을 함께하겠다고 결심하는 독자라면, 이 책에 제시된 내용을 넘어서야 한다.

앞에 나왔던 폭발물 이야기의 결말은 독자가 이미 아는 바와 같다.

우리는 어떠한 비용을 감수하더라도 할 일을 해야 했다.

우리 자녀들을 진정으로 지켜줄 수 있는 유일한 길은 인류와 우리 지구를 지키기 위한 작업을 용감히 계속하는 것이었다. 지하철역은 폐쇄 없이 계속 운영됐다. 총회는 계속 진행됐다. 우리가 택한 행동에는 위험이 없지 않았지만, 후회는 없다. 10년 후, 우리 모두가 택한 행동에 대해서도 같은 말을 할 수 있기를 희망한다.

할 수 있는 일을 할 때는 지났다.

이제는 우리 모두, 해야 할 일을 해야 한다.


## 첫 번째 행동: 옛 세상과 작별하자


기후위기의 도전에 맞서고 우리에게 소중한 것들을 보존하려면, 민주주의와 사회정의, 인권, 그리고 힘들게 얻어낸 각종 자유를 미래에도 온전히 누리려면, 그런 것들을 위협하는 원인과 작별해야 한다. 이제 우리가 살아가고 일하고 관계 맺는 방식을 크게 바꾸어야 할 때다. 그러려면 용의주도하게 몇 가지 행동을 잇달아 실천해야 한다.

그 첫 번째는 과거를 추념한 다음 떠나보내는 것이다.

화석연료는 인류 발전에 크나큰 공헌을 했지만, 우리 건강과 생태계와 기후에 미치는 막심한 피해 때문에 이제는 지속적인 사용을 옹호할 수 없다. 더 안전한 대안들이 이미 나와 있다. 이제 화석연료에 고마움을 표하고 퇴역시킨 다음, 앞으로 나아갈 때다.

그 밖에 우리가 이루어야 하는 큰 변화들도 마찬가지다. 현재 우리 사회를 이루는 기반 요소들은 근본적 변혁이 필요하다. 에너지와 교통은 물론, 이제는 그 유해성이 익히 알려진 농업 방식도 예외가 아니다.

우리는 변화를 어려워한다. 원래 알던 것을 손에서 놓지 않고 새로운 것을 거부하는 경향이 있다. 아무리 새로운 것에 엄청난 이점이 있다 해도 마찬가지다. 영국에서 있었던, 육상 풍력 터빈에 반대하는 움직임이 좋은 예다. 육상 풍력은 현재 가장 저렴한 에너지원이지만⁶(석탄, 석유, 천연가스, 그리고 다른 재생에너지원보다 저렴하다), 전원의 경관을 보존하려는 토지 소유주들의 반대가 상당히 심하다.

시골 지역을 큰 지지 기반으로 삼고 있는 보수당이 2015년에 집권하면서 육상 풍력발전 보조금을 삭감하고 관련 계획법을 수정한 결과, 신규 발전 용량의 80퍼센트가 감소했다.⁷ 최근에야 기후변화에 대한 영국 대중의 인식 개선이 급속히 이루어지면서, 육상 풍력발전에 대한 지지가 옛 풍경에 대한 애착을 앞서고 있다.

일부 개인과 몇몇 산업은 온도 상승폭 1.5℃ 이내 억제를 달성하는 데 필요한 각종 변화에 거세게 저항하고 있다는 사실을 유념하자. 그들은 공포와 불안의 씨앗을 뿌리며 분열을 획책하는 동시에 소모적인 비방전을 부추기고 있다. 우리는 그러한 움직임을 단호히 배격해야 한다.

변화의 시기에 우리는 파벌주의와 확실성의 환상에 취약해진다. 재생적인 세상으로 옮겨 가는 과정에서 경계해야 할 무척 큰 위험 중 하나는, 정치적 중도가 힘을 잃고 극좌나 극우 성향의 포퓰리스트 지도자들이 손쉬운 약속을 남발하면서 국민들이 이에 빠져드는 것이다. 과거 역사로 보나 지금 나타나는 초기 징조로 보나, 그러한 시나리오는 현실화될 수 있다. 민주주의가 독재로 바뀔 가능성이 도사리고 있다. 기후 비상사태를 초래한 옛 삶으로 되돌아갈 수는 없지만, 새 길을 간다는 것은 정치적으로 부담이 크다. 현재 전 세계에 퍼져나가고 있는 정치적 파장은 이제 시작일 뿐이다.

변화는 비난을 유발하기도 한다. 기후변화 대응을 옹호하는 이들 가운데는 배척과 비난으로 점철된 주장을 펼치는 사람들도 있다. 기후변화에 관한 논의에서 비난은 이미 하나의 강력한 흐름을 이루고 있다. 그들은 선진국과 석유업계에, 자본주의와 기업들에, 특정 국가들에, 그리고 기성세대에 비난을 쏟아붓고 있다. 분노하는 마음도 이해할 만하다. 특히 일부 기업들은 이윤을 유지하려고 수십 년간 기후변화에 관한 진실을 숨겼다는 사실이 명백히 드러난 마당이니 말할 것도 없다.[8] 그러한 경우에는 정의의 심판과 적법한 조치가 마땅히 필요하며 반드시 내려져야 한다.

하지만 비난은 우리에게 도움이 되지 않는다. 피해에 대한 막연한 보상 의식을 키울 뿐 이를 실현해 주지는 않는다. 우리는 비난의 감정에 사로잡히기 쉽고, 그렇게 되면 장기간 쌓아온 건설적 행동이 물거품이 될 수 있다. 역사는 서로를 향한 비난의 손가락질이 한번 시작되면 좀처럼 끝나지 않는다는 사실을 명백히 보여준다. 제1차 세계대전이 끝난 후 연합국은 독일에 전쟁을 일으킨 모든 책임을 질 것을 강요하며 막대한 배상금을 부과해 굴욕을 안겼다. 이것은 파시즘이 부상하는 계기가 되었고, 결국 20년 뒤 두 번째 세계대전으로 이어졌다는 것이 역사학자들의 공통된 의견이다.'

옛 세상을 떠나보내고 우리의 가장 해로운 충동을 제어하기 위해 우리가 할 수 있는 일들을 아래에 제시해 본다.

**지금까지 머물렀던 곳이 아니라 앞으로 갈 곳을 바라보자.** 미래에 대한 건설적 비전을 키워나가고, 어떠한 어려움이 있어도 그 비전을 잃지 말자. 목적지를 마음속에 그리면서 가면, 과거와의 작별이 두렵지 않을 것이다.

**향수에 의연한 태도를 기르자.** 세상은 늘 변한다는 사실을 받아들이고 이해하면서, 집착하지 않는 태도를 키우자. 누구나 때때로 과거를 되돌리고 싶은 마음에 사로잡힌다. 그러나 역사를 돌아보면, 중대한 변화의 시기에는 향수가 우리의 발목을 잡기도 했다. 향수 때문에 우리 앞에 놓인 시급한 과제에 전념하지 못할 수도 있다. 정치 지도자들은 과거에 호소함으로써 우리 감정을 교묘히 조종할 뿐 아니라 비윤리적인 행동에 대해 지지를 이끌어내기도 한다.

**껍데기를 깨고 나오자.** 사회를 크게 변화시키고자 한다면, 서로가 품고 있는 확고한 가치와 합당한 우려를 온전히 이해하고 받아들이지 않으면 안 된다. 우리 사회의 특정 집단들은 나름의 합당한 이유로 변화를 계속 거부할 수도 있다. 그들을 이해하지 못하면 우리는 난관에 부딪힐 수도 있다. 2018년에 에마뉘엘 마크롱 프랑스 대통령은 배출 감축과 대기오염 문제 해결을 위해 유류세 인상이라는 카드를 집어 들었지만, 국민의 지지를 두루 얻지는 못했다. 하루하루 생계가 빠듯한 노동자들은 높아진 통근 비용을 감당할 수 없었다. 이에 분노의 시위가 빗발쳤고, 프랑스 정부는 예상치 못한 사태에 당황했다. 이른바 '노란 조끼' 운동의 대대적인 확산에 마크롱은 정책을 포기할 수밖에 없었다.[10] 이러한 입장의 괴리는 왜 일어나는 걸까? 한 가지 이유는, 각자가 이용하는 미디어 유형에 따라 사람들 사이에 괴리가 점점 심해지고 있다는 사실이다. 우리는 자신의 시각을 반영하거나 뒷받침하는 사설이나 칼럼을 읽는 경향이 있으므로, 듣고 싶은 이야기만 듣고, 믿고 있는 생각을 점점 더 굳히기 쉽다. 더군다나 인터넷과 소셜 미디어에서는 영리한 알고리즘으로 인해 그 과정이 엄청나게 가속화되고 있다.[11]

그래서 우리는 남들의 생각이나 남들이 중시하는 가치에 까맣게 무지할 때가 많다.

오프라인으로 나와서 이웃 주민, 마트에 줄 선 사람들, 출퇴근길에 만나는 사람들과 대화를 나누어보자. 뚜렷한 근거 없이 품고 있던 믿음을 의심해 보고, 허위 정보와 역정보에 유의하

자. 사람들과 **직접** 만나서 소망과 우려를 터놓고, 남들의 말에
귀 기울이자. 솔직하고 상대를 존중하는 자세를 견지하자.

1990년 어느 날, 감옥에서 27년을 복역한 넬슨 만델라는 F.
W. 데 클레르크 대통령에게서 24시간 안에 석방해 주겠다는
전갈을 받았다. 그다음 날 만델라는 빅터 버스터 형무소에서 걸
어 나와 역사의 한 장을 열기 시작했다. 훗날 그는 회고에서, 건
물 안뜰을 지나가기만 하면 자유의 몸이 되는데, 건물 외벽에
이르기 전까지 자신을 감금한 자들을 용서하지 않는다면 영원
히 용서하지 못하리라는 생각이 들었다고 말한다. 그래서 그는
그들을 용서했다. 물론 그렇다고 잊은 건 아니었다. 후에 그가
설립한 '진실 화해 위원회'는 아파르트헤이트를 종식한 남아프
리카공화국이 과거를 떠나보내게 하는 데 혁혁한 공을 세웠다.
진실 화해 위원회는 폭력의 피해자라면 누구나 공식적 자리에
서 진술할 수 있게 했다. 그뿐만 아니라, 폭력의 가해자도 누구
나 진술을 하고 사면을 요청할 수 있게 했다. 만델라가 이룬 업
적과 그가 확립한 절차는 남아프리카공화국이라는 나라가 전
혀 다른 모습으로 변모하는 데 크게 이바지했다.

과거와 작별함으로써, 비로소 미래를 맞아들일 자리가 생겨
난 것이다.

우리도 서로를 비난하지 말고 화석연료에 의존했던 과거를
떠나보내야 한다. 작별의 과정은 꼭 필요하며, 용의주도하게 이

루어져야 한다. 옛 세상을 떠나보내고 미래로 당당히 나아가기 위해 더 노력을 기울일수록, 앞날을 더 튼튼히 대비할 수 있을 것이다.

### 두 번째 행동: 슬픔을 마주하되 미래의 비전을 품자

우리가 기억하는 봄, 여름, 가을, 겨울 그리고 건기와 우기의 모습을 우리 자녀와 후손들은 누리지 못할 것이다. 지금 오십 넘은 이들 중 어린 시절 친숙했던 날씨 패턴이 급격히 변하고 있음을 느끼지 못하는 사람은 찾아보기 어렵다. 빙하와 호수는 급속히 줄어들고 있고, 바다는 플라스틱에 허우적대고 있다.[12] 영구동토가 녹으면서 먼 옛날에 묻혔던 사체와 질병이 드러나고 있다.[13] 날씨와 풍경이 눈앞에서 변해 가고, 천년간 이정표 역할을 해온 자연의 리듬이 사라지면서, 우리가 알던 세상의 법칙은 허물어지고 있다. 이제 세상은 예전처럼 설명되지 않는다.

우리는 생물다양성의 상실과 후손들의 궁핍한 삶에서 느껴지는 애통함을 모른 체할 수 없다. 이 새로운 현실을 여실히, 뼈저리게 느끼지 않으면 안 된다. 눈앞에 벌어지는 모든 사태를 외면하지 않고 의식적으로 관찰하는 행동에는 어떤 힘이 있다. 그리고 직관에 어긋나는 것처럼 보이지만, 현실을 철저히 받아들이면 현실을 바라보는 기분이 더 나아질 수도 있다. 그런 다음 거기서 그치지 않고, 미래를 바라보며 우리가 아직 이룰 수 있는 것들을 목표로 삼아야 한다. 앞으로의 변화는 지금까지의 변화보다 더 혼란스러울 테니, 가고자 하는 길이 눈에 잘 보이지 않는다면 발을 헛디디기 쉽다. 우리는 지금 이 현실에 대한 책임을 다하기 위해, 있는 용기를 모두 끌어모아 불확실한 미래를 마주해야 한다. 그러려면 우리가 왜 지금 열정과 헌신으로 임해야만 하는지, 그 이유를 알아야 한다.

세계는 여러 해 동안 기후변화에 관한 국제적 합의를 끌어내려고 노력했다. 그 노력이 워낙 전방위적으로 이루어지다 보니 도전 자체와 애초에 그 도전에 나섰던 이유를 분간하기 어려워져버렸다. 국제적 합의를 이루는 일이 곧 비전이 되었다. 물론 강력하고 중요한 비전이었지만, 국제적 합의는 사실 비전 달성을 돕기 위한 목표였을 뿐이다. 우리의 비전은 그때나 지금이나 다름없다. 인간과 자연이 번성할 수 있는, 재생적 세상이다.

비전과 목표는 혼동하기 쉽다. 목표란 비전을 이루기 위해 도달해야 할 구체적인 대상이다. 거기엔 비전으로 나아가는 데 사용할 전략과 전술도 포함된다. 목표는 무척 중요하지만, 비전이 있어야 우리 앞에 놓인 고난의 시기를 헤쳐나가는 데 필요한 헌신과 열정을 불러일으킬 수 있다. 비전 없이 목표만 있다면, 비전 달성에 필요한 유연한 태도를 갖출 수 없을지도 모른다.

큰 그림을 보지 못하고 그것을 이룰 방법에만 집착한다면, 전진하지 못하고 답보 상태에 빠질 위험은 물론, 분열의 골이 깊어질 위험도 있다.

그러나 행동에 목마른 사람의 눈에는, 비전에 집착하는 태도가 무책임하며 현실과 동떨어진 것처럼 보일 수 있다. 지금 벌어지고 있는 각종 문제에 휘말린 사람에게, 비전이란 순진한 희망 사항에 불과해 보일 수도 있다. 이 순간에도 날로 기상이변이 격심해지며 지역사회를 파괴하고 있고, 빈부 격차가 극심해지고 있고, 탐욕스러운 다국적기업들은 장기적 가치가 아닌 단기적 수익에 몰두하고 있고, 정치 지도자들은 국제적, 국내적으로 분열을 획책하는 데 골몰하고 있으니까. 더 나은 세상의 비전을 그리는 일과 협심하여 비전을 실현하는 일 사이에는 너무나 큰 간극이 느껴지기도 한다.

비전은 반드시 있어야 하지만, 실천 방법은 바뀔 수도 있다는 열린 마음이 필요하다. 그러니 비전을 견지하되, 비전에 이르는 길은 유연하게 필요에 따라 조정하는 자세를 잃지 말자. 길은 상황에 따라 바뀔 수 있지만, 비전은 하늘의 북극성처럼 제자리를 지키며 나침반이자 목적지의 역할을 한다.

**'왜'라는 질문에서 시작하자.** 설령 우리 생각에 비전이 달성될 가능성이 크지 않더라도, 또 비전을 달성하기 위한 노력이 잘 진행되지 않더라도, 우리는 얼마든지 비전을 추구할 수 있다.

이 책 앞부분에 제시된 시나리오들을 곰곰이 생각하면서, 이제 방향을 돌리기엔 너무 늦었고, 인류는 파멸할 것이며, 우리

비전은 이룰 수 없다는 결론을 내릴 수도 있다. 그건 비합리적인 생각이 아니다. 하지만 그렇다고 해서 더 나은 미래를 만들어가야 할 이유가 줄어든다고 생각하는 것도 비합리적이다. 우리는 단호한 낙관을 하루하루의 의욕으로 삼아야 한다. 왜 스스로가 미래를 위해 싸울 가치가 있다고 생각하는지 늘 잊지 말아야 한다. 그 '왜'라는 근본적 질문을 원동력으로 삼아 기후변화와 굳건히 맞서 싸우는 모든 노력을 전개해야 한다.

**상상력은 필수다.** 이념이나 세상의 틀은 매우 공고해 보이기도 하지만, 생각보다 무너지기도 쉽다. 애멀린 팽크허스트가 참정권 운동을 벌여 영국 정부로부터 여성의 투표권을 얻어내기까지 10년 이상이 걸렸다.[14] 소련은 영원히 계속될 것처럼 견고해 보였지만, 한번 균열이 생기기 시작하자 단 몇 달 만에 허물어지고 말았다.[15]

1939년 뉴욕 세계 박람회에서 자동차 제조사 제너럴모터스는 미래의 모습을 상상해 구현한 모형을 전시했다. '퓨처라마 Futurama'라는 이름으로 불린 그 거대한 모형은 초고층 빌딩들이 늘어선 도심과 방대한 교외 지역 사이를 연결하는 넓은 고속도로망이 있는 구조로, 이동하기 위해서는 반드시 자동차를 이용해야 했다.[16]

무분별하게 확산한 현재의 도시를 미래에 적합한 형태로 변모시켜나가는 과정에서 상상력은 무척 중요하다. 어떤 미래학자들은 앞으로 무인, 공유 방식으로 운영되는 주문형 전기자동차 서비스가 부상하면서 10년 후에는 도로를 달리는 자동차의 수가 지금보다 80퍼센트 감소하리라고 내다보기도 한다.[17] 그렇게 되면 도시에서 현재 주차에 쓰이고 있는 방대한 면적을 다른 용도로 쓸 수 있다.

런던의 예를 들면, 현재 주차에 쓰이고 있는 공간의 70퍼센트, 다시 말해 운동장 5천 개에 해당하는 면적을 식량 재배, 야생재건, 지속 가능한 주택 건설 등에 쓸 수 있다.[18]

우리가 영원하리라 짐작하는 것 중에는 생각보다 오래가지 못하는 것이 많다. 상상은 순진해 보일 때도 있지만, 거창한 생각을 하찮게 여기지는 말자. 뭔가 새로운 것이 요구되는 상황에서 환상으로 여겼던 생각이 현실이 된 사례는 역사 속에 숱하게 나온다.

**앞으로 다가올 미래를 주시하자.** 때로는 일이 풀리지 않는다는 생각이 들 것이다. 우리가 아무리 앞으로 나아간다 해도, 우리 주변의 환경과 사회가 어느 정도 퇴보하는 모습은 피할 수 없을 것이다. 곳곳에서 기후변화의 피해로 사람들이 죽고, 사람이 살던 땅이 살 수 없게 변해 가고, 동식물종이 계속 멸종해 우리 마음을 아프게 할 것이다. 모두 참으로 애통해할 일들이고, 애도는 필요하다. 충분한 시간과 자리를 마련해 애도해야 하며, 주위 사람들과 슬픔을 나누어야 한다. 두 가지 다 무척 중요하다.

우리는 그 아픔을 외면할 수 없고, 외면해서도 안 된다. 하지만 그러한 아픔을 계기로 더더욱 적극적인 행동에 박차를 가해야 하며, 비난과 체념, 절망의 수렁에 빠져서는 안 된다.

미국 시인 마야 안젤루도 이 점을 명쾌히 표현했다. "여러 차례 패배를 직면할 수 있다. 하지만 패배해서는 안 된다. 어쩌면 패배에 직면하는 경험은 필요할지도 모른다. 그런 경험을 통해 우리가 어떤 사람이고, 어떤 좌절을 딛고 일어날 수 있는지를, 그리고 여전히 거기에서 벗어날 수 있다는 사실을 알 수 있다."[19]

강력한 비전은 미래에 박아놓은 손잡이와 같다. 어렴풋이 떠오르는 조그만 가능성을 붙잡아 현실로 만들 힘을 준다. 비전을 잃지 말자. 우리가 분명히 이룰 수 있는 세상에 대한 비전을, 단단히 붙잡고 놓지 말자. 그럼으로써 우리에게 우리 문제를 해결할 능력이 없다는 편견에 정면으로 맞서자.

1963년 8월 마틴 루터 킹 목사가 링컨 기념관의 계단에 섰을 때, 미국의 인종 갈등은 그 전망이 암울했다. 조지 월리스 앨라배마 주지사가 주 의사당 앞에 서서 "오늘도, 내일도, 영원히 인종 분리를"이라고 선언한 것이 불과 몇 달 전이었다. 강제로 인종 분리를 실행하기 위해 경찰은 시위자들에게 개를 풀고 물대포를 쏘았다. 여섯 살짜리 아이들에게도 예외가 없었다. 흑인 민권을 지지하는 사람들조차도 변화의 길은 까마득하고 운동은 희망이 없다고 생각했다. 그러한 상황에서 "나에게는 꿈이 있습니다"라고 외친 킹 목사의 연설은 어둠 속의 한 줄기 빛과도 같았다. 킹 목사는 자신도 구체적인 방법은 알지 못했지만, 누구나 인종과 관계없이 공평하게 대우받는 사회라는 자신의 비전을 굳게 고수했다. 그의 끈질긴 노력은 이듬해 민권법의 법제화라는 결실을 보았고, 그의 비전은 그의 사후에도 이어져 세계 곳곳에 평등권 운동의 씨앗을 뿌리고 비폭력 시위를 정치적 저항 운동의 주축으로 자리 잡게 했다.[20]

비전과 상상을 적극적으로 풍부하게 활용하는 세상은 그렇지 않은 세상보다 훨씬 생동감이 넘치고 영감을 자극하며 즐겁다. 지금과 같은 복잡한 시기에는, 앞길을 제시하고 우리를 이끌어줄 국제적 리더의 부재를 한탄하기 쉽다. 그런 사람도 중요하지만, 우리 모두가 세상은 구할 가치가 있다는 사실을, 재생적인 미래는 분명히 가능하다는 사실을 믿어야만 한다. 정신이 깨인 지도자가 민주적으로 선출되기를 기원하는 것으로 이 문제를 풀 수 없음은 자명하다. 물론 그런 지도자가 나올 수도 있겠지만, 인류의 존속 문제를 유권자들의 정파 대립 구도에 맡길 수는 없다. 우리 모두 더 나은 미래의 강력한 비전을 품어야 한다.

### 세 번째 행동: 진실을 수호하자

아일랜드 소설가 조너선 스위프트는 300년 전에 "거짓은 날아가고 진실은 그 뒤를 절룩거리며 쫓아간다"라고 적었다.[21] 참으로 예지가 담긴 통찰이었다. MIT의 최근 연구에 따르면 트위터에서 거짓말은 진실보다 평균 여섯 배 빨리 퍼지며, 진실은 거짓말이 침투하는 수준에 결코 이르지 못하는 것으로 나타났다.[22] 소셜 미디어는 거짓말을 생산하고 유포하는 공장 역할을 한다.

이 같은 현실은 우리 사회에 심각한 영향을 미치고 있다. 특히 우리가 기후변화처럼 복잡한 장기적 위협에 대처하기 위해 일치단결하는 데 큰 지장을 주고 있다. '탈진실 시대'로 불리는 요즘, 과학의 권위를 흔드는 일은 일상처럼 벌어진다.

과학적 방법의 근간이 흔들리고 있다. 객관성이 공격받고 있다. 정치 지도자들 가운데는 객관적 현실과 아예 결별하기로 한 이들도 있다. 소셜 미디어의 부상은 그러한 지도자들에게 사실을 호도할 기회를 마음껏 누리게 해 주었다. 이처럼 주관성에 기우는 작금의 경향은 억압과 폭정의 온상을 만든다. 우리 모두에게는 진실에 대한 공격을 인지하고 막아내야 할 시급한 책임이 있다. 그런 공격을 내버려둔다면 기후변화의 흐름을 되돌릴 일말의 기회는 영원히 사라져버린다.

역사를 통틀어 지도자들이 늘 진실을 말했던 적은 한 번도 없지만, 지금 정치판에는 분명 전례를 찾아볼 수 없는 수준의 거짓말이 횡행하고 있다.

인간이 탈진실 시대에 쉽게 휘둘리는 데는 이유가 있다. 우리는 객관적 현실을 알려주는 증거보다는 자신이 이미 옳다고 믿

는 사실을 확증해 주는 정보를 추구하려는 본능이 있는 듯하다.[23]

믿고 있던 사실을 확인받으면 기분이 좋다. 그래서 우리는 누구든 그렇게 해 주는 사람에게 긍정적 감정을 갖는다. 가령 정치 지도자가 백신이 자폐증을 일으킨다거나 기후변화가 농간이라거나 그 밖에 우리가 옳다고 느끼는 것을 옳다고 말하면 우리는 짜릿한 긍정적 감정을 느낀다. '확증 편향'이라고 불리는, 숱하게 보고되고 연구된 현상이다.[24]

기후변화는 대도시의 홍수 피해, 섬들의 수몰, 이민 행렬의 급증 등 수많은 재앙을 일으킬 수밖에 없다. 그와 같은 극도의 취약 상황에서, 독재 성향의 지도자들은 그 기회를 이용해 권력을 공고히 하려 할 것이다. 포퓰리스트 독재자들은 복잡한 기후위기에 장기적 해법으로 대응하려 하지 않고 누군가 비난을 뒤집어쓸 사람을 찾아낼 것이다. 그들이 장차 다가올 재앙을 이용해 비극을 더 부추기고 우리 모두에게 해를 끼치도록 방치해서는 안 된다.

진실을 수호하기 위해 우리가 할 수 있는 일들은 다음과 같다.

**자유로운 사고를 하자.** 탈진실 시대에 우리가 무엇을 믿을지는 결국 우리의 책임이다. 이는 기후위기에만 국한되는 문제가 아니다. 우리가 검증된 기본적 사실에 대해서조차 합의하지 못한다면, 큰 문제 앞에서는 속수무책이 될 수밖에 없다. 그리고 기후변화는 엄청나게 큰 문제다.

기후변화의 실상에 마침내 대중이 가슴속으로 분노하기 시작한 가운데, 사람들이 거리로 나서고 있다. 민주주의 체제가 국민의 목소리를 오래 외면할 수는 없다. 다만 그렇게 되기 위해서는 우리 사회가 객관적 진실에 근거하는 태도를 유지해야 한다. 우리는 의식적으로 자신을 성찰하는 시간을 가져야만 한다. 혹시 우리 입장에 어긋나지 않는 정보만 믿으려고 의식적으로 선택하고 있지 않은지 자문해 보아야 한다. 예컨대 지금 이 책을 독자가 읽고 있다는 사실도 확증 편향의 한 예일 수 있다. 우리와 생각이 같은 정치 지도자의 말은 믿고 생각이 다른 정치 지도자의 말은 믿지 않으려는 우리 자신의 성향을 주의 깊게 들여다보자. 익숙하지 않아 힘든 방면의 행동이나 사고를 의도적으로 해보자. 기존의 틀을 벗어난 사고는 우리 모두의 자유를 지키기 위한 과감한 행동이다. 능숙해지도록 노력하자.

**진짜 과학과 유사 과학을 구분하는 힘을 키우자.** 미국의 보수 성향 두뇌 집단이자 머서 패밀리 재단 등의 지원을 받는 하트랜드 연구소는, 2017년 미려하게 제작된 기후학 교과서를 미국 전역의 교사 30만 명에게 발송했다. 원래는 정책 입안자들을 대상으로 기획되어 2015년 파리협상과 맞물리는 시점에 출간된 책으로, 제목은 《과학자들이 지구온난화에 동의하지 않는 이유》였고, 첫머리가 다음처럼 시작했다. "지구온난화 관련 논쟁에서 가장 널리 반복되는 주장이 있다. 그중 하나가 기후변화를 인간이 초래했고 그것이 위험하다는 말에 '과학자들의 97퍼센트가 동의한다'는 주장이다. 이 주장은 거짓일 뿐 아니라, 논쟁에서 거론한다는 것 자체가 과학을 모욕하는 행위다." 책과 함께 배달된 편지에는 '저명한 기후학자들'이 저술한 책이니 동봉된 DVD와 함께 수업 시간에 교재로 써달라는 당부가 적혀 있었다. 확립된 기후변화 연구를 부정하는 주장을 펼치고 있는 하트랜드 연구소는 편지에서, 유엔 기후변화에 관한 정부 간 패널IPCC: Intergovernmental Panel on Climate Change의 의견을 믿지 말고 "경제적, 정치적 이해관계 충돌에서 자유로운 독립 기관, 비정부 기관과 학자들의 의견에 귀를 기울일 것"을 권했다.

책을 받아든 교사들은 책의 내용이 과학에 부합하는지 거짓인지, 또 저자들이 정말 저명한 기후학자들인지 판단하기 무척 어려웠을 것이다. 실제로 저자 중 한 명은 현재 파산한 석탄 기업, 피바디 에너지Peabody Energy의 환경과학 책임자였다. 그리고 기후학이 아닌 지리학으로 석사와 박사 학위를 취득한 사람이다. 경력에는 '기후변화에 관한 비정부 국제 패널NIPCC: Nongovernmental International Panel on Climate Change'에서 낸 보고서의 주 저자였다는 것도 있다. 유엔 산하의 IPCC와 너무 비슷해 혼동하기 쉬운 이름이라는 점에 유의하자. NIPCC는 사실 하트랜드 연구소의 후원을 받는 프로젝트다. 교사들 가운데는 이 책이 비과학적인 선전물임을 바로 간파한 사람도 많았지만, 수업 시간에 이 책을 교재로 활용한 교사들은 학생들의 뇌리에 그릇된 정보를 각인시키고 말았다.

이 이야기에는 새길 만한 교훈이 있다. 아무리 '권위 있어' 보이고, 디자인이 미려하고, 진짜 과학자들이 저술한 자료라고 해도 그 내용에는 신중히 접근해야 한다는 점이다. 의견을 정할 때는 그 근거가 사실인지 허구인지 반드시 추가로 노력을 기울여 판단할 필요가 있다. 정보의 출처를 확인하자. 필요하면 돈의 흐름을 짚어보자. 기후 관련 성명, 보고서, 기사를 막론하고 해당 연구의 자금 출처를 따져보자. 이름 있는 대학이나 잘 알려진 학술 단체의 공인을 받은 연구인지 확인하자. 가장 간단한 방법은 '동료 평가'를 거쳤는지, 다시 말해 해당 분야의 다른 전문가들에게 검토와 평가를 받았는지 알아보는 것이다. 예를 들면 2018년 10월에 발표된 1.5℃ 관련 IPCC 보고서는 40개국 출신 91명의 저자와 편집자의 검토를 거친 협업의 결과물이다. 대부분의 주류 언론사는 편집 방침을 두어 기사에 인용된 자료가 동료의 평가를 받았거나 이에 준하는 신뢰성 기준을 충족하는지 확인하고 있지만, 그래도 **항상** 확인해 볼 필요는 있다.

**기후변화 부정론자들을 포기하지 말자.** 바야흐로 탈진실 시대에 들어서고 있는 지금, 진실을 추구하는 자세와 이념을 고수하는 자세 사이의 삐걱거림은 누구에게나 뼈아프게 다가온다. 어느 한 관점에 자연적으로 끌리면서도 진실에 대한 갈망이 더 큰 사람이 있는가 하면, 사실 여부와 관계없이 한쪽 관점을 절대적으로 고수하는 사람도 있다. 후자의 극단에 있는 사람은 이미 사실에 개의치 않는다. 이런 사람이 가족 내에 있는 경우도 많다. 사실을 가지고는 기후변화 부정론자의 생각을 바꿀 수 없으니, 각종 통계와 출처를 제시하는 것은 도움이 안 된다. 그런 사람을 납득시키려면, 먼저 그 사람의 말을 귀 기울여 듣고 그가 우려하는 부분을 이해하려고 애쓰지 않으면 안 된다. 모든 사람을 애정과 배려와 관심으로 대한다면, 우리를 분열시키는 힘을 무력화할 수 있다.

베를린 장벽 붕괴(1991)와 세계무역센터 붕괴(2001) 사이에 성년이 된 사람들의 눈에는, 오늘날 세상이 참으로 이상해 보이기도 한다. 그 시기에는 인류가 나아가야 할 방향에 대해 어떤 전반적인 합의 같은 것이 있었다. 그 단순하던 시절을 희구하는 목소리도 있는 오늘날, 우리는 미래를 지향하는 대신 과거로 돌아가려는 지도자들의 약속에 휘둘리기 쉽다.

미래는 예전과 같을 수 없다. 미래는 복잡할 것이고, 소셜 미디어의 탄생은 돌이킬 수 없다. 인류가 스스로 만들어낸 괴물을 통제하고자 한다면, 진실과 정면으로 마주하지 않으면 안 된다. 우리가 기후위기에 한마음으로 대응하고 날이 갈수록 가속화되고 있는 절멸 사태를 멈추고자 한다면, 책임감을 갖고 기후변화와 그 여파에 관한 명백한 진실을 항상 수호해야 한다. 우리는 스스로 옳다고 믿는 진실을 공격으로부터 방어할 책임이 있다. 우리의 생각과 의견과 행동에 영향을 주는 모든 정보를 철저히 비판적으로 따져보자. 모든 거짓을, 특히 우리의 기후변화 대응을 좌우할 수 있는 거짓을 거짓이라고 외치자. 그런 습관을 들이고 진실을 판단하는 실력을 더 키운다면, 우리 주위를 안개처럼 뒤덮은 허위 정보와 매일같이 우리의 주의를 빼앗으려고 다투는 헛된 정보를 헤쳐나가기가 더 쉬워질 것이다. 그렇게 사실에 근거해 현실을 인식하는 습관을 지키고 키워나간다면, 우리가 바라는 재생적 미래의 모습과 그곳에 다다르는 길은 더 선명히 모습을 드러낼 것이다.


**네 번째 행동: 소비자가 아니라 시민이라는 의식을 갖자**


남인도 지방에서 쓰는 원숭이 덫은 그 원리가 기발하면서도 잔인하다. 코코넛에 구멍을 뚫어 찹쌀 경단을 하나 넣어놓고 말뚝에 매어 고정한다. 경단 냄새를 맡은 원숭이가 다가와 코코넛 구멍에 손을 집어넣는다. 그런데 구멍이 작아서 주먹을 쥔 채로는 손이 빠지지 않는다. 하지만 원숭이는 본능적으로, 손에 움켜쥔 경단을 놓지 못한다. 물리적인 덫이 아니라 본능의 덫에 걸려드는 것이다. 물론 경단을 놓기만 하면 빠져나올 수 있다.

우리와 소비의 관계가 그렇다. 여기서 소비란 사고 쓰고 버리는 행위를 가리킨다. 우리는 자신이 소비의 덫에 걸려 있다는 것을 알고 있다. 하지만 그 소비란 것이 우리 의식 속에 워낙 깊이, 거의 본능적으로 뿌리박고 있어서 손에서 놓을 수가 없다.

우리가 구매하는 상당수의 제품이 우리의 자아 정체감을 높이기 위한 목적으로 제작된다. 옷, 비누, 과자, TV, 자동차는 브랜드마다 특정한 집단을 상정하고 만들어진다. 판매업체가 제품의 이런저런 특성을 공들여 개발해 나간다. 정체감과 소비는 점점 하나로 합쳐지고 있다. 가령 영국에서는 한 사람당 연간 평균 약 30킬로그램의 옷을 산다. 빨래로 치면 세탁기를 다섯 번 돌릴 양이다.²⁵ 옷을 사는 이유는 주로 패션 유행이 철마다 바뀌기 때문이다. 그래서 주기적으로 헌 옷을 처분하고 옷을 더 사려고 줄을 선다.

하지만 패션산업은 탄소 발자국carbon footprint, 즉 이산화탄소의 발생 총량이 엄청나다. 섬유산업은 석유산업에 이어 두 번째로 오염을 많이 일으키는 산업으로, 온실가스 배출량이 국제항공과 해상운송을 합친 양보다 많다. 패션산업은 현재 전 세계 이산화탄소 배출량의 무려 10퍼센트를 차지하는 것으로 추정되며,²⁶ '패스트 패션'의 소비가 늘어가는 추세를 고려하면 배출량은 더 급증하리라 전망된다.

경제성장의 원동력은 사람들이 계속 돈을 쓰는 데 달려 있다. 1920년대 미국에서는, 욕구를 이미 모두 충족한 신세대가 등장하고 있으며 이로 인해 경제성장이 정체할 수 있다는 우려가 대두했다. 1929년에 허버트 후버 대통령이 소집한 경제 문제 관런 위원회에서 내린 결론은, "새로운 욕구가 충족되자마자 더 새로운 욕구가 끝없이 이를 대체하는" 상황을 조성하려면 광고가 필요하다는 것이었다.[27]

오늘날 소비재 기업들은 우리를 소비 사이클 속에 가둬놓기 위해 엄청난 돈을 쓴다. 마케팅과 광고에 들이는 예산이 어마어마하다. 스포츠 중계 중 최다 시청자를 자랑하는 미국의 슈퍼볼은 30초짜리 TV 광고 단가가 2019년에 500만 달러를 넘어섰다.[28] 온라인 쇼핑몰 아마존은 2018년 한 해에만 광고 수익으로 무려 100억 달러를 벌어들였다.[29] 소비문화와 빠른 소비 패턴이 주도하는 오늘날 전 세계의 연간 광고비 지출은 5,500억 달러가 넘는다.[30]

그뿐만이 아니다. 수없이 쏟아지는 많은 제품이 저절로 노후화되도록 설계되어, 새 제품으로 교체하는 과정에서 경제성장을 촉진하는 역할을 하고 있다. 일회용 플라스틱 제품이 그 전형적인 예지만, 거의 모든 소비재는 얼마 지나지 않으면 구식이 되어 버려지게끔 설계된다. 제품 보증기간은 3년을 넘기는 경우가 드물다. 그 후엔 고장 날 확률이 높기 때문이다. 그리고 부품을 교체하는 것보다 새 제품을 사는 게 돈이 적게 들 때가 많다. 소프트웨어의 새 버전은 오래된 컴퓨터에 설치되지 않아 컴퓨터도 교체해야 하는 경우가 많다. 암울한 사례를 들자면 끝이 없다. 상황이 이렇다 보니, 고치고 수선하고 복원하는 기술은 점차 사라져가고 있다.

현재 세계 경제에서 제품의 생산 및 유통 과정은 전 세계 곳곳에 분산되어 있다. 스마트폰을 예로 들면 볼리비아의 귀금속 채굴에서 중국의 완제품 포장에 이르기까지 모든 단계는 별개의 나라에서 수행되는 별개의 생산공정으로 이루어진다. 그렇다 보니, 대기업의 공급망 중 어느 단계가 지속 가능한 방식으로 이루어지고 있고 어느 단계가 기후변화에 한몫하고 있는지 알기가 어렵다.

우리가 할 수 있는 일은 다음과 같다.

**잘 사는 삶의 개념을 바꾸자.** 잘 사는 삶의 정의로 현재 널리 퍼져 있는 것은 소비주의다. 우리는 업그레이드 만능주의라 해야 할 만큼 전화기, 옷, 자동차 할 것 없이 업그레이드를 끊임없이 추구한다. 하지만 만족감이나 소속감을 위해 물건을 사는 행위는 욕구 충족이 아닌 중독을 유발함으로써 자신의 정체성과 삶의 방향에 대한 회의와 혼란을 일으킬 수 있다.[31] 자기 자신을 어떤 상품이나 브랜드의 소비자로 간주한다는 것은 본인의 수동성을 암시하며, 그 상품을 소비함으로써 자신의 욕구가 충족됨을 암시하기도 한다.

소비주의는 개성을 돈으로 살 수 있다는 착각을 하게 한다. 게다가 우리 마음 한 곳에 자리를 차지하고 세계관을 편협하게 만든다. 그것은 넘쳐나는 일회용품 쓰레기 더미 위에 가치관과 정체성을 쌓아 올린 세계관이다. 심리학자들의 연구에 따르면

대량 소비는 우리 삶에 점점 큰 구멍을 만드는데 우리는 그 구멍을 메우려고 끊임없이 애쓰고 있다.[32] 우리는 타인의 선별과 추천에 의존한 구매 습관을 통해 의식적, 무의식적으로 자아 정체감을 공고히 하려 하지만, 대량 소비의 엔진을 점점 빨리 돌림으로써 재앙의 문턱으로 자신을 몰아가고 있다.

우리는 온갖 문화적 압력에 의해 무분별한 소비주의로 몰리고 있지만, 의식적으로 그런 흐름에 저항할 수 있다. 소비주의의 명령을 거부할 정신적 힘을 키워나갈 수 있다. 기존의 소비 습관을 바꾸고, 지속 가능한 상품에 '돈으로 투표'할 수 있다.

더 나아가 소비자로서의 자기인식을 바꾸고, 물질과의 관계를 새로 정립할 수 있다. 광고의 영향에서 자유롭게 벗어날 수 있다면, 해방감을 느낄 뿐만 아니라 그 자체가 과감한 정치적 행위이기도 하다.


**더 나은 소비자가 되자.** 단기적으로는 현재 체제 내에서 우리의 소비 패턴을 바꿈으로써 상황을 개선할 수 있다. 모든 구매 행위가 똑같지는 않다. 유기농 면으로 만든 질 좋은 옷을 사서 오래 입고 물려주기까지 하는 경우를 생각해 보자. 값싼 일회용품을 사서 몇 주 입고 쓰레기 매립장으로 보내는 것과 같을 수 없다. '돈으로 투표'할 수 있는 선택권이 있는 사람이라면, 필요한 상품을 살 때 더 알아보고 결정하자. 지향하는 가치를 공개적으로 밝힌 기업, 지속 가능성을 최우선으로 고려하겠다고 약속한 기업, 약속 준수 여부를 별개의 기관으로부터 인증받고 있는 기업의 상품을 사자. 그 효과는 작지 않을 것이다.

돈으로 투표하자. 무엇보다, 쓰레기 발생을 막자. 옛날 말처럼 절약reduce, 재사용reuse, 재활용recycle의 3R을 실천하자. 물건을 살 때는 잘 알아보고, 잘 생각해 보고 선택하자.

**물질에서 벗어나자.** 음악 감상 방식이 LP, 카세트테이프, CD를 거쳐 이제 다운로드와 스트리밍으로 바뀐 것을 생각해 보자. 기술의 발전으로 실물 없이 예전과 같은 기능을 제공하게 된 사례는 많다. 더 적은 것으로 더 많은 일을 할 수 있다. 자동차의 개인 소유라는 현재의 지배적 패러다임도 가까운 미래에 사라질 가능성이 있다. 이동은 차량 공유 서비스 등으로 해결하게 될 것이다. 아마 자율주행 방식일 테고, 확실히 전기자동차일 것이다.[33] 언젠가는 소비자가 제품의 소유자가 아니라 서비스 이용자로 정의될 것이다. 이미 세계 최대의 숙박업체(에어비엔비Airbnb)는 건물을 전혀 소유하고 있지 않다. 세계 최대의 개인용 운송 업체(우버Uber)는 차를 전혀 소유하고 있지 않다.[34] 이와 같은 소유에서 관리로의 변화는 우리와 소비 행위의 관계를 근본적으로 바꾸어놓을 것이다. 우리는 이러한 변화에 참여하고 이를 적극적으로 받아들임으로써 그 가속화에 보탬이 될 수 있다.

소설가 파울로 코엘료를 통해 처음 유명해진 행복한 어부 이야기는 조금씩 다른 몇 가지 형태로 전해진다. 작은 마을의 어부가 큰 고기 몇 마리를 잡아놓고 해변에서 느긋하게 쉬고 있다. 지나가던 사업가가 어부가 잡아놓은 고기를 보고, 다 잡는 데 시간이 얼마나 걸렸냐고 묻는다. 얼마 안 걸렸다는 대답이 돌아온다. 사업가는 그럼 왜 바다에 나가 고기를 더 잡아 오지 않느냐고 어부에게 묻는다. 어부는 지금 잡은 것으로도 온 가족을 먹이기에 충분하다면서, 고기를 잡고 나면 집에 가서 아이들과 놀 수도 있고, 아내와 함께 낮잠도 자고, 저녁에는 친구들과 술 마시며 악기도 연주할 수 있다고 한다.

사업가는 어부가 더 성공할 수 있게 돈을 빌려주겠다고 제안한다. 그러면 더 큰 배를 장만해 고기를 더 많이 잡아서 시장에 팔아 돈을 많이 벌 수 있다는 것이다. 그렇게 번 돈을 투자해 배를 여러 대로 늘리고, 큰 어업회사를 차릴 수 있으며, 잘되면 회사를 주식시장에 상장해 갑부가 될 수 있다고 했다.

"그다음에는요?" 어부가 묻는다.

사업가는 그러고 나서 은퇴하면 된다고 뿌듯하게 설명한다. 하고 싶은 걸 마음껏 하고 살 수 있다면서, 오전에 물고기 몇 마리 잡고, 아이들과 놀기도 하고, 아내와 낮잠도 자고, 저녁에는 친구들과 술 마시며 악기도 연주할 수 있다고 말한다.

이 이야기는 삶에서 가장 중요한 것은 물질이 아니라는 점을 말해준다. 우리가 코엘료의 어부처럼 '자족'이 무엇인지 깨닫는다면, 소비와 소유의 마음가짐을 부추기는 온갖 압력을 의식적으로 피하면서 거기에서 벗어날 수 있을지도 모른다. 삶의 자세를 바꾸면, 행복해지는 능력을 키울 수 있을 뿐 아니라 지구 자원의 소진을 크게 줄일 수 있다. 그 사실을 가슴에 새기자.

### 다섯 번째 행동: 화석연료에서 벗어나자

화석연료가 인간에게 언제까지나 '필요하리라고' 보는 시각은, 생각이 과거에 묶여 있는 데서 기인한다. 화석연료에서 벗어나기 위해서는 화석연료가 인류의 번영에 꼭 필요하다는 믿음을 버려야 한다. 그러한 마음가짐에서 벗어날 때 비로소 우리는 새로운 에너지 쪽으로 생각과 돈과 기반 시설을 옮겨 갈 수 있다.

화석연료 기업들은 의도적으로 전환 속도를 더디게 만들고 있다. 여전히 풍부하고 강력한 에너지원의 공급자로서 지난 세월 급격하게 힘을 키워온 화석연료 기업들은, 현재 광범한 분야에 깊이 영향력을 미치고 있다.

많은 기업들이 여전히 거액의 로비를 벌여 화석연료 의존 탈피를 위한 각종 규제를 완화하려고 시도하고 있다.[35] 한편 어느 기업의 고위 임원들 가운데는 기후 문제에 대응해 기업의 체질을 변화시키고자 하는 이들도 있다. 그 바람의 진실성을, 본 저자는 직접 체험을 통해 알고 있다. 하지만 상황은 만만치 않다.

기업의 체질을 너무 큰 폭으로, 너무 빠르게 바꾸면 사업 모델이 불안정해져 투자자들이 떠나갈 게 뻔하다. 미적거리면서 변화를 너무 미루어도 기업 가치가 주저앉을 위험이 있다. 몇몇 기업은 끝까지 남아보겠다는 생각으로 위험천만한 '버티기' 작전을 펴고 있다. 다른 기업들이 떠나간 빈자리를 차지하고 화석연료로 계속 돈을 벌어들이겠다는 계산이다.

세계 거의 모든 나라의 정부가 여전히 화석연료에 보조금을 지급하고 있다. 화석연료 업계는 부인할지 몰라도, 막대한 정부 지원금이 들어가고 있다. 각국 정부가 화석연료 가격을 인위적으로 낮게 유지하는 데 쓰는 돈은 세계적으로 연간 6천억 달러에 이른다.[36] 재생에너지 보조금의 세 배 정도다.[37] 각국 정부는 말로는 재생에너지를 지원하고 있다고 주장할지 몰라도, 화석연료 보조금 지급을 중단하기 전에는 상황의 진전을 기대하기 어렵다.

마크 카니 잉글랜드 은행 총재는 우리가 현재의 화석연료 기반 경제에서 미래의 완전 탈탄소화 경제로 순조롭게 이행하지 않으면 어느 시점에서 "급격한 난국jump to distress"이 찾아올 것이라는 유명한 말을 했다.[38] 고탄소 자산의 가치가 갑자기 큰 폭으로 떨어지리라는 예측이다. 그리고 무슨 일이 있어도 그 사태는 막아야 한다고 강조했다. 우리 경제의 근간이 얼마나 화석연료에 의존하고 있는지 생각해 보면 지당한 예측이다. 위급한 순간까지 이행을 미룬다면, 업계 전체, 수많은 기업, 그리고 정부가 파산하거나 가치를 크게 잃을 수도 있다.

'급격한 난국'이 찾아오면 그 피해는 우리 모두에게 돌아간다. 각국 정부는 화석연료에서 얻는 세금 수입에 의존해 운영되고 있다. 각종 연금은 화석연료 기업에 직간접적으로 많이 투자하고 있다. 금융 시스템은 서로 긴밀히 얽혀 있으므로 한곳에서 큰 가치 하락이 일어나면 관련 없어 보이는 다른 여러 곳으로 빠르게 피해가 확산한다. 이로 인한 '급격한 난국'은 2008년 금융 위기를 무색하게 만들 수도 있다.

이러한 점을 고려할 때 화석연료 전환 작업은 신중히 계획적으로 이루어져야 하며, 집단 공황으로 촉발되어서는 안 된다. 각국 중앙은행은 2017년에 녹색금융네트워크(NGFS)라는 협의체를 만들어, 기후변화가 세계 통화 안정성에 미칠 영향을 현재 긴밀히 주시하고 있다.[39]

세계의 국가와 기업들이 과거와 근본적으로 다른 미래에 얼마나 잘 대응할지를 가늠하게 할 금융 연구와 정보도 점점 늘어나 투자 위험 판단을 돕고 있다. 가령 전 세계 국가와 기업의 위험을 평가하는 신용 평가 기관 무디스는 현재 기후변화의 물리적 위험을 측정하는 리스크퍼스트RiskFirst라는 업체의 지배 지분을 보유하고 있다.[40] 투자자들은 흔히 '좌초자산stranded asset'으로 불리는, 시장 환경의 급변으로 가치가 크게 떨어진 자산에서 자금을 회수해 자산을 재배분하고 있다. 그러한 움직임이 시장에 반영되고 기업들도 이에 주목하고 있지만, 훨씬 더 큰 폭으로,

훨씬 더 빠르게 진행될 필요가 있다.

**100퍼센트 재생에너지를 적극 지지하자.** 재생에너지원을 이용한 에너지 생산은 최근 수년간 급증세를 보이고 있다. 현재 추세라면 2023년에는 에너지 수요의 30퍼센트를 재생에너지로 공급하게 되고, 2030년에는 그 비율이 50퍼센트에 이를 전망이다.[41] 기업들이 흐름에 앞장서고 있다. 200개에 이르는 기업들이 이미 100퍼센트 재생에너지 전력을 사용하고 있거나 그런 목표를 향해 나아가고 있다. 그중 유명한 기업들로는 애플, 이케아, 뱅크 오브 아메리카, 다논, 이베이, 구글, 마즈, 나이키, 월마트 등이 있다.[42] 유럽과 북아메리카 주민의 75퍼센트는 정부가 100퍼센트 재생에너지 발전을 달성하기 위해 강력한 조치를 취하는 것을 지지한다.[43] 재생에너지를 현실화하려면 정치권과 각종 기관의 의사 결정권자들이 제도 차원에서 재생에너지 보급 정책을 펼쳐야 한다. 그러한 리더들은 자신을 뽑아주는 국민의 요구를 대변하기 마련이다. 청정에너지 확대를 주장하는 사람에게 투표하자.

오늘날 권력과 영향력을 가진 이들이 훗날 국민의 뜻을 충실히 대변한 공복으로 기억되고자 한다면, 더 명확한 비전을 가지고 미래를 보아야 한다. 우리는 진정한 혜안을 갖추고 앞으로 나서는 인물에게만 표를 주어야 한다.

우리에게 자신감을 실어줄 소식은, 태양광발전과 풍력발전이 몇 년 전까지만 해도 예상하기 어려웠던 속도와 규모로 발전을 거듭하고 있다는 것이다. 태양광 패널 제조 비용이 최근 10년간 90퍼센트 하락하면서, 이제 재생에너지는 세계 대부분의 지역에서 석탄과 대등한 가격 경쟁력을 갖게 되었고, 천연가스와도 차이를 좁혀가고 있다.⁴⁴ 육상·해상 풍력발전도 비슷한 추세로 나아가고 있다. 태양광과 풍력발전으로 생산되는 에너지를 균일하게 공급하기 위한 저장 기술도 급속히 발전해 경제적 사업성을 갖춰가고 있다.

각종 비용이 낮아짐에 따라, 미래 에너지망의 작동 방식에 대해서도 더 혁신적인 아이디어가 속속 나오고 있다. 종전보다 훨씬 더 지능적이고 상호 연결성이 높은 에너지망이 출현하고 있다.

**기한을 정해 놓고, 야심 찬 계획을 세우자.** 우리는 10년 안에 전 세계 탄소 배출량을 절반으로 줄여야 하고, 그 후 길어도 20년 안에 순배출 제로를 달성해야 한다. 기업과 국가가 선도해 나갈 책임이 크지만, 모두가 각자의 배출량을 줄임으로써 역할을 할 수 있다. 명확한 의식을 갖고 제때 행동한다면, 시간은 충분하다.⁴⁵ 일단 우리가 집중해야 할 목표는 10년 안에 50퍼센트 감축이다. 세계 전체 평균이 그렇게 되어야 한다는 것이므로, 평소 자기 몫보다 훨씬 많이 탄소를 배출하고 있던 사람은 배출량을 50퍼센트보다 더 많이 줄여야 한다. 최소 60퍼센트 이상을 목표로 삼자. 인간은 1년에 이룰 수 있는 일은 과대평가하고 10년에 이룰 수 있는 일은 과소평가하는 경향이 있으니까.

10년 후 지금보다 화석연료를 60퍼센트 이상 덜 쓰는 우리 삶은 어떤 모습일까? 독자가 현재 배출하는 탄소는 아마 대부분 비행기 이용, 자동차 운전, 집 냉난방에서 나올 것이다. 배출의 주범은 주로 우리가 쉽게 포기할 수 없는 자동차, 보일러, 에어컨 등 값비싼 물품이다. 일단 자동차를 사고 나면 쓸 수밖에 없고, 적게 쓰려고 노력한다 해도 한계가 있다. 앞으로 10년 안에 전기자동차로 바꾸는 것을 고려해 보자. 전기자동차도 연비와 주행 가능 거리가 늘어나고 여기에 가격 하락과 융자 구매 제도의 혁신이 더해지면서 점점 많은 이들이 구매할 수 있는 상품이 되어가고 있다. 중간 가격대 모델도 현재 한 번 충전해 250킬로미터는 주행할 수 있으며, 충전소도 점점 흔해지고 있다.[46] 한편 자동차 이외의 수단을 이용하고, 더 나아가 자동차를 소유하지 않는 것도 한 방법이다. 점점 충분히 가능한 일이 되어가고 있다.

집 냉난방과 관련해서는, 전력망을 통해 재생 전기를 구매해 쓰고 집에서는 재생 전기를 그 이상 생산하는 것을 목표로 하자(우리나라는 재생 전기를 골라 구매해 쓸 수 있는 체계가 아직 갖추어져 있지 않다―옮긴이). 주택의 단열을 개선하고 전기 난방으로 교체하는 일은 모두 한꺼번에 하기엔 엄두가 안 날 수도 있다. 한 번에 한 가지씩 실천에 옮기자. 우선 주택 에너지 점검을 실시해 에너지가 새거나 효율이 떨어지는 부분을 찾아낸다. 그러면 어느 부분에 먼저 투자해 개선해야 할지 파악할 수 있다. 우선 비용이 덜 드는 에너지 개선을 먼저 하고, 수년에 걸쳐 단계적으로 투자해 나가는 식으로 하면 된다. 가령 보일러를 바꿔야 할 때 그 참에 교체하는 것이다. 시간이 지나면 돈도 절약하고 탄소 배출도 줄일 수 있을 것이다.

부유한 나라에 사는 독자라면 비행기 이용을 줄이는 것이 가장 효과가 클 가능성이 높다. 세계 곳곳을 찾아가 문화를 교류하고 좋은 구경을 하는 것만큼 즐거운 일도 많지 않다. 세계 어느 한 곳에서 비행기에 올라타 열 시간 후에 전혀 다른 곳에 내릴 경제적 여력이 되는 사람은 참으로 엄청난 혜택을 누리고 있는 것이다. 여행을 좋아하거나 해외 출장을 다니거나 해외에 가족을 둔 독자라면 비행기 이용을 포기한다는 게 쉽지 않을 것이다.

세계 인구 중 비행기를 한 번이라도 타본 사람은 6퍼센트밖에 되지 않는다." 당신이 거기에 속한다면, 입장을 정하고 계획을 세울 의무가 있다. 다시는 비행기를 타지 않겠다고 결심할 수도 있을 것이다. 그런 결심은 칭찬하고 축하할 만한 일이겠지만, 현실적으로 당장 그렇게 하기는 불가능할지도 모른다. 그렇다고 할 수 있는 일이 없는 건 아니다. 휴가 여행은 비행기로 가지 않는다거나, 1천 킬로미터 이내 거리는 기차를 탄다거나 하는 결심을 할 수도 있다. 비행기를 일 년에 몇 번 이하만 탄다거나, 업무 회의를 화상회의로 대체할 수도 있다.

방법은 여러 가지가 있겠지만, 항공교통은 2030년까지 60퍼센트 감축이라는 목표를 이루려면 반드시 고심해야 할 중요한 문제 중 하나다. 그러나 항공교통은 물론, 여기서 논의한 그 어떤 변화도 두려워할 필요는 없다. 생활방식을 바꿔야 한다고 하면 불안하기도 하고 무언가 소중한 것을 빼앗긴다는 느낌이 들기도 한다. 하지만 사실은 정반대다. 변화를 거부한다 해도, 지금 우리 경제는 너무나 빠르게 대규모로, 무분별하게 자원을 낭비하고 있어서 거의 누구도 행복할 수 없는 현실이다. 진정 소중한 것들을 지키기 위해 슬기롭게 변화를 이루어나간다면, 그 과정에서 삶의 목적을 발견함으로써 삶의 질도 더 높일 수 있다. 실천해 보고, 직접 체험해 보자.

## 여섯 번째 행동: 지구의 숲을 되살리자

　우리가 선택해야 하는 미래는 인간이 자연과 뗄 수 없는 존재임을 마음에 깊이 새겨야 하는 미래다. 생명이 약동하는 원시림은 인간 생존에 필수 요소다. 고갈되고 척박해져가는 토양에서 점점 많은 것을 뽑아가는 행위는 인류의 자멸을 재촉하는 길이다. 우리가 장기적으로 번영하려면, 자연과 인간 모두의 이익을 위해 자연을 되살려가면서, 인간이 살아가는 데 꼭 필요한 것만 자연에서 취하는 균형점을 찾아야 한다. 전 지구적으로 그와 같은 균형은 아직 충분히 달성할 수 있다. 우리가 그 목표를 이루는 세대가 될 수 있다.

숲은 스스로 번성에 유리한 환경을 빚어내는 자기 지속적 체계다. 하늘로 수분을 배출해 구름을 만들고, 구름은 비가 되어 숲 구석구석으로 다시 물을 보낸다. 숲의 땅속에는 미세한 균류가 방대한 균사체를 이루어 사방팔방으로 퍼져 수천 킬로미터에 걸쳐 나무와 나무를 이어주고 영양분을 공유한다. 토양에는 나무들이 후손 대대로 자랄 수 있는 풍부한 토대가 차곡차곡 쌓여간다. 그러나 숲은 이러한 공생 작용 때문에 취약한 면도 있다. 숲을 어느 한계 이상 파괴하거나 갈라놓음으로써 상호 연결성을 훼손하면 전체 시스템이 붕괴할 수 있다. 지구의 거대한 숲들이 이런 식으로 사라져갈 것이다. 옛말에 집안이 망할 때는 서서히 기울다가 갑자기 폭삭 주저앉는다고 했는데, 그것과 같은 원리다.

인간은 농경을 시작한 이래 지금까지 약 3조 그루의 나무를 베었다. 지구 전체 나무의 절반을 벤 셈이다. 그 결과, 지구 육지 면적의 절반에 이르는 숲이 천연 상태에서 벗어나 심각하게 훼손됐다. 2018년 한 해에만 1,200만 헥타르의 숲이 파괴되었는데, 1분에 축구장 30개 면적만큼씩 사라진 셈이다. 그중 3분의 1은 천혜의 원시 열대우림이었다.[48] 이런 추세가 계속된다면, 전 지구의 숲은 단 몇십 년 안에 모두 파괴되어 사라질 것이다. 설령 그런 파국은 피한다 할지라도, 우리 후손들은 선조들이 얼마나 생각 없이 숲을 절멸 직전까지 몰아붙여 파국의 문턱까지 갔는지 돌이켜보고 아연실색하지 않을 수 없을 것이다.

열대우림 파괴는 네 가지 상품의 수요가 거의 주도하고 있다. 쇠고기, 콩, 팜유, 목재다. 그중 육우는 나머지 세 가지를 합친 것의 두 배 이상 삼림 파괴에 기여하고 있다. 아마존 우림 파괴의 80퍼센트 이상은 육우를 방목할 땅을 확보하기 위해 이루어진다.[49] 더군다나 콩은 상당량이 닭, 돼지, 소의 사료로 쓰인다. 심각한 상황이고, 더 심각해질 전망이다. 브라질이 기존의 삼림 보호 정책을 거두어들이고 있으며,[50] 중국에서 육류와 유제품 소비가 대폭 늘고 있기 때문이다.[51]

집약농업과 식품산업은 식품의 영양보다 수익성을 우선시하는 경향이 있어, 거의 화석연료만큼이나 기후변화에 큰 원인을 제공한다. 그런데도 생산된 식품의 상당량은 먹지 않고 버려진다. 심지어 필요한 사람에게 꼭 가지도 않는다. 개발도상국에서는 도로망과 저장 시설이 부족해 식품이 수요자에게 도달하기 전에 부패하는 경우가 많고, 신선하게 도달한다 해도 돈이 없어서 못 사 먹는 사람들이 있다. 선진국에서는 식품이 가정이나 업소의 냉장고 안에 틀어박혀 유통기한을 훌쩍 넘기거나 식사 후 음식물 쓰레기로 버려진다. 이러한 음식물 쓰레기 발생은 식량 생산을 더 부추기게 된다.

우리는 전 세계인의 식량 안보를 달성할 수 있다. 적어도 두 명의 저명한 생태학자가 계산한 바에 따르면, 농업 생산성을 선별적으로 개선하고, 음식물 쓰레기를 대폭 줄이고, 식습관을 바꿈으로써 세계 인구를 충분히 먹여 살릴 수 있다.[52] 식습관 변경은 어차피 건강 전문가들이 권장하는 바이기도 하다.[53] 모두 다 자연을 조금도 파괴하지 않고 할 수 있는 일들이다.

**나무를 심자.** 전 세계에는 숲을 되살리고 나무를 심는 데 쓸 수 있는 방대한 면적의 땅이 있다. 한 연구에 따르면 미국 땅 총면적과 비슷한 9억 헥타르의 땅에 거주나 농업에 지장을 주지 않고 숲을 재조성할 수 있다고 한다.[54] 새로 조성한 숲이 성장하고 나면 생물다양성을 높여주고 지구를 더 아름답게 만들어주는 것은 물론, 2,050억 톤의 탄소를 흡수해 저장할 것으로 예상된다. 산업화 이후 대기 중으로 방출된 이산화탄소 총량의 70퍼센트에 이르는 양을 흡수하는 셈이다.

기후변화 대응책으로 나무 심기만큼 중요하고 시급하면서도 간단한 방법은 거의 없다. 나무는 아득한 옛적부터 존재해 온 탄소 흡수 장치로, 어려운 첨단 기술도 아니고, 절대적으로 안전하며, 매우 저렴하다. 나무는 기후변화를 일으킨 과정을 정확히 역으로 실행한다. 나무를 비롯한 모든 바이오매스(생물계 유기 자원)는 자라면서 공기 중의 이산화탄소를 흡수하고 산소를 배출함으로써, 탄소를 원래 있어야 할 곳인 흙 속으로 되돌린다. 그뿐만 아니라 나무는 도시에 쾌적한 녹색 지대를 만들어주고, 주위 온도를 낮춰주며, 먹을 것을 제공해 주는 데다가, 시골과 교외 지역의 대수층을 안정화해 준다.

안타깝게도 최근 5~10년쯤 전부터, 나무 심기와 재조림을 온실가스 배출에 대한 속죄 행위 정도로 인식하는 경향이 생겨났다. 심지어 탄소 배출의 실상을 감추기 위한 겉치레 선행으로 여기는 경우도 있다. 일부 환경 운동가들이 '탄소 상쇄'라는 개념에 큰 반감을 갖게 되었다. 이제 그 오해를 바로잡을 때다. 우리 한 사람 한 사람이 누구도 빼놓지 않고 나무 한 그루를, 열 그루를, 아니 스무 그루를 심어야 한다. 탄소를 상쇄하는 수단으로는 아예 생각하지 말자. 나무 심기는 그 자체로, 고도의 에너지 기술 없이 지금 바로 기후변화에 대응할 수 있는 무척 중요한 수단이다. 고도의 에너지 기술도 언젠가는 개발되겠지만, 그렇다 해도 공기 중에 있는 탄소를 흡수하지 않는다면 순배출 제로를 달성할 수 없다.

한마디로, 우리는 나무를 심는 것만으로 수십 년 전의 기후를 되찾을 수도 있다.[55]

대규모의 재조림 및 복원 활동은 우리에게 실질적인 혜택을 가져온다. 1990년대 중국에서는 방대한 면적의 땅이 1930년대 미국 중서부의 극심한 모래 폭풍 지대Dust Bowl처럼 건조해지기 시작했다. 그러나 중국은 급속한 토지 황폐화에 제동을 걸 수 있었다. 농부들에게 직접 비용을 지급해 나무를 심게 함으로써 1억 헥타르의 땅에 숲을 되살리는 사업이 출범했다. 이 재조림 사업은 현재도 진행 중이며 큰 성공을 거두고 있다. 그 결과 강우량이 더 안정화되었고, 토양이 더 비옥해졌으며, 토지 생산성이 높아졌다.[56] 에티오피아는 국토의 삼림 면적률이 4퍼센트로 줄어든 상황에서, 전국 1천 개 장소에 나무 3억 5천만 그루를 심는 기록적인 캠페인을 벌였다.[57] 대부분의 나무를 하루에 심었다. 심은 나무가 모두 살지는 않겠지만, 살아남은 나무는 귀중한 역할을 하게 될 것이다.

나무 심기의 혜택은 비단 시골이나 농촌 지역에 국한되지 않는다. 나무는 도시 기온을 최고 10도까지 낮춰줄 수 있다.[58] 그 정도면 앞으로 세계 여러 도시에 기후변화 시나리오와 관계없이 닥칠 현저한 온도 상승을 만회할 수 있다. 이미 인도의 도시들은 기온이 50℃를 넘어가기도 하는 상황에서, 그 차이는 수백만 명의 생사를 좌우할 수 있다. 나무는 또 미세먼지를 걸러주고 오염 물질을 흡수해 도시 공기를 정화해 준다. 나무는 유수량을 조절해 주고 홍수 시 완충 역할을 하며, 도시의 생물다양성을 높여준다. 장점이 현저하게 많기에, 도시에서 나무로 둘러싸인 곳은 부동산 가치가 평균 20퍼센트가량 더 높다.[59] 도시 속에 자연이 번성할 공간을 만들려면, 자연을 도시 속에 전에 없이 긴밀하게 통합해야 한다.

**자연을 번성하게 하자.** 요즘 점점 많이 이루어지고 있는 '야생재건'이란, 땅에서 일어나는 자연적 과정을 되돌리는 작업을 가리킨다. 영어로 이를 가리키는 신조어 '리와일딩rewilding'이 만들

어지기도 했다. 야생재건은 대기 중 탄소량을 크게 줄이고 생태
계의 먹이그물을 보존해 줄 가능성이 있다. 세계 곳곳에서 이미
크고 작은 규모의 야생재건 사업이 여러 건 진행되고 있다. 그
좋은 예로 잉글랜드 웨스트서식스주의 '넵 황야 재건 사업Knepp
Wildland Project'을 들 수 있다. 사업이 시작된 것은 2001년, 제2차
세계대전 이후 집약농업에 쓰여온 14제곱킬로미터 면적의 땅
을 취득하면서부터였다. 당시 토지는 심하게 황폐해진 상태였
고, 농장은 거의 이익을 내지 못했다. 이 사업의 정신은 특별한
목표나 성과를 지향하지 않고 자연적 과정이 저절로 일어나게
내버려 두는 것이다. 수천 년 전 그 땅에서 풀을 뜯었을 초식동
물들을 대신해 소, 조랑말, 돼지, 사슴 등이 자유롭게 돌아다니
면서 자연적 재생을 주도한다. 동물마다 좋아하는 풀이 다르므
로 초원과 관목, 소개목疏開木, 임간초지林間草地 등 다양한 형태
의 서식지가 색색의 모자이크를 이룬다. 이곳에 서식하는 동물
들에게 사람이 개입하는 일은 거의 없다. 동물들은 야생 속에서
자연 방목으로 여유롭게 자란 유기농 고기의 저렴한 공급원이
되며, 그 시장은 점점 커지고 있다. 넵 황야는 운영된 지 10년
남짓 만에 생물다양성이 놀랄 만큼 풍부해져, 현재 영국에 서
식하는 나이팅게일 개체 수의 2퍼센트를 비롯해 번개오색나비,
유럽멧비둘기 등이 활발히 번식하고 있다.

**식물 기반 식생활을 하자.** 고기와 유제품을 덜 먹으면 우리의 탄

소 발자국도 줄어들고 건강도 좋아진다. 고기와 유제품은 덜 먹을수록 좋고, 전혀 먹지 않으면 가장 좋다. 그것까지는 무리라고 생각하는 사람도 많겠지만, 인간은 인류사의 대부분을 통틀어 극히 적은 양의 고기를 섭취했다.[60]

여러 나라에서 이미 식물을 기반으로 한 식단으로 옮겨 가는 움직임이 일고 있다. 개인적으로 고기와 유제품을 완전히 포기하기는 어려운 사람도, 하루 중 특정한 끼니나 일주일 중 특정한 요일에 다른 음식을 먹는 등의 유연한 식단을 채택하는 것만으로도 큰 효과를 낼 수 있다. 실제로 가까운 미래에 우리 식단은 이 방면에서 가장 크게 바뀔 가능성이 높다. 아직 채식주의로 전향할 계획이 있는 인구의 비율이 그리 높지 않은 나라가 많지만, 미국의 경우는 인구의 50퍼센트가 고기를 덜 먹을 의향이 있는 것으로 나타난다. 식물 기반 대체 육류는 이미 가격과 효율, 맛이 점점 우수해지고 있다. 2040년에는 이런 제품의 시장 점유율이 현재 10퍼센트 수준에서 60퍼센트로 오르리라 예상된다.[61] 식물 기반 식품의 가능성에 시장이 눈을 뜨고 있다. 우리도 식물 기반 식단을 더 채택하고 생활화함으로써 음식 혁명에 동참할 때다.

**삼림 파괴를 조장하는 제품의 불매운동을 벌이자.** 우리가 매일같이 소비하는 제품의 원료 중에는 삼림을 벌채해 얻는 것이 너무나 많다. 2010년에 환경보호단체 그린피스에서 내보낸 광고에는, 한 사무실 직원이 킷캣 초콜릿을 먹으려고 포장지를 뜯는 장면이 나온다. 그런데 거기엔 초콜릿 대신 오랑우탄의 손가락이 들어 있고, 남자가 한 입을 베어 물자 키보드에 피가 튄다.[62] 이 영상에 많은 이들이 불편함과 공분을 느꼈고, 초콜릿 재료가 오랑우탄 서식지의 대규모 파괴와 관련이 있음을 알게 되었다. 20만 건 이상의 항의 이메일이 제조사인 네슬레에 쏟아졌고, 사옥 앞에서 시위가 벌어졌다. 결국 6주 만에 세계적인 대기업이 정책을 완전히 뒤집어, 앞으로 삼림 파괴와 무관한 팜유만 사용하겠다고 발표했다.[63]

우리 각자가 마음만 먹는다면 얼마나 큰 힘을 발휘할 수 있는지 잊기 쉽다. 땅을 파괴해 가면서 제품을 만드는 회사가 있다면, 우리가 나서서 그 사실을 만방에 분명히 알릴 수 있다. 동시에 그 회사 제품을 불매해 반대 의사를 확실히 보여줄 수 있다.

우리는 무력하지 않다.


**일곱 번째 행동: 청정 경제에 투자하자**


단선형 성장 모델은 채취와 오염을 장려한다. 우리는 그 모델에서 벗어나 자연을 재생하는 모델을 지향해야 한다. 우리에게 필요한 청정 경제는, 자연과 조화를 이루고, 자원을 최대한 재사용하고, 쓰레기를 최소화하며, 고갈된 자원을 능동적으로 보충하는 경제다.

경제 모델을 바꾸려면 정책을 개선하고 제도를 강화해야 한다. 그리하여 투자와 기업가 정신이라는 시장의 막강한 힘이 채취가 아닌 재생 쪽으로 작용하게 만들어야 한다. 여기서 금융과 투자의 역할은 매우 중요하다. 인류는 지난 몇백 년 동안 법률과 세제, 자선활동 등의 제도에 힘입어 자본주의를 그런대로 잘 운영해 왔지만, 아직 완성하지는 못했다. 지금이 바로 그럴 기회다.

우리는 흔히 경제를 인간 사회가 잘 나아가고 있는지 보여주는 가장 중요한 지표로 간주한다. 경제성장을 많이 하면 좋고, 적게 하면 나쁘다고 생각한다. 마이너스 성장이나 경기 침체는 재앙이다. 정치인들은 보통 모든 수단을 동원해 각종 수치를 높이려고 하며, 그게 자신의 주 임무라고 생각한다.

오늘날 경제성장을 측정하는 지표는 국내총생산(GDP)이다. GDP는 한 해 동안 생산된 재화와 서비스의 가치를 시장가격으로 합산한 값이다. 책임 있는 국가라면 GDP의 끝없는 성장을 목표로 해야 한다는 관념이 우리 문화 속에 깊이 새겨져 있다. 게다가 언론, 정치인, 기업가 등이 습관처럼 끊임없이 이 점을 언급하면서 그 관념은 점점 강화되고 있다.[44]

그러나 인간이 잘 살려면 무엇이 필요한지를 보여주는 지표로 활용하기에 GDP는 빈약하다. 그것은 자원을 채취하고 사용하고 폐기하는 과정을 수치화한 값에 불과하기 때문이다. GDP

는 환경오염이나 불평등이 미치는 효과를 제대로 나타내지 못하고, 건강과 교육, 그리고 행복의 가치를 우선시하지도 않는다. 황폐해진 땅이나 병든 바다를 되살리는 행위에도 전혀 가치를 두지 않는다. 예를 들어, 우리가 매일같이 일회용 컵으로 커피를 마시면 GDP는 올라간다. 하지만 그 과정에서 숲은 사라져가고 탄소 배출은 늘어난다. 재사용할 수 있는 머그잔에 커피를 마시면 GDP는 내려간다. 머그잔을 매일 버리고 새로 산다면 GDP는 치솟을 것이다.

우리가 나아갈 길을 고려하면, 이제 단선적인 GDP 성장은 우선적 과제가 될 수 없다. 물질적 증가는 더 나은 삶을 의미하지 않으며, 오히려 우리의 존속 위기를 심화시키고 있다. 이제는 구매할 수 있는 제품의 양이 아닌 지구 모든 생명의 삶의 질 쪽으로 우리가 지향하는 가치를 바꾸어야 한다. 유엔에서 채택한 '지속가능발전목표SDG: Sustainable Development Goals'에 기여하는 정도에 따라 성장의 우선순위를 정하는 것도 좋은 출발점이다. 지속가능발전목표는 서로 연관된 총 17개 항목으로 이루어지며, 전 세계인의 번영과 평등과 행복을 지속 가능한 방식으로 증진하고자 하는 뜻에서 만들어졌다.[65]

**의미 있는 곳에 투자하자.** 자본은 과거에 수익을 냈던 투자처로 흐르는 경향이 있다. 마치 미래가 과거를 되풀이하리라고 보는 듯한 보수성이 있다. 세계의 자본가들은 안정된 수익을 확보하려는 무척 신중한 성향이 있어서, 손실 위험 회피를 최우선 목표로 삼곤 한다. 물론 이론상으로는 맞는 생각이지만, 문제가 있다. 위험을 감수하지 않고서는 우리가 바라는 미래를 만들 수 없다는 점이다.

2019년 6월, 노르웨이 의회는 세계 최대의 국부 펀드로 운용 자산이 1조 달러에 이르는 노르웨이 정부 연기금의 운용 방침을 수정하는 법안을 통과시켰다. 화석연료에 들어간 130억 달러 이상의 자금을 투자 철회하고, 선진 시장의 풍력 및 태양광 사업부터 시작해 최고 200억 달러를 재생에너지에 투자한다는 내용이었다.[66]

우리도 이와 같은 대규모의 자산 배분 변화를 촉발하는 데 힘을 보탤 수 있다. 2012년 빌 매키븐이 이끄는 국제환경단체 350.org는 금융기관에 기후변화 유발 사업 및 기업에 대한 투자를 철회하도록 압력을 행사하는 풀뿌리 운동에 나섰다.[67] 운동은 역사에 남을 만큼 성공한 캠페인이 되었다. 자산이 모두 합쳐 8조 달러가 넘는 금융회사들이 화석연료 지분을 매각했다. 이로써 기후 사업에 투자할 자금이 확보됐고, 여전히 과거에 묶여 있는 기업들에 경종을 울렸다. 2016년 세계 최대 석탄 회사 피바디는 파산을 선고하면서 그 이유 중 하나로 투자 철회를 들었다.[68] 석유회사 쉘은 기업 활동에 중대한 위험이 될 요인으로 투자 철회를 꼽았다.[69]

과거에 투자했던 자금을 회수해 미래에 투자하는 일은 지금 당장 할 수 있는 일이다. 우리가 가진 돈은 파괴할 힘도 있고 건설할 힘도 있다. 그 사실에 이제 무지해서는 안 된다. 연금에 가입해 있거나 예금을 보유하고 있다면, 맡긴 돈의 투자처를 알아보자. '디폴트 옵션'이라 불리는 사전지정 운용방식(연금 가입자가 의사를 명시하지 않아도 사전에 지정된 조건으로 운용사가 자산을 자동으로 운용하는 방식으로, 한국에서는 현재 제도 도입을 논의 중이다—옮긴이)의 위력은 매우 크다는 걸 잊지 말자. 다니는 회사의 퇴직연금이 디폴트 옵션으로 운용되고 있다면, 화석연료를 투자 대상에서 제외하도록 요청하자. 위탁운용사에 문의해 구舊경제 기업에서 투자를 철회하고 있는지, 또 현재 투자 중인 기업들의 청정 경제 이행을 촉구할 방안이 무엇인지 확인하자. 친구와 직장 동료들에게도 동참을 권하자.

이미 자본은 미래지향적 기업과 사업 쪽으로 상당히 이동하고 있지만, 그 움직임이 본격적으로 힘을 얻으면 언젠가부터는 물꼬가 터지면서 일사천리로 진행될 것이다. 이미 무책임하게 환경을 파괴하고 오염시키는 기업에 투자한 자산은 수익률이 떨어지고 있다. 지구의 미래를 고민하지 않는 기업들은 고객과 투자자들에게서 곤란한 질문을 계속 받고 있고(계속 질문하자!) 젊고 유능한 직원을 구하는 데도 어려움을 겪고 있다. 압박이 계속된다면, 자금과 동력은 청정 경제를 지향하는 기업들로 흘러들어 갈 것이다.

재생경제를 구축하는 데 필요한 벽돌은 이미 세계 곳곳에서 견고하게 만들어지고 있다. 2019년 1월, 저신다 아던 뉴질랜드 총리는 나라의 정책이 국민들 삶의 질에 미치는 장기적 영향을 가늠하기 위한 '행복 예산'을 곧 도입하겠다고 발표했다. 아던 총리는 "경제적 행복뿐만 아니라 나라의 사회적 행복에 관심을 기울여야 한다"고 말하면서, 그와 같은 사고방식을 갖는다면 단기적 순환에서 벗어나 '친절, 공감, 행복'의 관점에서 정치를 바라보는 태도를 기를 수 있다고 주장했다.[70] 우리도 바로 그런 자세로, 우리에게 이로운 기반 시설과 제도를 구축하는 동시에 우리에게 해로운 것들을 퇴출해 나가야 한다.

경제성장은 엄청난 혜택을 가져올 수 있고, 역사상 그 어떤 방책을 썼을 때보다 많은 이들을 빈곤에서 해방해 주었다. 그러나 이제는 '얼마나 빨리 자원을 캐내 쓰레기로 바꿀 수 있는가'를 중시하던 시대에 종지부를 찍어야 한다. 이는 이념이나 정책의 문제가 아니라 생존의 문제다. 옛 방식으로 계속 빈곤을 줄일 수는 없다. 현재처럼 단기적 관점과 GDP를 우선시하는 구조는 기후변화가 가속화하는 현실에서 많은 이들을 다시 무참한 빈곤으로 몰아넣을 가능성이 크기 때문이다. 좋은 소식은 경제학자들이 17개 지속가능발전목표(SDG)를 합리적인 목표로 점점 더 간주하고 있다는 것이다. SDG라는 틀을 바탕으로 나아간다면 지속 가능한 성장, 탄소 배출 감축, 빈곤 감소를 모두 상호 보완적으로 조화롭게 달성할 수 있다.

코스타리카에서는 크리스티아나의 아버지 호세 피게레스 페레르 대통령이 1948년 자국 군대를 폐지하는 결정을 내렸다. 피게레스 대통령은 교육에 투자했고, 20퍼센트를 밑돌던 삼림 면적률을 넓혀나갔다. 현재 코스타리카는 국민 문해율이 라틴 아메리카에서 최고 수준이고,[71] 삼림 면적률은 50퍼센트를 넘어섰으며,[72] 나라의 전기를 거의 전부 재생에너지로 생산하고 있다. 코스타리카는 국가 발전도를 GDP뿐 아니라 여타 몇 가지 지표로 측정해 국민 행복을 최대로 높이기 위한 정책 수립에 참고한다. '지구촌 행복지수Happy Planet Index' 발표에 따르면, 코스타리카는 2009년, 2012년, 2018년에 지구에서 가장 행복한 나라로 꼽혔다.[73]

## 여덟 번째 행동: 기술을 책임감 있게 활용하자

신기술의 발달은 배출 감축에 지대한 공헌을 할 가능성이 크다. 신기술은 신중하면서도 빠르게 받아들일 필요가 있지만, 그렇다고 만능 해결책으로 삼아서는 안 된다. 어느덧 기계가 우리 일상 속에 자연스럽게 자리 잡아가고 있는 지금, 우리는 기술의 막강한 힘을 유념하면서 기술을 책임감 있게 활용해야 한다. 또 기술을 적절히 통제할 제도도 철저히 갖추어야 한다.

우리가 만약 기후위기를 잘 극복하고 인류와 지구를 탈 없이 지켜낼 수 있다면, 그건 아마 기술을 무사히 잘 활용한 덕이 클 것이다.

인공지능(AI)은 앞으로 센서 기술과 로봇공학의 발전, 그리고 '사물인터넷'이라고 불리는 각종 스마트 기기의 네트워크와 맞물리면서 우리의 생존 투쟁에 더없이 큰 힘이 되어줄 가능성이 매우 높다.[74] 그런가 하면 똑같은 기술이 미래를 더 어둡게 만들 수도 있다. 예를 들어, 자율주행 전기자동차가 보급되면 개인이 차량을 소유할 필요가 없는 세상이 열릴 수도 있지만, 또 한편으로는 부도덕한 관리 주체가 시민 한 명 한 명의 움직임을 추적하고 통제하는 세상이 될 수도 있다.

한겨울에 몸을 따뜻하게 녹여주는 불은 좋은 불이지만, 집을 홀라당 태워버리는 불은 나쁜 불이다.

그렇게 보면 기술 그 자체는 본래 좋은 것도 나쁜 것도 아니요, 적절한 관리가 필요할 뿐이다.

지금 우리 시대를 사는 사람 중 다수는 생애 안에 인간보다 거의 모든 면에서 더 똑똑한 기계를 마주하게 될 가능성이 높다. 2017년에 세계가 그 가능성을 엿본 유명한 사건이 있었다. 알파고 제로라는 이름의 AI 프로그램이 어렵기로 유명한 고전 전략 게임, 바둑을 혼자 통달한 것이다. 알파고 제로는 단 40일 만에 인간이 수천 년 동안 쌓아온 바둑 지식을 혼자 배우고 스스로 더 발전시켰다.[75]

알파고 제로를 개발한 회사 딥마인드에서는, 자사의 기술이 단순히 전략 게임에서 인간을 이기는 데 국한되지 않고 사회에 긍정적 영향을 미칠 신기술에 활용하는 것이 목적이라고 밝혔다.[76] 그러나 우리는 기업들의 약속에만 의지해, 어떤 기술이 자연을 재생하고 인간이 잘 살 수 있는 환경을 조성한다는 우리 목표에 맞아떨어지리라고 확신할 수는 없다.

AI는 빠른 학습이 가능하다. 하지만 그렇게 배운 것이 어디에 쓰일지 정확히 예측하긴 어렵다. 어쩌면 지구에 그나마 남은 자원을 마저 채취해 기술을 손아귀에 쥔 사람들을 위해 비축하는 데 활용될지도 모르는 일이다. 그렇기에 AI의 악용을 막을 방지책이 정책을 감독하고 협의하는 과정에서 처음부터 반영되어야 한다.

기후위기 대응책을 선도하거나 실시할 의지가 없는 정치인과 CEO들은 미래에 나올 기술을 해법이라며 치켜세우곤 한다. 하지만 미래에 나올 기술이 아무리 잠재력이 크다 한들, 그것에 가려 지금 당장 해야 할 일의 규모와 시급성을 깨닫지 못한다면 우리는 엄청난 위험을 안게 된다. 혁신이 제때 이루어지지 않을지도 모른다. 게다가 신기술이란 사회가 이미 올바른 방향으로 나아가고 있어야 사회에 잘 통합될 수 있는 법이다. 혁신에 대한 믿음은 계획의 부재에 대한 변명이 될 수 없다.

기후 재앙을 막으려면 기술의 도움이 분명히 필요하지만, 기술은 우리 사회의 막대한 빈부 격차를 더 키울 가능성도 대단히 크다. 인구의 70퍼센트가 전 세계 부의 2.5퍼센트에 의존해 살아가는 세상에서,[77] 자동화 기술의 부상은 불평등과 사회적 불안을 악화시킴으로써 기후변화 같은 복잡한 문제에 대한 해법을 더 찾기 어렵게 만들 수도 있다.

이민자들이 내국인의 일자리를 빼앗아간다고 성토하는 정치 담론이 흔하지만, 전 세계에서 대다수의 실직을 유발하는 압도적인 요인은 자동화다.[78] 이 문제는 다가올 수십 년에 걸쳐 더 심각해질 수밖에 없다. 또 육류가 식물 기반 식품과 배양육으로 대체되어 소비가 줄어들면서, 각국의 경제구조는 완전히 바뀔 것으로 보인다. 브라질에서는 농업에 종사하는 인구가 2천만 명이 넘는다.[79] 그중 3분의 2에 달하는 비율이 육우를 사육하거나 소에게 먹일 콩을 재배한다. 이들이 더 지속 가능한 농업으로 옮겨 가기 위해서는, 가까운 미래에 바이오연료 수요가 더 늘어난다는 전제에서 농지를 바이오연료 생산용으로 전환하는 것이 한 방법이다. 쇠고기 대신 바이오연료를 생산하면 생태적으로 엄청난 혜택이 있지만, 그러한 전환이 원만히 이루어지려면 기술 교육과 일자리 창출이 병행되어야 한다. 그렇게 하지 못하면 수백만 명의 농민이 갑자기 실직해 극심한 고통을 겪을 수 있고, 이는 극단주의 정치인들이 득세하는 계기가 될 수 있다. 설령 기후위기에 대처할 기술이 전부 개발된다 해도, 이와 같은 이행 과정에서 국민들은 큰 타격을 받을 수 있다. 그렇게 되면 국민들의 관심을 재생적 미래로 가는 힘든 길 대신 다른 곳으로 돌리려는 포퓰리스트 정치인들이 선출될지도 모른다.

자동화 기술은 적절히 활용할 수만 있다면 우리가 기후위기에 제때 대처할 수 있느냐를 판가름할 결정적 수단이 될 수도 있다. 재생적 미래를 실현하기 위해 획기적인 돌파구가 필요한 거의 모든 부문에서 기계 학습은 엄청나게 큰 역할을 할 것으로 보인다. 한 예로, 재생에너지로 대량의 전력을 확보할 때 한 가지 큰 문제는 간헐적으로 발전이 이루어진다는 점이다. 즉, 날이 화창하거나 바람이 불 때만 전력을 생산하는 것이다.

　이제는 AI 알고리즘을 활용해, 현재와 같은 중앙집중형 에너지망을 훨씬 더 분산된 형태로 완전히 탈바꿈시킬 수 있다. AI로 제어되는 에너지망은 신경망처럼 작동하면서 전력 수요를 동적으로 예측할 수 있다. 수요와 공급을 '직관적으로' 대응시키면서 저장 모드와 에너지 흐름 모드 사이를 신축적으로 오가게 된다. 이렇게 하면 재생에너지 생산량을 크게 늘릴 수 있고, 천연가스와 석탄은 사용량이 줄어들어 완전히 필요 없게 될 수도 있다.[80]

　AI는 그 밖에도 여러 분야에서 탈탄소화 노력에 날개를 달아주고 있다. 기계 학습이 활용되고 있는 분야는 실로 다양하다. 이를테면 천연가스 수송관의 메탄 누출 방지, 태양 연료(태양에너지를 직간접적으로 이용해 생성하는 합성 화학연료) 개발 가속화, 배터리 저장 기술 향상, 운송 및 수송 과정의 최적화를 통한 효율 제고, 건물 내 에너지 사용량 절감, 드론을 이용한 삼림 식수 등이다.[81] AI는 또 기상이변 예보 수준을 높일 수 있고, 대기 중 온실가스를 직접 제거하는 분야에서도 장래가 밝다.

파리협정을 이끌어내는 과정도 복잡했지만, AI를 통제할 전 세계 공통 방안에 합의하는 일은 더 복잡할 수도 있다. 현재 각국은 AI 분야를 선도할 기술과 환경을 확보하려고 앞다투어 경쟁하고 있다. 그러나 일상생활에 AI를 개입시키는 것에 대한 각국 국민들의 심리적 수용 정도는 서로 다르다. 가령 나이지리아와 터키 사람들은 AI 시스템에 큰 수술을 맡길 용의가 있지만, 독일과 벨기에 사람들은 그렇지 않다거나 하는 차이가 있을 수 있다.[82] 정부마다 적절한 AI 관리 지침을 수립하는 데 겪는 압력의 정도가 다르기에, 나라에 따라 지침이 매우 느슨하기도, 매우 엄격하기도 하다.[83]

물론 이해할 만한 상황이지만, 기후위기 대응처럼 중요한 문제와 관련해서는 그리 좋은 상황이 아니다. 프랑스와 캐나다 정부가 인공지능 관련 국제협의체를 설립하려고 벌이고 있는 노력은 좋은 출발점이라 할 수 있다.[84]

**정부와 지자체, 다니고 있는 회사가 AI에 투자하는지, 그리고 AI를 어떤 목적에 이용하는지 알아보자.** 책임감을 갖고 어떤 방법으로든 이들 기관에 압력을 행사하자. 기관들이 이미 진행 중인 국제사회의 노력을 참고하면서 그들도 재생적 미래를 앞당길 수 있는 AI 지원책을 펴게끔 촉구하자.

몇십 년 후 지구 인구는 90억이 넘을 수도 있고, 100억이 넘을 가능성도 있다. 1인당 대기에 미치는 영향이 지금 수준으로 유지된다면 지구에 그렇게 많은 인구가 살 수는 없을 것이다. 첨단 기술, 특히 기계 학습과 AI는 인간이 지구에 살아가는 모습을 크게 바꿀 잠재력이 있다. 어떻게 하면 천연자원을 단선적인 방식이 아니라 순환적인 방식으로 효과적으로 사용할 수 있는가 하는 문제를 포함해, 오랫동안 해결책을 찾지 못했던 각종 문제를 마침내 해결할지도 모른다.

개발자들은 알파고 제로가 바둑 두는 법을 배우고 인간을 상대로 승리하는 모습을 지켜봐왔다. 프로 기사들이 수세대에 걸쳐 완성해 온 수들을 AI가 스스로 학습하는 과정에서, 이따금 인간이 아직 깨우치지 못한 새롭고 더 나은 수를 택하는 경우를 관찰했다. 우리가 시간과 싸움을 벌이고 있는 지금, AI의 빠른 학습 속도는 기후 문제 해법 개발을 앞당길 폭발적인 잠재력이 있다. AI를 제대로 구축하고 통제할 수만 있다면 충분히 가능한 일이다.

그 잠재력을 보여준 한 사건이 2016년 구글의 데이터 센터에서 일어났다. 구글 엔지니어들은 10년 이상 자사 데이터 시스템의 최적화에서는 최첨단을 달리고 있었다. 구글의 서버는 세계 최고 수준의 효율을 자랑했으며, 이제는 더 개선할 수 있다 하더라도 미미한 정도에 불과할 것 같았다. 그러다가 엔지니어들이 딥마인드사의 알고리즘을 시스템에 적용해 보았는데, 그 결과 냉각에 들어가는 에너지를 40퍼센트 낮은 수준으로 유지할 수 있었다.[85] 이는 AI가 인간의 생각으로 불가능해 보이는 것도 해낼 수 있음을 보여주는 사소한 예에 지나지 않는다.

현재로선 AI를 기후위기 해결에 적용하는 노력에 아직 충분한 투자가 이루어지지 않고 있다. 앞으로 각국 정부와 기업들은 AI를 책임 있게 활용할 수 있도록 신중히 지원책을 마련하고, AI에 신속히 투자해 배출 감축에 획기적인 돌파구가 열릴 수 있게 해야 한다. 그렇게 된다면 기술은 더 밝은 미래를 향해 나아가는 우리의 여정에 최고의 조력자가 될 수도 있다.


### 아홉 번째 행동: 성 평등을 실현하자

사회 각 분야에서 의사결정에 더 많은 수의 여성이 참여해야 한다. 여성이 리더 역할을 하면 좋은 일이 생기기 때문이다. 이는 장기간에 걸친 여러 연구에서 명백히 도출된 결론이다. 여성은 다양한 관점을 더 포용하고 경청하는 유형의 리더인 경우가 많으며, 장기적 시각으로 협업하는 데도 더 능하다. 모두 기후위기 대처에 꼭 필요한 특성이다.[86]

이러한 사실을 뒷받침하는 증거는 이미 드러나고 있다. 기업, 국가, NGO, 금융기관 할 것 없이 여성이 수장으로 있거나 의사결정권자 중 여성의 비율이 높은 경우 기후 문제에 더 강력히 대응하고 있다.[87] 사회의 짜임새를 바꾸어 가족, 공동체, 직장, 정부 할 것 없이 각계의 의사결정에서 여성이 최소한 동등한 역할을 하도록 하는 일은 이제 생존이 걸린 문제다.

여러 나라에서 이제 성별에 근거한 차별은 옛날 일로 간주된다. 그러나 연구에 따르면, 여전히 업계 전반에 걸쳐 남성의 성과를 과대평가하고 여성의 성과를 과소평가하는 경향이 크게 나타난다. 여성들은 이러한 차이를 의식하는 반면, 남성들은 이를 일축하는 경향이 있다. 주요 리더들의 절대다수는 여전히 남성이다. 해마다 G20 모임에 참여한 지도자들 사진만 봐도 알수 있다. 잘 알려졌다시피 확연한 성별 임금격차(동일 노동에 대해 약 20퍼센트)를 봐도 주관적이고 차별적인 인식이 여전히 존재함을 알 수 있다.[88]

이러한 권력과 의사결정의 성비 불균형을 바로잡기 전에, 우리는 우선 그러한 현상이 존재하며 여기에는 구조적인 무의식적 편향이 작용할 때도 많다는 사실을 받아들여야 한다. 이것은 아직 많은 사람이 깨닫지 못하고 있는 점이다.

그럼에도 불구하고 수많은 여성이 지금 우리가 처한 상황이 더없이 위중함을 깨닫고 행동에 나섰다. 내털리 아이잭스, 이스라 히어시, 나카부예 플라비아, 그레타 툰베리, 페넬로페 레아 등의 용감한 이들이 앞장서서 행동에 나서고 있다. 이들은 수백만의 젊은이들을 움직여 기후 문제에 시급한 대응을 요구하고 있다. 기후변화의 위기 속에서 서로 돕고 힘을 모으는 운동의 선봉에 여성들이 서 있다. 여러 나라 여성들은 땅에 대해 속 속들이 알고 있어 더 신속히 환경의 변화를 감지하고, 거기에서 교훈을 얻으며, 필요한 적응 방안을 찾고 있다. 여성들은 공동 체 내에서 혁신적 기후 대책을 앞장서서 찾아나가고 있으며, 또 한 본능적으로 남의 말을 깊이 듣고 공감하며 집단의 지혜를 모 으는 데 뛰어나다. 특히 전환의 시기에는 더욱 그렇다. 지금은 그러한 특성이 그 어느 때보다 더 중요하고 필요할 때다.

진정한 성 평등이 이루어진 세상은 지금의 세상과는 다른 모 습일 것이다. 혹자는 그 모습은 똑같되 성간 권력 균형만 바뀌 리라 생각하는 듯하다. 하지만 성 평등의 흥미로운 점은, 도덕 적으로 명백히 옳은 일임은 물론이거니와, 재생적이면서 함께 번영하는 세상을 인류 전체가 함께 만들어나갈 기회가 된다는 것이다. 힘 있는 자리에 여성들이 더 많이 있는 나라일수록 '기 후 발자국climate footprint'이 적다. 이사회에 여성이 참여하는 기 업은 재생에너지에 투자하고 기후위기 해결에 도움이 되는 제 품을 개발할 확률이 훨씬 높다. 여성 입법자들은 남성의 두 배 에 가까운 빈도로 환경보호 관련 법안에 투표하며, 여성이 투자 회사를 이끄는 경우 기업의 종업원 처우와 환경 정책을 기준으 로 투자 결정을 할 확률이 두 배 더 높다.[89]

세계 모든 곳에서 여성에게 반드시 교육 기회가 주어져야 한 다. 교육받은 여성은 직업을 갖고, 개인의 경제적 생산성을 높 이고, 사회가 더 나은 결정을 내리는 데 힘을 보탤 수 있다. 결정적으로, 교육은 여성들에게 본인의 권리를 스스로 옹호하고 특히 생식 건강을 비롯한 문제를 스스로 결정할 힘을 준다. 여아들이 학교 교육을 받으면 조혼과 그로 인한 다산의 확률이 줄어든다. 미국 브루킹스 연구소에 따르면, 세계 일부 지역에서는 학교교육을 12년간 받은 여성이 전혀 받지 않은 여성에 비해 평생 약 다섯 명의 자녀를 덜 낳는 것으로 나타났다.[90]

오늘날 1억 3천만 명의 여아들이 학교교육을 받을 권리를 누리지 못하고 있다. 이로 인해 엄청난 수의 여성들이 지속적인 임신을 피하지 못해, 급증하는 인구를 부양하기 힘든 지역에서 아이들을 점점 많이 낳고 있다. 그 계산에 따른다면, 지금부터 여아의 100퍼센트가 학교에 다니는 경우, 2050년 세계 인구는 예상치보다 8억 4,300만 명 더 줄게 된다.[91] 그렇게 되면 기후위기 대처에 큰 도움이 된다.

당신이 여성이라면 지금이야말로 공직 출마를 고려하거나 직장에서 마땅히 누려야 할 승진을 더 당당히 요구할 때다. 당신이 남성이라면, 지금이야말로 여성 동료, 배우자, 친구, 가족을 지지하고 격려해 줄 때다. 여성들이 대규모 운동이나 목적을 함께하는 집단에 참여한다면 특히 더 큰 힘을 느낄 수 있다. 2018년 미국 중간선거에서 기록적인 수의 여성이 선출되는 데 현저한 공을 세운 '완전히 새로운 의회Brand New Congress' 운동이 훌륭한 예다.[92] 지금 기후변화 대응에 큰 목소리를 내고 있는 알렉산드리아 오카시오코르테스를 비롯한 여성 후보들은 다른

여성들과 나란히 연대함으로써 크게 자신감을 얻고 출마할 수 있었다.[93]

기후변화 대응 방법을 결정할 위치에 있는 여성의 비율을 늘릴 수 있다면 더 나은 대응이 가능하다. 이제 당신이 그런 결정권자가 되거나, 당신이 아는 여성이 그렇게 될 수 있도록 힘을 실어주어야 할 때다.

인도 서쪽 끝에 자리한 구자라트주의 햇볕에 갈라진 사막에서, 여성들은 재생에너지 이용에 힘입어 집단적 노력으로 생계를 개선해 나가고 있다. 구자라트주는 인도 소금의 76퍼센트를 생산하지만 전력이 아직 거의 공급되지 않는다. 현지어로 '아가리야'라고 불리는 이곳의 염전 노동자들은 4만 가구가 넘는다. 아가리야들은 수십 년간 경유로 구동되는 펌프에 의존해 해마다 소금을 생산했다. 기름 값에 연간 수입의 40퍼센트가 넘게 들어가기도 했다. 이제 그 모든 것이 변하고 있다. 구자라트주 출신이자 회원 200만 명의 세계 최대 비공식 노동자 조합인 자영업여성연합(SEWA)의 회장 리마벤 나나바티의 현명한 리더십과 지원에 힘입어, 아가리야들은 이제 태양에너지로 옮겨가고 있다. 처음 태양에너지 사업에 참여한 여성 1천 명의 수입은 두 배로 늘어났고, 그 덕분에 경제적, 사회적 자립도를 높이고 자녀들을 중학교와 고등학교에 보낼 수 있었다. 이 사업이 이 지역의 여성 염전 노동자이자 SEWA 회원인 1만 5천 명에게 보급되면, 이산화탄소 배출량을 11만 5천 톤 줄일 수 있다. 이는 도로를 달리는 자동차 2만 5천 대를 줄이는 것과 맞먹는 효과다.[94]

나이지리아와 탄자니아에서 활동하는 사회적 기업 솔라시스터Solar Sister는 여성들을 모집해 태양광 가로등과 친환경 조리기 등의 저렴한 재생에너지 장비 판매를 교육하고 있다. 삼림 파괴와 기후변화로 인해 여성들은 물을 긷거나 요리용 땔나무를 구하기 위해 예전보다 더 먼 거리를 왕복해야 하는 경우가 많다. 물이나 땔나무를 충분히 구해 오지 못하면 가정폭력의 피해를 볼 가능성이 크다. 노동량이 많아지면서 교육을 받거나 소득 활동을 할 시간도 줄어들고 있다. 솔라시스터에서는 4천 명의 여성을 모집해 자영업 교육을 제공했다. 이 교육을 받은 여성들은 아프리카 각지의 160만 명에게 청정에너지 솔루션을 보급하고 여성들의 짐을 덜어주었다.[95]

이상은 여성들이 필요한 자원과 자유를 얻는다면 본인의 삶과 생계를 스스로 개선하고 다른 여성들에게도 도움을 줄 수 있음을 보여주는 단 두 가지 사례에 불과하다.

이러한 변화는 전 세계적으로 퍼져나갈 잠재력이 있다.

## 열 번째 행동: 정치 참여에 나서자

마지막으로 이야기할 것은 궁극적으로 가장 중요한 행동이다. 각국의 민주주의는 현재 기후위기로 인해 위협을 받고 있으며 도전에 맞서기 위해 진화해야만 하는 상황이다. 우리 모두 적극적으로 참여해 그 과정을 도와야 한다.

재생 사회로 이행하기 위해서는 지구의 변화하는 요구와 시민들의 변화하는 소망에 신속하게 대응하는 안정된 정치체제를 갖추지 않으면 안 된다. 기후변화는 정치적 안보 자체를 위협하므로,[96] 안정된 정치란 이행을 위한 필수 조건이면서 동시에 그 이행을 성공적으로 해 나가고 있다는 징표이기도 하다.

정부의 첫 번째 의무가 국민의 보호라면, 지금 우리에게 익숙한 형태의 민주주의 제도는 전 세계 많은 국가에서 제 역할을 하지 못하고 있다. 기후변화는 우리의 존속을 위협하는 요인으로서, 오늘날 사람들이 대부분 예상하는 것보다 더 빨리 가속화될 가능성이 크다. 현재 정부체제가 그 위협으로부터 국민을 지켜주지 못한다면, 다른 형태로 교체되는 것은 시간문제다. 그러나 그 후속 체제는 발전하는 데 오랜 세월이 걸릴 수도 있고, 바뀐 체제가 지금 주어진 짧은 시간 안에 재생적 미래를 이루어나가는 데 더 나을 거라는 보장도 없다.

오늘날 많은 나라의 민주주의가 기업의 이해관계에 좌지우지되고 있는 것이 현실이다. 담배 업계에서와 마찬가지로, 소수의 기업이 상대적으로 소규모의 자금을 동원해 국회의원들에게 엄청난 영향력을 행사함으로써, 국민이 선출한 대표들이 국민을 지키지 못하게 막고 있다. 기업들이 직접 로비를 벌이지 않더라도 업계의 이익을 대표하는 단체들을 통해 로비가 이루어지는 경우가 많다."

이는 매우 큰 문제다. 가령 미국에서는 2016년, 전미제조업협회(NAM)가 청정발전계획Clean Power Plan의 시행을 지연시키고자 장기간 벌여온 투쟁에서 승리했다. 2017년, 전미제조업협회는 미국이 파리협정에서 탈퇴하는 것을 지지했다. 마이크로소프트, P&G, 코닝, 인텔 등의 기업이 모두 전미제조업협회에 가입해 있지만, 저마다 파리협정에 따른 기후 행동을 강력히 지지한다고 주장한다.⁹⁸

각국 유권자들의 행동과 의도는 더 큰 세계적 운동을 일으키는 바탕이 된다. 기후변화는 최근 20년간 유권자들이 중요하게 여기는 관심사 목록에서 꾸준히 순위가 높아지고 있다.⁹⁹ 좋은 소식이지만, 기후변화를 가장 중요한 문제로 꼽는 유권자의 비율은 그리 높지 않다. 이건 심각한 문제다. 미국의 신임 대통령은 큰일을 실천해 내기에는 임기가 너무 짧다. 예를 들어 버락 오바마는 기후 문제에 강력히 대응하겠다는 의지를 확고히 품고 임기를 시작했고, 상하원 모두 여당인 민주당이 다수를 차지하고 있었다. 대통령이 마음만 먹었으면 야심 찬 기후 관련 법안을 최우선 과제로 삼을 수 있었고, 아마 통과시킬 수도 있었을 것이다. 하지만 오바마는 또 다른 선거공약이자 국내 과제였던 의료 개혁을 추진하기로 했다. 그런데 의료 개혁법을 통과시키는 과정에서 본인의 정치적 자원을 상당히 소진할 수밖에 없었다. 그러자 공화당 내에 여타 정책에도 맹렬히 저항하는 세력이 생겨나, 대통령이 무엇을 제안하든 발목을 잡기에 이르렀다. 그러다 보니 오바마는 재임 이후에야 기후변화에 정치적 관심을 기울일 수 있었다. 그것도 입법이 아니라 행정력을 동원해 어느 정도 진전을 이루었을 뿐이다.

악화하는 상황을 보고만 있을 수는 없다. 크고 작은 모든 정치에 적극적으로 참여해야 한다. 그것이 우리의 더없이 긴급한 책무임을 깨닫고, 모든 정치인에게 책임을 물어야 한다. 대대적인 기후 관련 조치를 절대적인 최우선 과제로 인식하고 취임과 동시에 행동에 나설 준비가 되어 있는 사람만을 지도자로 뽑아야 한다. 수많은 유권자가 **기후변화를 최우선 순위에 두고 투표해야 한다.** 더없이 심각한 비상사태의 한가운데에 있는 지금, 높은 공직에 앉으려는 사람에게 문제의 규모에 상응하는 해결 방안을 제시할 것을 시급히 요구해야 한다. 그리고 후보자가 내세우는 정책이 과학에 엄격히 근거하고 있는지 확인해야 한다.

우리가 할 수 있는 모든 곳에서 비폭력 정치 운동에 참여해야 할 때다.

2019년 4월, 환경단체 '멸종 저항Extinction Rebellion'은 여러 비영리단체, 정치인, 운동가들이 다년간 벌여온 작업을 발판으로 전 세계에서 일련의 시위에 착수했다. 그 첫 번째는 런던 도심을 열흘간 점령한 비폭력 시위였다. 평생 시위행진에 나서거나 청원서에 서명해 본 적이 없는 수천 명의 초짜 운동가들이 도로를 막고, 함께 팔짱을 끼고, 워털루 다리에 나무를 심었다. 첫 시위가 열린 지 두 달 만에 영국 정부는 기후위기를 선포하고, 2050년까지 순배출 제로 달성을 목표로 채택했으며(이 환경단체에서 요구한 목표보다는 약한 것이었지만 그래도 큰 진전이었다), 그 방안을 모색할 시민 협의체를 설립했다.[100]

일반 시민의 불복종운동은 정치 엘리트들의 노력 이상으로 근본적인 변화를 이루어낼 수 있다. 이는 일탈 행위가 아니라, 변화가 일어나는 원리다. 특히 기존 체제의 부당함이 극에 달했을 때 나타나는 현상이다.

시민 불복종운동은 도덕적 선택일 뿐 아니라, 세계 정치의 지형을 바꾸는 가장 강력한 방법이기도 하다.[101] 역사를 돌아볼 때, 체제 전반에 걸친 정치적 변화는 상당히 큰 규모의 시민 불복종이 선행되어야 했다. 그런 것 없이 변화가 일어났던 적은 거의 없다. 필요한 숫자는 커 보일지는 몰라도, 달성 불가능하진 않다. 역사적으로 인구의 약 3.5퍼센트가 비폭력 시위에 참여하는 경우, 반드시 성공했다.[102] 참여율이 그 임계점에 도달하기만 하면 그 어느 비폭력 시위도 목적 달성에 실패한 적이 없었다. 영국을 예로 들면 이 숫자는 230만 명이다. 미국이라면 1,100만 명이다.

그 숫자의 달성이 이제는 눈앞에 다가오고 있다.

그레타 툰베리와 청소년 기후 행동, 일명 '미래를 위한 금요일Fridays for Future' 운동이 단시간에 유명해진 현상은, 세상이 직접 참여의 다음 단계로 나아갈 준비가 되었음을 보여준다.[103] 십대 소녀 그레타는 매주 금요일 등교 거부 시위라는 시민 불복종 운동을 홀로 당차게 벌임으로써 시대정신을 오롯이 담아냈다. 그리고 비교적 짧은 시간에 평화적으로, 세계 여러 나라 수백만 청소년들의 분노에 불을 붙여 정기적인 기후 행동에 나서도록 이끌었다.

화석연료 자산에서 자금을 회수하는 투자 철회 운동도 기세를 더해 가고 있다. 2019년, 석유수출국기구(OPEC) 사무총장은 석유에 대한 세계적 반대 여론의 결집이 석유업계가 직면한 최대 위협이라고 말했다.[104] 이러한 움직임의 동력은 세계 모든 대륙, 모든 세대를 아우르는 각계각층의 사람들이다. 이 움직임에 한 명이라도 더 참여할 때마다 우리는 성공을 향한 결정적 전환점에 한 걸음 더 다가가게 될 것이다.

물론 등교 거부나 시민 불복종 시위에 참여하는 일이 늘 가능하지는 않다. 비민주적인 국가에서는, 아니 일부 민주국가에서도, 시위 참여는 안전하지 않을 수도 있다. 중요한 것은 정치 과정에 조금이라도 참여할 수 있는 길을 찾아보고 주어진 제약 내에서 활동할 방법을 찾는 것이다.

정부를 향해 직접 목소리를 내는 것 외에 다른 정치적 행동도 필요하다. 기업과 사업자단체들은 기후 관련 시민 행동을 저지하기 위해 정치적 로비를 벌이고 있다. 우리는 그런 기업들에 반대 의사를 명확히 보여야 한다. 가장 간단한 방법은 돈으로 투표하는 것이다. 그런 기업들의 주식을 사지 말고, 그 기업들의 제품과 서비스 대신 대용품을 사자. 거래하는 은행이나 보험 상품 또는 대출을 관리하는 금융기관에 문의해, 그런 기업들에 투자하는지 알아보고 대안을 요구하자. 금융기관에 따라서는 이미 위험을 피하기 위한 조치를 취하고 있는 곳도 있지만, 아직 자산 배분을 크게 조정할 만큼 고객의 압력을 느끼지 못하는 곳도 있을 수 있다.

정부가 현재 안정되어 있고 기후변화 대응책을 고심하고 있다면, 정부는 해체할 대상이 아니라 힘을 합쳐야 할 상대다. 우리는 기존 체제 내에서 우리가 쓸 수 있는 수단을 모두 동원해 체제를 최대한 큰 폭으로 빠르게 변화하도록 압박할 책임이 있다. 하루빨리 이루어져야 할 정치적 변화를 위해 체제 안팎에서 압박을 가하는 가운데에서도, 우리 사회의 각종 제도가 그간 우리의 기본권과 단합된 위기 극복 능력을 뒷받침해 주는 역할을 했다는 사실 역시 잊지 말아야 한다. 수백 년간 아니 때로는 수천 년간, 정치, 교육, 커뮤니케이션, 법, 종교 제도는 우리에게 지켜야 할 규준을 제시했다. 이것이 우리의 발전을 가로막았다고 주장할 수도 있고, 역사 속에는 실제로 그랬던 시기도 있었다. 하지만 그런 사회제도가 분노와 광란의 시기에 우리를 인간이 가진 최악의 본능으로부터 보호해 준 것도 사실이다. 우리가 지금까지 각종 제도로 인해 누린 혜택을 잊지 말고, 필요한 경우에는 제도를 지켜나갈 방법을 찾자. 그런 것들은 한번 사라지고 나면 쉽게 다른 것으로 대체하기 어렵다.

기후변화는 인류가 지금까지 직면했던 그 어떤 도전과도 다르다. 그래서 우리는 지금 어떤 정치적, 경제적, 사회적 변혁을 이루어야 할지 기준으로 삼을 본보기가 없다. 하지만 참고가 될 만한 비범한 사례는 수두룩하다. 단 몇 가지만 꼽아도 20세기 초 영국의 여성참정권 운동, 간디의 인도 독립운동, 마틴 루터 킹 목사로 상징되는 1960년대 미국 민권운동, 2003년 조지아의 장미 혁명에 이르기까지 다양한 시민 불복종운동의 사례들은 수많은 민중이 대의를 수호하고자 일어섰다는 점에서 우리에게 영감을 준다. 개방적이고 포용적인 담론, 그리고 더 나은 미래를 함께 만들기 위해 힘을 합친다는 자각 덕분에 사람들은 스스로 가능하리라 생각했던 것보다 더 큰 변화를 이루어냈다. 넬슨 만델라도 "해내기 전까지는 늘 불가능해 보이기 마련"이라고 하지 않았는가.

이제 우리가 참여할 때다. 기후위기에서 살아남기 위한 투쟁이 사상 최대의 정치 운동이 될 수 있도록 학교에서, 회사에서, 공동체에서, 지역사회에서, 나라에서 힘을 모을 때다. 문제는 정권이나 정치 지도자를 바꾸는 것이 아니라, 지속적인 정치 활동과 참여다. 목표 달성에 필요한 재료는 충분하다. 수백만의 시민이 거리로 나서서 변화를 외치고 있는 지금, 우리가 지닌 동력은 막대하다. 전 세계의 기업, 도시, 투자자, 정부가 1.5℃라는 목표를 향해 매우 정교하고 조직적으로 대응하고 있고, 시민들의 절박한 외침에 마음을 열고 귀를 기울이고 있다.

21세기에도 민주주의가 존속하고 번영하기 위해서는, 기후변화야말로 절대 대응에 실패해서는 안 될 큰 시험대다.

# 새로운 이야기
## A New Story

두 가지 사실을 말하고 싶다.

첫째, 많이 늦었지만, 우리에겐 아직 미래를 바꿀 선택의 기회가 있다. 따라서 지금부터 하는 행동 하나하나가 모두 중요하다.

둘째, 우리는 스스로의 운명을 올바르게 선택할 능력이 있다. 파멸은 피할 수 없는 운명이 아니며, 인간은 큰 문제에 대응할 능력이 없는 무능한 존재가 아니다. 행동이 필요할 뿐이다.

후손들은 아마 우리 시대를 돌아보며, 그때야말로 행동에 나섰어야 할 가장 결정적인 시기였다고 회고할 것이다.

하지만 우리가 세운 목표는 쉽지 않고, 성공한다는 보장이 없다. 우리 앞길은 험난하다. 우리는 칠흑 같은 어둠 속에 서 있지만, 되돌아갈 수는 없다. 원망스럽고 기구하게 생각될지 몰라도,

지금 우리는 결정적인 순간에 놓여 있다. 훌륭한 이야기에는 반드시 그런 순간이 있다. 지금 우리에게 필요한 것은 한결같은 의지, 그리고 실패는 있을 수 없다는 각오다.

우리의 갈 길을 과학뿐만 아니라 예술, 문학, 역사가 밝혀줄 것이다. 우리가 기후변화의 도전에 맞선 이야기는 투쟁과 극복이라는 인류 역사의 새로운 한 장이 되어야 한다.

지금 세상 사람들 대부분이 머릿속으로 되뇌고 있는 기후변화의 이야기는 그리 희망적이지 못하다. 하지만 새로운 이야기는 새로운 힘을 불러일으킬 수 있다.

이야기가 바뀌면 모든 것이 함께 바뀐다.

1957년 10월, 미국인들은 소련의 스푸트니크 1호 위성이 미국 하늘을 가로지르는 광경을 가만히 쳐다보고 있어야 했다.[1] 세계 최초의 위성을 띄우려는 경쟁에서 미국은 '적국'에 보기 좋게 패배했다. 그날 밤 미국인들은 적의 위성이 자기 집을 내려다보며 감시할 수 있다는 암울한 현실에 절망해야 했다.

미국은 여기에 어떻게 대응했을까. 불과 몇 년 후, 존 F. 케네디 대통령은 10년 안에 달에 사람을 보내겠다는 유명한 연설을 했다. 위성을 띄우는 것보다 훨씬 더 어려운 계획이었다.[2] 케네디 대통령은 그게 정말 가능할지 알지 못했다. 예산이나 계획이나 일정을 구체적으로 잡아놓은 것도 없었다. 그저 이야기를 새롭게 되살렸을 뿐이다. 그것은 국민들에게 승리할 수 있다는 용기와 희망을 다시 안겨주는 이야기였다.

대통령의 연설에 NASA 직원들은 두려움과 전율을 동시에 느꼈다. 몇 달 내로, 대통령이 제시한 새 목표에 맞게 조직을 재편성했다. 여러 팀이 기술혁신을 위해 전에 없이 치열하게 고민했다. 특히 젊은 직원들이 큰 열의와 투지를 갖고 참여했다. 아폴로 우주선을 쏘아 올린 팀의 구성원 평균 나이는 28세였다.[3] 모든 이들이 공동의 목표를 향해 힘을 보태며, 거기에서 삶의 의미를 얻었다.

케네디 대통령은 NASA 관제실을 처음 방문해 시찰하던 중, 관제실을 청소하고 있던 청소부 한 명과 마주쳤다. 대통령이 물었다. "이곳에서 무슨 역할을 하십니까?"

그러자 이런 대답이 돌아왔다. "대통령님, 저는 달에 사람을 보내는 일을 하고 있습니다."[4]

모두가 원대한 비전을 품고 있었기에 이 청소부에게는 자신이 위대한 사업에 참여하고 있다는 자각이 있었고, 또 그게 사실이었다. 누군가는 관제실을 꼭 청결히 유지해 주어야 했다. 그런 사람이 없었더라면 달에 사람을 보내는 일은 불가능했을 것이다. 하지만 그 청소부가 만약 라이벌에게 완패하고 쇠락 일로를 걷고 있는 어느 정부 기관의 관제실을 청소하고 있었다면, 그런 자각을 가질 수 있었을까? 그에게 열의를 불러일으킨 것은 위대한 이야기였다.

1941년 독일군의 침공에 시달리던 영국인들이 머릿속에 그렸던 이야기가 무엇이었는가도 생각해 볼 만하다. 1939년까지만 해도 영국은 히틀러를 어떻게 상대해야 할지를 놓고 여론이 사분오열되어 있었다. 네빌 체임벌린 총리는 유화정책을 고수했고, 많은 지지를 얻고 있었다. 제1차 세계대전의 기억이 아직 선명하던 시기였다. 상당수의 영국 국민은 히틀러가 유럽을 통째로 정복하려고 작정한 현실을 도저히 직면하고 싶지 않았을 것이다. 결국 체임벌린은 물러나고 윈스턴 처칠이 그 뒤를 이었다. 처칠은 좋은 면, 나쁜 면으로 여러 업적을 남겼지만, 그가 재임 초기였던 당시에 남긴 가장 큰 업적은 국민들의 마음속에 새로운 이야기를 심어주어 다가올 상황에 대비시킨 것이었다. 홀로 떨어진 섬나라. 일생일대의 순간. 해변에서, 고지에서, 거리에서 적군과 맞서 싸울 위대한 국민들. 결코 항복을 모르는 나라.

그 시절을 살았던 이들의 수많은 인터뷰에서 거듭 드러나는 사실은, 모든 국민이 함께 힘을 합친다는 정신으로 매사에 임했다는 것이다. 영국 본토 항공전에서 싸운 조종사들에서, 정원과 풀밭에 작물을 심어 대량으로 재배한 주민들에 이르기까지 예외가 없었다. 흙 속에서 감자를 캐내는 단순한 일조차 전장에서 싸우는 소중한 이들에게 힘을 보태는 행위가 되었으며 승리를 향해 나아가는 한 걸음이 되었다.

파리협정에 관해서도 가장 오랫동안 주종을 이루었던 이야기는, 기후변화란 너무나 복잡하다는 것이었다. 나라들 간에 합의를 이끌어낸다는 건 불가능한 일이고, 유엔이라는 조직의 구조상 합의가 나올 수 없다고 했다. 협상장을 메운 수천 명의 참가자들은 저마다 비관할 수밖에 없는 이유를 소상히 몇 시간이고 설명할 준비가 되어 있었다. 복잡한 문제가 수없이 많아서 합의에 이른다는 건 절대 불가능하다고 했다. 그 마음가짐을 바꾸는 것이야말로 우리에게 가장 어려우면서도 무엇보다 중요한 과제였다. 코펜하겐의 실패에서 파리의 성공으로 나아가는 여정은 동력을 서서히 조금씩 축적해 가는 과정이었다. 그리고 동력이 쌓여가면서, 이야기는 변하기 시작했다.

처음에는 낙관하는 사람이 소수에 불과했다. 하지만 시간이 흐르면서 수천 명의 사람들이 점차 설득되어갔다. 전진의 계기를 만들 수도 있으며, 각자의 역할이 그 과정에서 중요하다는 사실에 눈뜨기 시작했다. 각국이 저마다 약속을 제출하면서, 점점 많은 사람이 그 가능성을 믿게 되었다. 태양광 패널의 가격이 내려갔고, 도시들이 선봉에 섰으며, 시민들이 거리에서 시위를 벌였고, 기업들이 행동에 나섰으며, 투자자들이 화석연료에 투자했던 자금을 회수했다. 그 모두가 새 이야기를 향해 나아가는 여정에서 중요한 한 걸음이 되었다.

우리 지구가 더는 예전처럼 생명을 부양할 수 없는 한계에 다다른 지금, 우리가 삶의 지표로 삼았던 이야기들 또한 그 한계에 다다랐다. 개인 간의 경쟁을 통한 개인적 성취는 이제 도움이 되지 않는다. 끊임없는 소비도, 전 인류의 단합 능력에 대한 회의도, 우리 행동이 지구에 미치는 여파에 대한 무지도, 이제는 벗어나야 한다.

이제 우리는 하나의 지구에서 공존하는 인류의 현실을 더 깊이 이해해야 한다. 이는 선택의 문제가 아니라 생존의 문제다. 지금 우리의 과제인 재생적 미래의 건설은 미국이 인간을 달에 보내려고 했던 노력이나 영국이 히틀러를 물리치려고 벌였던 노력보다 훨씬 더 복잡한 차원의 문제일 뿐 아니라, 비할 수 없이 중대한 귀결을 가져올 것이다.

이번에는 한 나라가 아닌 우리 모두의 문제다. 세계 모든 나라와 모든 사람에게 맡겨진 과제다. 서로 간에 아무리 복잡하고 심각한 견해 차이가 있다 하더라도, 우리가 모두 근본적으로 똑같이 가진, 무엇보다 중요한 것이 있다. 그것은 이 시대를 살아가는 모든 이들과 우리의 모든 후손을 위해 더 나은 세상을 만들고자 하는 바람이다.

그 과제를 달성한 세상은 어떤 모습일지, 마음속에 잠시 그려보자. 공상처럼 느껴질지도 모른다. 불가능한 이상향으로 생각될지도 모른다. 그러나 인류의 생존이 달린 문제이니만큼, 우리가 이 도전에 잘 대처할 가능성은 오히려 과거 그 어느 때보다 높다고 믿는다. 인류는 단결하여 이 과제를 완수해 낼 능력이 있다. 과연 해낼 수 있을지는 앞으로 몇 년 안에 드러날 것이다.

이 책에서는 우리가 써나갈 새 이야기에 들어가야 할 요소 몇 가지를 제시했다.

세상 속에 우리가 설 자리를 다 함께 마음속에 새로 그려보자. 우리가 인간으로서 지금처럼 중대한 시기에 이 지구에 살게 된 것은 엄청난 행운이다.

우리 자녀와 후손들이 우리 눈을 똑바로 바라보며 "그때 무슨 일을 하셨어요?"라고 물을 때 우리의 대답은 "할 수 있는 일을 다 했다"에 그쳐서는 안 된다.

그 이상이어야 한다.

우리가 해줄 수 있는 대답은 사실 하나뿐이다.

**"필요한 모든 일을 다 했다."**

그러기 위해, 지금 이 순간부터 새 이야기를 써나가자. 막막해 보이는 도전 앞에 우리가 주저하지 않았음을, 거듭된 좌절에도 굴하지 않았음을 보여주자. 낭떠러지 앞에서 과감히 방향을 틀었음을, 각자의 책임을 무겁게 여기고 필요한 모든 일을 다 해 위기에서 벗어났음을 알려주자. 동시에 이 지구에 사는 인간들 사이에, 그리고 인간의 삶을 가능케 하는 자연 만물들과 더없이 끈끈한 관계를 회복했음을 이야기하자.

크나큰 난관을 딛고 일어선, 위대한 모험의 이야기를 써나가자.

우리는 살아남을 것이다.

그리고 번영을 꽃피울 것이다.

재생적인 세상을 이룬다는 목표에 뜻을 둔 완강한 기후 운동가들의 수가 늘고 있다. 아래의 실천 방안을 통해 독자도 동참해 주기를 호소한다. 몇몇 사람의 힘만으로는 이룰 수 없는 일이다. www.GlobalOptimism.com에서 함께해 주기를 희망한다.

### 바로 지금

- 숨을 크게 쉬고 다짐하자. 우리는 함께 해낼 수 있고, 나는 내 역할을 하겠다고. 나 자신이 이 어두운 시기에 인류의 앞길을 밝힐 희망의 등불이 되자. 지금 이 순간부터 절망을 버리고, 전략을 고민하자.
- 나 자신이 미래 정치의 일원이 되겠다고 다짐하자. 앞으로 탄소 배출 감축을 추진하는 후보에게 투표하고, 지지 활동과 선거운동을 벌이기로 한다. 옛 향수를 자극하는 정치를 거부

하기로 한다. 이상을 앞으로 10년간 정치 참여의 최우선 목표로 삼자.

- 지금 내가 기후에 끼치고 있는 영향을 2030년까지 절반 이상 줄이기로 다짐하자. 60퍼센트 줄이는 것을 목표로 하자. 지금 그 방법을 모르겠다고 해서 포기해서는 안 된다. 방법은 누구나 배워가는 중이다.

**오늘 또는 내일**

- 주요 선출직 공직자들이 기후변화 문제에 가진 견해를 알아보자. 당신의 결심을 적어 보내 알린다. 당신이 지켜보고 있음을 유념하게 한다.
- 일주일에 적어도 하루를 고기 먹지 않는 날로 정한다. 고기 먹지 않는 날을 앞으로 더 늘려나갈 계획을 세운다.
- 크게 생각한다. 내가 기후변화를 막는 데 가장 크게 기여할 방법은 무엇이며, 재생적인 미래를 만들기 위해 할 수 있는 큰일은 무엇인가?
- 다른 사람들에게 내 결심을 알린다. 직접 알리거나 소셜 미디어를 통해 알린다. 부끄러워하지 말자. 남들에게도 동참을 권하자. 당신이 본보기를 보이면 남들도 마음이 움직일 것이다.

### 이번 주

- 개인 배출량을 절반 이상 줄인다는 계획을 배우자나 동반자, 자녀, 친구들에게 알리고 동참을 권한다. 모든 생명의 장래를 밝게 하는 일은 기쁜 일이다. 즐거운 마음으로 임하자.

- 무슨 행동이든 실천하고 서서히 정착시켜가자. 점차 동력이 붙을 것이다. 매일 쓰는 에너지의 양을 줄이고, 자동차 대신 자전거를 타고, 에너지 공급원을 100퍼센트 청정에너지 업체로 바꾼다. 모두 유익하고 필요한 일이다. 그 밖에 무슨 일을 할 수 있는지 생각해 보고, 아직 할 일이 많다는 것을 잊지 말자.

- 밖에 나가서 주위를 둘러보자. 세상은 망가지고 고통스러워하고 있지만, 한편으론 아름답고 평온하며 온전하다. 잊고 있던 것들에 관심을 기울여보자. 봄에 새로 돋아나는 풀잎, 겨울 마른 잎에 쌓인 서리를 유심히 살펴보자. 풍요와 아름다움을 베풀어주는 지구에 고마운 마음을 갖자.

### 이번 달

- 주변에서 기후변화 관련 정치 행동을 조직하는 사람을 찾아보자. 모임에 나가 기후변화를 우려하는 시민들을 만나보자. 시위와 행진에 참여하자. 세상을 바꾸고자 열성을 다하는 단체들이 이루어내는 놀라운 성과에서 무언가를 느껴보자.

- 기후 활동에 적극적이지 않은 사람과 대화를 나눠보자. 그 사람의 생각을 이해하고, 그 사람의 관점에서 기후위기에 대

한 인식을 조금씩 높여줄 수 있도록 노력해 본다.

- 결심한 사항을 글로 적어두자. 올해 정확히 무엇을 할 것인가? 그렇게 한다면 나와 내 가족에는 어떤 영향이 있을 것인가? 내가 계획한 변화를 어떤 식으로 이루어나갈 것인가?

- 나의 소비생활을 점검한다. 구매한 물건들을 살펴보고, 그 물건에서 기쁨을 얻을 수 있는지 자문해 보자. 더 사려는 충동에 의문을 품어보고, 덜 살수록 느껴지는 해방감을 체험해 보자.

- 마음 챙김 기법을 실천하자. 숨쉬기 운동을 하면서 감사하는 마음을 가져보는 것도 한 방법이다. 몇 분씩이라도 매일 실천하자. 나와 세상, 그리고 나의 반응을 각각 구분해 인지할 수 있도록 해본다.

- 나무를 심자. 할 수 있는 한 많이 심자. 식수 활동을 하는 지역 단체를 찾아보자. 시간을 내서 직접 나무를 심고, 여의치 않을 때는 나무 심는 사람들에게 힘을 보태주자.

- 남들이 누리지 못하는 자신만의 특권이 있음을 깨닫고, 만인에게 공평한 경쟁의 장을 만드는 일에 꾸준히 힘을 보탠다.

**올해**

- 정치 활동을 일상화한다. 배출 감축을 촉구하는 집단 행동에 참여할 기회를 찾아보자. 느껴지는 게 있을 것이고, 공동의 노력에 동참한다는 소속감이 들 것이다. 사는 곳에서 가능한 경우, 시위 등 직접행동에 정기적으로 참여하자. 그리고 **투표**

하자!

- 일관된 노력을 유지하자. 전력 공급원을 100퍼센트 재생에 너지로 변경했든, 통근 방법을 바꿨든, 항공기 이용을 줄였든, 식생활을 바꿨든, 한 해 동안 지속했다면 매년 지속하게 될 가능성이 높다. 목표를 달성할 때마다 자신을 축하해 주자.

## 2030년까지

- 개인 배출량을 절반 이상 줄인다는 계획을 달성한다. 목표 달성을 축하하자.
- 아직도 갈 길이 남았다는 것을 잊지 말고 식수 활동에 성금을 내자. 나무는 좋은 것이고, 세상엔 나무가 더 필요하다.
- 전국 선거와 지역 선거에서 기후 목표에 부합하는 후보자들에게 투표하고, 그렇게 투표한 사실을 널리 알린다.
- 그 밖에 새로 실천하고 있는 습관들을 계속 실천한다.
- 가족, 친구, 소중한 이들 등 가장 가까운 이들의 기후 의식을 높일 수 있도록 노력한다.
- 앞으로 10년 동안 개인 배출량을 다시 절반 이상 줄이는 계획에 착수한다.

## 2050년 전까지

- 순배출 제로를 달성한다. 우리 모두를 위해 더 나은 미래를 선택한 세대의 일원으로서 긍지를 느낀다.

우리가 해줄 수 있는 대답은 사실 하나뿐이다.
**"필요한 모든 일을 다 했다."**
그러기 위해, 지금 이 순간부터 새 이야기를 써나가자.

급변점 추정

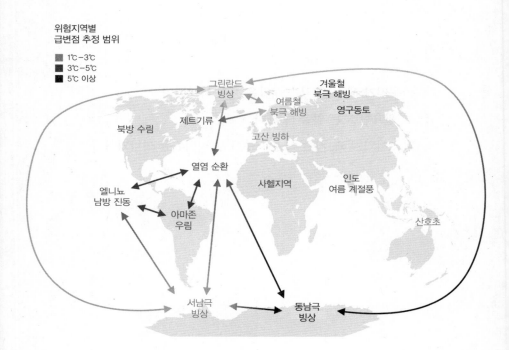

위험지역별
급변점 추정 범위

■ 1℃-3℃
■ 3℃-5℃
■ 5℃ 이상

그린란드
빙상

겨울철
북극 해빙

여름철
북극 해빙

영구동토

제트기류

북방 수림

고산 빙하

열염 순환

엘니뇨
남방 진동

사헬지역

인도
여름 계절풍

아마존
우림

산호초

서남극
빙상

동남극
빙상

출처: Exponential Roadmap 2019 (www.exponentialroadmap.org)
원자료: Steffen et al., "Trajectories of the Earth System in the Anthropocene," *PNAS* 115, no. 33 (2018): 8252–59

## 온도 추이 예상 시나리오

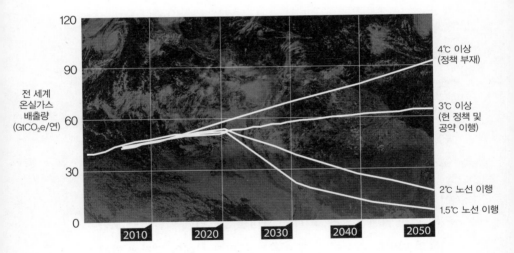

전 세계
온실가스
배출량
($GtCO_2e$/연)

120

90

60

30

0

2010     2020     2030     2040     2050

4℃ 이상
(정책 부재)

3℃ 이상
(현 정책 및
공약 이행)

2℃ 노선 이행

1.5℃ 노선 이행

원자료: Climate Action Tracker (https://climateactiontracker.org/global/temperatures/)

먼저 우리 두 사람에게 세상 보는 눈을 키워주고 넓혀준 가족과 스승들에게 감사드리고 싶다. 특히 호세 피게레스 페레르, 코피 아난, 틱낫한, 비 리빗카낵, 나이절 토핑, 앤터니 터너, 폴 디킨슨, 프레이저 더럼, 하워드 램, 수 램, 비비언 잠미트 쿠타야르, 마이클 잠미트 쿠타야르, 트루 데디케이션 스님, 팝 라이 스님, 팝 린 스님에게 감사드린다.

이 책은 여러 면에서, 2015년 파리협정을 함께 이끌어낸 모든 이들의 작업의 결실이자, 그 이후로 우리가 시대의 도전에 맞서기 위해 벌여왔던 수많은 노력의 결과라고 할 수 있다.

상당히 많은 벗과 조언자들이 이 책의 내용을 구상하고 다듬는 데 직접 도움을 주었다. 꼼꼼히 검토해 주고 현명한 조언을 준 모든 분에게 감사드린다. 특히 다음 분들의 이름을 언급하지 않을 수 없다. 너태샤 리빗카낵, 세라 구디너프, 캘럼 그리브, 실라 라가브, 마크 라이너스, 토머스 러브조이, 린지 레빈, 클로이 레빌, 그레이엄 레스터, 마이크 리빗카낵, 토머스 링가드, 마크 매즐린, 빌 맥키븐, 마이클 맨, 제니퍼 모건, 패트릭 버쿠젠, 로지나 비어바움, 빌 샤프, 니컬러스 스턴, 아만다 아이헬, 스테퍼니 앤토니언, 제시 에이브럼스, 마틴 와인스타인, 대니얼 월, 스티브 웨이굿, 케렘 일마즈, 라지 조시, 앤디 카스너, 사티시 쿠마르, 베치 테일러, 앤 토핑, 줄스 펙, 닉 포스터, 브룩스 프레스턴, 토머스 프리드먼, 매튜 필립스, 멀린 하이먼, 앤드루 하이앰, 마리나 맨실라 허먼, 세라 헌터, 존 홀드렌, 데이브 힉스. 특히 조이 촐라크앤티치, 로런 햄린, 빅토리아 해리스에게 각별한 감사를 드린다.

한편, 그보다 훨씬 많은 벗과 동료들이 파리협정을 이끌어내는 과정에서, 그리고 또 세계가 기후위기에 대처하고 더 나은 미래를 향해 나아가는 중대한 과정에서 우리와 함께해 주었다. 그 인원이 방대해 여기에 모두 적을 수는 없지만, 다음 분들의 이름을 특별히 언급하고자 한다. 게일 갤리, 스튜어트 걸리버, 에마뉘엘 게랭, 크리스탈리나 게오르기에바, 그레이스 겔더, 키모 고리, 앨 고어, 제인 구달, 앙헬 구리아, 안토니우 구테흐스, 엘리 굴딩, 맛스 그란뤼드, 샐리 그로버 빙엄, 제리 그린필드, 올라퓌르 그림손, 코디 길다트, 카베 길란포르, 김용, 빌 나이, 쿠미 나이도, 팀 넛홀, 마이클 노스롭, 인드라 누이, 존 다닐로비치, 클라우디오 데스칼치, 코니어스 데이비스, 앨리스터 도일,

토니 드 브룸, 베르나디타스 드 카스트로 멀러, 엘리엇 디린저, 브라이언 디즈, 레오나르도 디카프리오, 폴라 디퍼나, 샌드린 딕 슨 디클리브, 크리스틴 라가르드, 자이람 라메시, 댄 라쇼프, 댄 라이프스나이더, 트레이시 라첵, 필립 램버트, 케빈 러드, 민디 러버, 마크 러펄로, 제러미 레깃, 기타 레디, 페넬로페 레아, 길 레르미 레알, 피오나 레이놀즈, 커티스 레이브넬, 로빈 렉, 크리 스티암 로드리게스, 매튜 로드리게스, 닉 로빈스, 헌터 로빈스, 메리 로빈슨, 짐 로빈슨, 벤 로즈, 아르투어 룽게메츠거, 버니스 리, 앤드루 리버리스, 앨릭스 리빗카낵, 크리스 리빗카낵, 토머 스 린거드, 요하네스 마이어, 미겔 앙헬 만세라 에스피노사, 지 나 매카시, 스텔라 매카트니, 캐서린 매케나, 빌 맥도노, 소니아 메디나, 마리아 멘딜루세, 제니퍼 모리스, 아미나 모함메드, 앙 투안 미숑, 버너뎃 미언, 데이비드 밀리밴드, 에드 밀리밴드, 바 르톨로메오스 세계 총대주교, 케빈 바우머트, 그레그 바커, 니콜 레트 바틀레트, 반기문, 비비안 발라크리시난, 아자이 방가, 피 터 배커, 셰런 버로, 마크 베니오프, 앤디 베시, 제프 베조스, 올 리버 베테, 메이 부비, 제리 브라운, 게일 브래드브룩, 피어스 브 래드포드, 리처드 브랜슨, 제스퍼 브로딘, 톰 브룩스, 마이클 블 룸버그, 수 비니아즈, 파티 비롤, 딘 비알렉, M. 사니아얀, 프레 데리크 사마마, 냇 사이먼스, 클라우디아 살레르노 칼데라, 올레 크 샤마노프, 리처드 서만스, 페이커 세이베스마, 리어 셀리그 먼, 피터 셀리그먼, 셰전화, 마로시 셰프초비치, 하들도르 소르게이르손, 스티브 소여, 에르나 솔베르그, 이레네 수아레스, 무스타파 술리먼, 커스티 슈니버거, 제롬 슈미트, 클라우스 슈밥, 아널드 슈워제네거, 아힘 슈타이너, 세스 슐츠, 마이클 스켈리, 톰 스타이어, 토드 스턴, 앤드루 스티어, 제프 시브라이트, 케빈 시키, 폴 심프슨, 알레한드로 아가그, 로레나 아길라르, 모니카 아라야, 크리스티안 아만푸어, 마리아나 아와드, 내털리 아이잭스, 파하드 알 아티야, 알리 알나이미, 켄 알렉스, 카를로스 알바라도 케사다, 존 애시포드, 데이비드 애튼버러, 매츠 앤더슨, 크리스 앤더슨, 파하나 야민, 에르나니 에스코바르, 파트리시아 에스피노사, 호세 마누엘 엔트레카날레스, 케빈 오 핸런, 레네 오레야나, 오로라(AURORA), 힌도우 오우마로우 이브라힘, 은고지 오코니오이웨알라, 레이프 오퍼, 프랑수아 올랑드, 진 올왕, 스콧 와이너, 헬렌 와일드스미스, 마크 와츠, 함디 울루카야, 마틴 울프, 도미닉 워리, 메러디스 웹스터, 저스틴 윈터스, 데시마 윌리엄스, 앤사 윌리엄스, 마크 윌슨, 모함메드 유누스, 노지포 음크사카토디세코, 토시 음파누음파누, 니콜 옹, 마이테 웅코아 나마샤바네, 안 이달고, 마리아 이바노바, 모 이브라힘, 제이 인즐리, 미셸 자로, 카르슈텐 자흐, 장유에, 리사 잭슨, 댄 잰즌, 리사 제이콥슨, 아흐메드 조그라프, 샤론 존슨, 켈시 줄리아나, 요헨 차이츠, 사가리카 차터지, 앤소피 체리솔라, 로빈 체이스, 미겔 아리아스 카네테, 마크 카니, 클레이 카닐, 릴라 카르바시, 클라우디아 도블레스 카마르고, 레이철 카이트, 욜란다 카카바드

세, 펠리페 칼데론, 캐시 캘빈, 마크 캠퍼날, 존 케리, 마크 켄버, 마르친 코롤레츠, 이자벨 코셰르, 안드레 코헤아 두 라구, 카이오 코흐베저, 조 콘피노, 키샨 쿠마르싱, 캘리 크라이더, 래리 크레이머, 에런 크레이머, 데이비드 크레인, 토마스 앙케르 크리스텐센, 필리타 클라크, 헬렌 클라크슨, 숀 키드니, 자얀티 키르팔라니, 이언 키스, 리처드 킨리, 리세 킹고, 라탄 타타, 테리 태미넌, 키스 터플리, 테사 테넌트, 애스트로 텔러, 할라 토마스도티르, 그레타 툰베리, 스반테 툰베리, 로랑스 튀비아나, 수전 티어니, 조 틴들, 에마뉘엘 파베르, 로랑 파비위스, 스테퍼니 파이퍼, 리켄 파텔, 히노 판베힌, 벤 판뵈르던, 에밀리 판워스, 대니얼 퍼거, 조너선 퍼싱, 호세 페니도, 샬롯 페라, 네이션 페이비언, 스티븐 페트리콘, 존 포데스타, 조너선 포릿, 칼 포프, 이언 폰스, 폴 폴먼, 패트릭 푸야네, 마누엘 풀가르 비달, 프란치스코 교황, 제임스 플레처, 프랑수아앙리 피노, 버트런드 피카드, 섀넌 필립스, 유발 노아 하라리, 스티븐 하워드, 에마 하워드 보이드, 힐다 하이네, 지몬 함펠, 케이트 햄프턴, 캐라 허스트, 애리애나 허핑턴, 윌리엄 헤이그, 토머스 헤일, 줄리언 헥터, 제이미 헨, 바버라 헨드릭스, 네드 헬름, 브래드 홀, 위니 홀왁스, 제이컵 히틀리 애덤스.

유엔기후변화협약(UNFCCC) 사무국의 유능한 동료들, 그리고 항상 철두철미한 유엔 보안팀과 탁월한 '미션 2020' 팀의 모든 분들에게 감사드린다.

이 책은 노프 출판사와 보니어 출판사의 편집장 에릴 맥도널드와 마거릿 스테드를 비롯한 편집자들의 탁월한 솜씨 없이는 만들어질 수 없었을 것이다.

2년 동안 책을 써야겠다는 생각만 하고 진전이 거의 없던 2018년 9월, 더그 에이브럼스를 만나면서 큰 변화가 생겼다. 더그와 '아이디어 아키텍츠' 팀은 우리의 접근 방식을 완전히 바꾸어주고 프로젝트를 구체화해 주었다. 그 팀의 도움 없이는 도저히 불가능한 일이었다. 이 책이 탄생할 수 있었던 것은 누구보다 그 팀원들, 그리고 더그의 도움뿐 아니라 라라 러브의 문장력과 타이 기디언 러브의 일 처리 능력 덕분이었다. 또 캐스피언 데니스, 샌디 비얼렛을 비롯한 애브너 스타인 에이전시의 모든 분들, 그리고 커밀러 페리어, 제마 맥도나를 비롯한 마시 에이전시의 모든 분들에게도 감사드린다.

마지막으로, 책을 쓰는 과정에서 힘이 되어준 절친한 친구들 그리고 가족들에게 감사의 말을 전하지 않을 수 없다. 원고를 실제로 집필했던 몇 달 동안, 우연찮게도 우리 두 사람은 슬픈 일과 기쁜 일을 포함해 큰일을 여럿 겪었다. 크리스티아나의 남동생 마리아노에 이어 오빠 마르티가 세상을 떠났고, 톰의 장모 아이린 월터, 그리고 더그의 아버지 리처드 에이브럼스가 세상을 떠났다. 그런가 하면 크리스티아나의 딸 이아나가 결혼하기도 했다. 그 시간을 겪어내는 동안 우리에게 아낌없이 묵묵히 힘이 되어주었던 소중한 이들에게 깊은 고마움을 느낀다. 특

히 나이마 리터, 이아나 리터, 커스틴 피게레스, 마리아노 피게
레스, 차코 델가도, 데이비드 홀, 론 월터, 다이애나 스트라이크,
세라 리빗카넥, 너태샤 리빗카넥에게 고마움을 전한다.

여러분이 우리의 과거이자 현재이자 미래다.

## 서론: 운명을 좌우할 십 년

1.     Charles D. Keeling, "The Concentration and Isotopic Abundances of Carbon Dioxide in the Atmosphere," *Tellus* 12, no. 2 (May 1960): 200–203, https://onlinelibrary.wiley.com/doi/epdf/10.1111/j.2153-3490.1960.tb01300.x. 캘리포니아 대학교 샌디에이고의 스크립스 해양 연구소에서 1958년부터 지구 대기 중 이산화탄소 농도를 측정해 '킬링 곡선'을 계속 업데이트하고 있다. https://scripps.ucsd.edu/programs/keelingcurve/.

2.     David Neild, "This Map Shows Where in the World Is Most Vulnerable to Climate Change," *ScienceAlert*, February 19, 2016, https://www.sciencealert.com/this-map-shows-the-parts-of-the-world-most-vulnerable-to-climate-change.

3.     다음 두 기사에 과학적 사실이 잘 설명되어 있고 유익한 시각 자료도 실려 있다. D. Piepgrass, "How Could Global Warming Accelerate If $CO_2$ Is 'Logarithmic'?" Skeptical Science, March 28, 2018, https://skeptical science.com/why-global-warming-can-accelerate.html; Aarne Granlund, "Three Things We Must

Understand About Climate Breakdown," Medium, August 30, 2017, https://medium.com/@aarnegranlund/three-things-we-dont-understand-about-climate-change-c59338a1c435.

4.　Neild, "This Map Shows Where in the World Is Most Vulnerable to Climate Change."

5.　영국과 미국의 사례를 들면 다음과 같다. Sandra Laville, "Two-thirds of Britons Want Faster Action on Climate, Poll Finds," Guardian (U.S. edition), June 19, 2019, https://www.theguardian.com/environment/2019/jun/19/britons-want-faster-action-climate-poll; Valerie Volcovici, "Americans Demand Climate Action (As Long As It Doesn't Cost Much): Reuters Poll," Reuters, June 26, 2019, https://www.reuters.com/article/us-usa-election-climatechange/americans-demand-climate-action-reuters-poll-idUSKCN1TR15W.

6.　Elizabeth Howell, "How Long Have Humans Been on Earth?" Universe Today, January 19, 2015, https://www.universetoday.com/38125/how-long-have-humans-been-on-earth/; Chelsea Harvey, "Scientists Say That 6,000 Years Ago, Humans Dramatically Changed How Nature Works," Washington Post, December 16, 2015, https://www.washingtonpost.com/news/energy-environment/wp/2015/12/16/humans-dramatically-changed-how-nature-works-6000-years-ago/.

7.　"7 million premature deaths annually linked to air pollution," Media Centre, World Health Organization, March 25, 2014, https://www.who.int/mediacentre/news/releases/2014/air-pollution/en/.

8.　Margherita Giuzio, Dejan Krusec, Anouk Levels, Ana Sofia Melo, et al., "Climate Change and Financial Stability," Financial Stability Review, May 2019, https://www.ecb.europa.eu/pub/financial-stability/fsr/special/html/ecb.

fsrart201905_1~47cf778cc1.en.html.

9.  Megan Mahajan, "Plunging Prices Mean Building New Renewable Energy Is Cheaper Than Running Existing Coal," *Forbes*, December 3, 2018 (updated May 6, 2019), https://www. forbes.com/sites/energyinnovation/2018/12/03/plunging-prices-mean-building-new-renewable-energy-is-cheaper-than-running-existing-coal/#61a0db2631f3.

10. Fossil Free, "What Is Fossil Fuel Divestment?" https:// gofossilfree.org/divestment/what-is-fossil-fuel-divestment/.

11. Chris Flood, "Climate Change Poses Challenge to Long-Term Investors," *Financial Times*, April 22, 2019, https://www. ft.com/content/992ba12a-c02a-3bca-b947-0e2fbc5e91b7.

## 1. 미래는 우리의 선택

1.  빙하기에 관해 더 자세한 설명은 다음을 참고. Michael Marshall, "The History of Ice on Earth," *New Scientist*, May 24, 2010, https://www.newscientist.com/article/dn18949-the-history-of-ice-on-earth/.

2.  2050년에는 세계 인구가 98억 명에 이를 것으로 예상된다. United Nations Department of Economic and Social Affairs, "Growing at a Slower Pace, World Population Is Expected to Reach 9.7 Billion in 2050 and Could Peak at Nearly 11 Billion around 2100," June 17, 2019, https://www.un.org/development/desa/en/news/population/world-population-prospects-2019.html.

3.  Daniel Christian Wahl, "Learning from Nature and Designing as Nature: Regenerative Cultures Create Conditions Conducive to Life," Biomimicry Institute, September 6, 2016, https://biomimicry.org/learning-nature-designing-nature-

regenerative-cultures-create -conditions-conducive-life/.

4.  산업혁명과 화석연료 사용의 폭증이 인류사의 방향을 바꾸었다. 산업혁명의 역사에 관해서는 다음을 참고. History.com, "Industrial Revolution," July 1, 2019 (updated September 9, 2019), https:// www.history.com/topics/industrial-revolution/industrial- revolution. 화석연료 사용 확대에 관해서는 다음을 참고. Hannah Ritchie and Max Roser, "Fossil Fuels," Our World in Data, https://ourworldindata.org/fossil-fuels.

5.  National Aeronautics and Space Administration, "Changes in the Carbon Cycle," NASA Earth Observatory, June 16, 2011, https://earth observatory.nasa.gov/features/CarbonCycle/ page4.php.

6.  Rémi d'Annunzio, Marieke Sandker, Yelena Finegold, and Zhang Min, "Projecting Global Forest Area Towards 2030," *Forest Ecology and Management* 352 (2015): 124–33, https://www.sciencedirect.com/science/article/ pii/S0378112715001346; John Vidal, "We Are Destroying Rainforests So Quickly They May Be Gone in 100 Years," *Guardian* (U.S. edition), January 23, 2017, https://www. theguardian.com/global-development-professionals- network/2017/jan/23/destroying-rainforests-quickly-gone- 100-years-deforestation.

7.  Josh Gabbatiss, "Earth Will Take Millions of Years to Recover from Climate Change Mass Extinction, Study Suggests," *Independent*, April 8, 2019, https://www.independent.co.uk/ environment/mass-extinction-recovery-earth-climate- change-biodiversity-loss-evolution-a8860326.html.

8.  Richard Gray, "Sixth Mass Extinction Could Destroy Life as We Know It—Biodiversity Expert," *Horizon*, March 4, 2019, https://horizon-magazine.eu/article/sixth-mass-extinction-

could-destroy-life-we-know-it-biodiversity-expert.html;
Gabbatiss, "Earth Will Take Millions of Years."

9.  LuAnn Dahlman and Rebecca Lindsey, "Climate Change:
    Ocean Heat Content," Climate.gov, August 1, 2018, https://
    www.climate.gov/news-features/understanding-climate/
    climate-change-ocean-heat-content.

10. Lauren E. James, "Half of the Great Barrier Reef Is
    Dead," *National Geographic*, August 2018, https://www.
    nationalgeographic.com/magazine/2018/08/explore-atlas-
    great-barrier-reef-coral-bleaching-map-climate-change/.

11. T. Schoolmeester, H. L. Gjerdi, J. Crump, et al., *Global Linkages:
    A Graphic Look at the Changing Arctic, Rev. 1* (Nairobi and
    Arendal: UN Environment and GRID-Arendal, 2019), http://www.
    grida.no/publications/431.

12. National Aeronautics and Space Administration, "As Seas
    Rise, NASA Zeros In: How Much? How Fast?" August 3, 2017,
    https://www.nasa.gov/goddard/risingseas.

13. Joseph Stromberg, "What Is the Anthropocene and Are We in
    It?" *Smithsonian*, January 2013, https://www.smithsonianmag.
    com/science-nature/what-is-the-anthropocene-and-are-
    we-in-it-164801414/.

14. 그러한 연구의 한 예는 다음과 같다. Darrell Moellendorf,
    "Progress, Destruction, and the Anthropocene," *Social
    Philosophy and Policy* 34, no. 2 (2017): 66-88. 다음의 다큐멘터
    리 영화도 참고. *Anthropocene: The Human Epoch*, 2018, https://
    theanthropocene.org/film/.

15. 산업화 이전 지구 평균온도보다 3℃ 이상 높은 상태.

16. 산업화 이전 지구 평균온도보다 1.5℃ 높은 상태.

17. 자세한 설명은 다음을 참고. Intergovernmental Panel of Climate

Change, "Special Report: Global Warming of 1.5℃," 2018, https://www.ipcc.ch/sr15/.

18.    Nebojsa Nakicenovic and Rob Swart, eds., *Special Report on Emissions Scenarios* (Cambridge, UK: Cambridge University Press, 2000), https://www.ipcc.ch/report/emissions-scenarios/.

## 2. 우리가 만들고 있는 세상

1.    Department of Public Health, Environmental and Social Determinants of Health, World Health Organization, "Ambient Air Pollution: Health Impacts," https://www.who.int/airpollution/ambient/health-impacts/en/.

2.    Greenpeace Southeast Asia, "Latest Air Pollution Data Ranks World's Cities Worst to Best," March 5, 2019, https://www.greenpeace.org/southeastasia/press/679/latest-air-pollution-data-ranks-worlds-cities-worst-to-best/.

3.    "Cloud Seeding," ScienceDirect, https://www.sciencedirect.com/topics/earth-and-planetary-sciences/cloud-seeding.

4.    산성비는 질산과 황산을 높은 농도로 함유한 모든 형태의 강수를 가리키며, 눈이나 안개 형태도 포함한다. 일반적으로 비는 약산성으로, pH가 5.6 정도다. 산성비는 4.2~4.4의 pH를 띤다. 산성비는 대부분 인간 활동 때문에 발생하며, 가장 큰 원인은 석탄 발전소, 공장, 자동차다. 참고: Christina Nunez, "Acid Rain Explained," *National Geographic*, February 28, 2019, https://www.nationalgeographic.com/environment/global-warming/acid-rain/.

5.    Heather Smith, "Will Climate Change Move Agriculture Indoors? And Will That Be a Good Thing?" Grist, February 3, 2016, https://grist.org/food/will-climate-change-move-agriculture-indoors-and-will-that-be-a-good-thing/.

6.   Johan Rockström, "Climate Tipping Points," Global Challenges Foundation, https://www.globalchallenges.org/en/our-work/annual-report/climate-tipping-points.

7.   참고: David Wallace-Wells, *The Uninhabitable Earth: Life After Warming* (New York: Tim Duggen Books, 2019).

8.   Great Barrier Reef Marine Park Authority, "Climate Change," 2018, http://www.gbrmpa.gov.au/our-work/threats-to-the-reef/climate-change.

9.   Aylin Woodward, "One of Antarctica's Biggest Glaciers Will Soon Reach a Point of Irreversible Melting," *Business Insider France*, July 9, 2019, http://www.businessinsider.fr/us/antarctic-glacier-on-way-to-irreversible-melt-2019-7.

10.  Roz Pidcock, "Interactive: What Will 2C and 4C of Warming Mean for Sea Level Rise?" Carbon Brief, September 11, 2015, https://www.carbonbrief.org/interactive-what-will-2c-and-4c-of-warming-mean-for-global-sea-level-rise; Josh Holder, Niko Kommenda, and Jonathan Watts, "The Three-Degree World: The Cities That Will Be Drowned by Global Warming," *Guardian* (U.S. edition), November 3, 2017, https://www.theguardian.com/cities/ng-interactive/2017/nov/03/three-degree-world-cities-drowned-global-warming.

11.  United Nations Climate Change News, "Climate Change Threatens National Security, Says Pentagon," October 14, 2014, https://unfccc.int/news/climate-change-threatens-national-security-says-pentagon. For more useful resources, see American Security Project, "Climate Security Is National Security," https://www.americansecurityproject.org/climate-security/.

12.  Polar Science Center, "Antarctic Melting Irreversible in 60 Years," http://psc.apl.uw.edu/antarctic-melting-irreversible-

in-60-years/.

13. Ocean Portal Team, "Ocean Acidification," Smithsonian Institute, April 2018, https://ocean.si.edu/ocean-life/ invertebrates/ocean-acidification.

14. Chang-Eui Park, Su-Jong Jeong, Manoj Joshi, et al., "Keeping Global Warming Within 1.5℃ Constrains Emergence of Aridification," *Nature Climate Change* 8, no. 1 (January 2018): 70-74.

15. Regan Early, "Which Species Will Survive Climate Change?" *Scientific American*, February 17, 2016, https://www. scientificamerican.com 83647/article/which-species-will- survive-climate-change/.

16. Scientific Expert Group on Climate Change and Sustainable Development, "Confronting Climate Change: Avoiding the Unmanageable and Managing the Unavoidable," Sigma Xi, February 2007, https://www.sigmaxi.org/docs/default-source/ Programs-Documents/Critical83647-Issues-in-Science/ executive-summary-of-confronting-climate83647-change. pdf.

17. 기후변화가 이들 강에 끼치는 위험에 관해 더 자세한 논의는 다음을 참고. John Schwartz, "Amid 19-Year Drought, States Sign Deal to Conserve Colorado River Water," *New York Times*, March 19, 2019, https://www.nytimes.com/2019/03/19/climate/ colorado-river-water.html; Sarah Zielinski, "The Colorado River Runs Dry," *Smithsonian*, October 2010, https:// www.smithsonianmag.com/science-nature/the-colorado- river-runs-dry-61427169/; "Earth Matters: Climate Change Threatening to Dry Up the Rio Grande River, a Vital Water Supply," CBS News, April 22, 2019, https://www.cbsnews. com/news/earth-day-2019-climate-change-threatening-to-

18. Gary Borders, "Climate Change on the Rio Grande," World Wildlife Magazine, Fall 2015, https://www.worldwildlife.org/magazine/issues/fall-2015/articles/climate-change-on-the-rio-grande.

19. Brian Resnick, "Melting Permafrost in the Arctic Is Unlocking Diseases and Warping the Landscape," Vox, September 26, 2019, https://www.vox.com/2017/9/6/16062174/permafrost-melting.

20. "How Climate Change Can Fuel Wars," *Economist*, May 23, 2019, https://www.economist.com/international/2019/05/23/how-climate-change-can-fuel-wars.

21. Silja Klepp, "Climate Change and Migration," *Oxford Research Encyclopedias: Climate Science*, April 2017, https://oxfordre.com/climatescience/view/10.1093/acrefore/9780190228620.001.0001/acrefore-9780190228620-e-42.

22. Resnick, "Melting Permafrost."

23. Derek R. MacFadden, Sarah F. McGough, David Fisman, Mauricio Santillana, and John S. Brownstein, "Antibiotic Resistance Increases with Local Temperature," *Nature*, May 21, 2018, https://www.nature.com/articles/s41558-018-0161-6.

### 3. 우리가 만들어야 할 세상

1. P. J. Marshall, "Reforestation: The Critical Solution to Climate Change," Leonardo DiCaprio Foundation, December 7, 2018, https://www.leonardodicaprio.org/reforestation-thecriticalsolution-to-climate-change/.

주 217

2. 마드리드 국립 공공 보건 대학의 공중보건 및 환경 전문가 훌리오 디아스의 연구에 따르면, 신장 질환 또는 파킨슨병 등 신경 변성 질환 환자들은 날씨가 더울 때 병원을 더 자주 찾는 것으로 나타난다. 폭염은 또한 조산 위험을 높이고 출생률 저하의 원인이 된다. 다음 자료에 인용됨. "More Than a Feeling: Summers in Spain Really Are Getting Longer and Hotter," *El País*, April 3, 2019, https://elpais.com/elpais/2019/04/03/inenglish/1554279672_888064.html.

3. E. O. Wilson Biodiversity Foundation, "Half-Earth: Our Planet's Fight for Life," https://eowilsonfoundation.org/half-earth-our-planet-s-fight-for-life/; Emily E. Adams, "World Forest Area Still on the Decline," Earth Policy Institute, August 31, 2012, http://www.earth-policy.org/indicators/C56/forests_2012.

4. Project Drawdown, "Tree Intercropping," https://www.drawdown.org/solutions/food/tree-intercropping; Project Drawdown, "Silvopasture," https://www.drawdown.org/solutions/food/silvopasture.

5. Petra Todorovich and Yoav Hagler, "High-Speed Rail in America," America 2050, January 2011, http://www.america2050.org/pdf/HSR-in-America-Complete.pdf; Anton Babadjanov, "Can We Replace Cross-Country Air with Rail Travel? Yes, We Can!" Seattle Transit Blog, February 15, 2019, https://seattletransitblog.com/2019/02/15/can-we-replace-cross-country-air-with-rail-travel-yes-we-can/.

6. Project Drawdown, "Nuclear," https://www.drawdown.org/solutions/electricity-generation/nuclear. 참여과학자연대의 다음 자료 참고. "Nuclear Power & Global Warming," May 22, 2015 (updated November 8, 2018), https://www.ucsusa.org/nuclear-power/nuclear-power-and-global-warming.

7.　RMIT University, "Solar Paint Offers Endless Energy from Water Vapor," ScienceDaily, June 14, 2017, https://www.sciencedaily.com/releases/2017/06/170614091833.htm.

8.　Global Water Scarcity Atlas, "Desalination Powered by Renewable Energy," https://waterscarcityatlas.org/desalination-powered-by-renewable-energy/.

9.　Project Drawdown, "Pasture Cropping," https://www.drawdown.org/solutions/coming-attractions/pasture-cropping. Taylor Mooney, "What Is Regenerative Farming? Experts Say It Can Combat Climate Change," CBS News, July 28, 2019, https://www.cbsnews.com/news/what-is-regenerative-farming-cbsn-originals/.

10.　기후변화와 식품 가격에 관해 더 자세한 논의는 다음을 참고. Nitin Sethi, "Climate Change Could Cause 29% Spike in Cereal Prices: Leaked UN Report," *Business Standard*, July 15, 2019, https://www.business-standard.com/article/current-affairs/climate-change-could-cause-29-spike-in-cereal-prices-leaked-un-report-119071500637_1.html.

11.　이 개념에 관해 더 자세한 논의는 다음을 참고. Anna Behrend, "What Is the True Cost of Food?" *Spiegel Online*, April 2, 2016, https://www.spiegel.de/international/tomorrow/the-true-price-of-foodstuffs-a-1085086.html; Megan Perry, "The Real Cost of Food," Sustainable Food Trust, November 2015, https://sustainablefoodtrust.org/articles/the-real-cost-of-food/.

12.　Sarah Gibbens, "Eating Meat Has 'Dire' Consequences for the Planet, Says Report," *National Geographic*, January 16, 2019, https://www.nationalgeographic.com/environment/2019/01/commission-report-great-food-transformation-plant-diet-climate-change/.

13. Fisheries and Aquaculture Department, Food and Agriculture Organization of the United Nations, "Climate Change Mitigation Strategies," September 28, 2016, http://www.fao.org/fishery/topic/166280/en.

14. Jennifer L. Pomeranz, Parke Wilde, Yue Huang, Renata Micha, and Dariush Mozaffarian, "Legal and Administrative Feasibility of a Federal Junk Food and Sugar-Sweetened Beverage Tax to Improve Diet," *American Journal of Public Health*, January 10, 2018, https://ajph.aphapublications.org/doi/10.2105/AJPH.2017.304159; Arlene Weintraub, "Should We Tax Junk Foods to Curb Obesity?" *Forbes*, January 10, 2018, https://www.forbes.com/sites/arleneweintraub/2018/01/10/should-we-tax-junk-foods-to-curb-obesity/. 멕시코와 헝가리에서는 이미 정크푸드에 세금을 부과하는 방안을 시범적으로 시행하고 있다. Julia Belluz, "Mexico and Hungary Tried Junk Food Taxes—and They Seem to Be Working," Vox, January 17, 2018 (updated April 6, 2018), https://www.vox.com/2018/1/17/16870014/junk-food-tax.

15. 이 조치는 이미 추진되고 있다. "China's Hainan Province to End Fossil Fuel Car Sales in 2030," Phys.org, March 6, 2019, https://phys.org/news/2019-03-china-hainan-province-fossil-fuel.html.

16. 이 조치는 영국에서 이미 추진되고 있다. Tom Edwards, "ULEZ: The Most Radical Plan You've Never Heard Of," BBC News, March 26, 2019, https://www.bbc.com/news/uk-england-london47638862.

17. Smart Energy International, "Storage Advancements Fast-Track New Power Projects, Experts Say," June 21, 2018, https://www.smart-energy.com/news/energy-storage-new-power-projects/.

18. Adela Spulber and Brett Smith, "Are We Building the Electric Vehicle Charging Infrastructure We Need?" *IndustryWeek*, November 21, 2018, https://www.industryweek.com/technology-and-iiot/are-we-building-electric-vehicle-charging-infrastructure-we-need.

19. Echo Huang, "By 2038, the World Will Buy More Passenger Electric Vehicles Than Fossil-Fuel Cars," Quartz, May 15, 2019, https://qz.com/1618775/by-2038-sales-of-electric-cars-to-overtake-fossil-fuel-ones/; Jesper Berggreen, "The Dream Is Over—Europe Is Waking Up to a World of Electric Cars," CleanTechnica, February 17, 2019, https:// cleantechnica.com/2019/02/17/the-dream-is-over-europe-is-waking-up-to-a-world-of-electric-cars/.

20. 이 수준의 가속 성능은 2019년에 벌써 구현될 것으로 보인다는 기사: James Gilboy, "The Porsche Taycan Will Do Zero-to-60 in 3.5 Seconds," The Drive, August 17, 2018, https://www.thedrive.com/news/22984/the-porsche-taycan-will-do-zero-to-60-in-3-5-seconds. 클래식카 개조 붐이 이미 일고 있다는 기사: Robert C. Yeager, "Vintage Cars with Electric-Heart Transplants," *New York Times*, January 10, 2019, https://www.nytimes.com/2019/01/10/business/electric-conversions-classic-cars.html.

21. United Nations Department of Economic and Social Affairs, "68% of the World Population Projected to Live in Urban Areas by 2050, Says UN," May 16, 2018, https://www.un.org/development/desa/en/news/population/2018-revision-of-world-urbanization-prospects.html.

22. David Dudley, "The Guy from Lyft Is Coming for Your Car," CityLab, September 19, 2016, https://www.citylab.com/transportation/2016/09/the-guy-from-lyft-is-coming-for-your-car/500600/.

23.	Annie Rosenthal, "How 3D Printing Could Revolutionize the Future of Development," Medium, May 1, 2018, https://medium.com/@plus_socialgood/how-3d-printing-could-revolutionize-the-future-of-development-54a270d6186d; Elizabeth Royte, "What Lies Ahead for 3-D Printing?" *Smithsonian*, May 2013, https://www.smithsonianmag.com/science-nature/what-lies-ahead-for-3-d-printing-37498558/.

24.	Marissa Peretz, "The Father of Drones' Newest Baby Is a Flying Car," *Forbes*, July 24, 2019, https://www.forbes.com/sites/marissaperetz/2019/07/24/the-father-of-drones-newest-baby-is-a-flying-car/.

25.	The "slow-cation" was already popular from the seventeenth to the nineteenth centuries, in the form of the "Grand Tour." Richard Franks, "What Was the Grand Tour and Where Did People Go?" Culture Trip, December 4, 2017, https://theculturetrip.com/europe/articles/what-was-the-grand-tour-and-where-did-people-go/.

26.	International Organization for Migration mission statement, https://www.iom.int/migration-and-climate-change-0. See also Erik Solheim and William Lacy Swing, "Migration and Climate Change Need to Be Tackled Together," United Nations Framework Convention on Climate Change, September 7, 2018, https://unfccc.int/news/migration-and-climate-change-need-to-be-tackled-together.

27.	Richard B. Rood, "What Would Happen to the Climate If We Stopped Emitting Greenhouse Gases Today?" The Conversation, December 11, 2014. http://theconversation.com/what-would-happen-to-the-climate-if-we-stopped-emitting-greenhouse-gases today 35011.

28.  3D 프린터를 이용해 주택을 빠르게 짓는 기술은 이미 등장했다. Adele Peters, "This House Can Be 3D-Printed for $4,000," *Fast Company*, March 12, 2018, https://www.fastcompany.com/40538464/this-house-can-be-3d-printed-for4000.

### 4. 어떤 사람이 될 것인가

1.  Joanna Macy and Chris Johnstone, *Active Hope: How to Face the Mess We're in Without Going Crazy* (San Francisco: New World Library, 2012), 32.

### 5. 확고한 낙관

1.  Kendra Cherry, "Learned Optimism," Verywell Mind, July 25, 2019, https://www.verywellmind.com/learned-optimism 4174101.

2.  Jeremy Hodges, "Clean Energy Becomes Dominant Power Source in U.K.," *Bloomberg*, June 20, 2019, https://www.bloomberg.com/news/articles/2019-06-20/clean-energy-is-seen-as-dominant-source-in-u-k-for-first-time.

3.  Jordan Davidson, "Costa Rica Powered by Nearly 100% Renewable Energy," EcoWatch, August 6, 2019, https://www.ecowatch.com/costa-rica-net-zero-carbon-emissions-2639681381.html.

4.  Sammy Roth, "California Set a Goal of 100% Clean Energy, and Now Other States May Follow Its Lead," *Los Angeles Times*, January 10, 2019, https://www.latimes.com/business/la-fi-100-percent-clean-energy-20190110-story.html.

5.  Václav Havel, *Disturbing the Peace: A Conversation with Karel Huizdala* (New York: Vintage Books, 1991), 181-82.

6. Rebecca Solnit, *Hope in the Dark: Untold Histories, Wild Possibilities* (Chicago: Haymarket Books, 2016), 4.

### 6. 무한한 풍요

1. Brad Lancaster, "Planting the Rain to Grow Abundance," 2017년 3월 6일 투손에서 진행한 TED 강연, https://www.youtube.com/watch?v=I2xDZlpInik.

2. American Sociological Association, "In Disasters, Panic Is Rare; Altruism Dominates," ScienceDaily, August 8, 2002, https://www.sciencedaily.com/releases/2002/08/020808075321.htm.

3. Therese J. Borchard, "How Giving Makes Us Happy," Psych Central, July 8, 2018, https://psychcentral.com/blog/how-giving-makes-us-happy/.

4. Wikipedia, "November 2015 Paris Attacks," https://en.wikipedia.org/wiki/November_2015_Paris_attacks.

### 7. 철저한 재생

1. Richard Louv, *Last Child in the Woods: Saving Our Children from Nature-Deficit Disorder* (New York: Algonquin, 2005).

2. Gregory Bateson, *Steps to an Ecology of Mind* (Chicago: University of Chicago Press, 1972).

3. Daniel Christian Wahl, *Designing Regenerative Cultures* (Charmouth, UK: Triarchy Press, 2016), 267.

### 8. 열 가지 행동

1. 설령 그렇게 할 수 있다고 해도 온난화의 진행이 멈추는 것은 아니다.

Ute Kehse, "Global Warming Doesn't Stop When the Emissions Stop," Phys.org, October 3, 2017, https://phys.org/news/2017-10-global-doesnt-emissions.html.

2. Caitlin E. Werrell and Francesco Femia, "Climate Change Raises Conflict Concerns," *UNESCO Courier*, no. 2 (2018), https://en.unesco.org/courier/2018-2/climate-change-raises-conflict-concerns.

3. "Germany on Course to Accept One Million Refugees in 2015," *Guardian* (U.S. edition), December 7, 2015, https://www.the guardian.com/world/2015/dec/08/germany-on-course-to-accept-one-million-refugees-in-2015.

4. Benedikt Peters, "5 Reasons for the Far Right Rising in Germany," *Süddeutsche Zeitung*, https://projekte.sueddeutsche.de/artikel/politik/afd-5-reasons-for-the-far-right-rising-in-germany-e403522/.

5. 그 밖에 '프로젝트 드로다운(Project Drawdown)'도 참고할 만한 좋은 자료다. 지구온난화를 되돌릴 100가지 해결책을 제시하고 있다.

6. Reality Check team, "Reality Check: Which Form of Renewable Energy Is Cheapest?" 2018년 10월 26일 BBC 뉴스, https://www.bbc.com/news/business-45881551.

7. Michael Savage, "End Onshore Windfarm Ban, Tories Urge," *Guardian* (U.S. edition), June 30, 2019, https://www.theguardian.com/environment/2019/jun/30/tories-urge-lifting-off-onshore-windfarm-ban.

8. Shannon Hall, "Exxon Knew About Climate Change Almost 40 Years Ago," *Scientific American*, October 26, 2015, https://www.scientificamerican.com/article/exxon-Knew-about-climate-change-almost-40-years-ago/.

9. Sarah Pruitt, "How the Treaty of Versailles and German Guilt

Led to World War II," History.com, June 29, 2018 (updated June 3, 2019), https://www.history.com/news/treaty-of-versailles-world-war-ii-german-guilt-effects.

10.     S.P., "What, and Who, Are France's 'Gilets Jaunes'?" *Economist*, November 27, 2018, https://www.economist.com/the-economist-explains/2018/11/27/what-and-who-are-frances-gilets-jaunes.

11.     Alex Birkett, "Online Manipulation: All the Ways You're Currently Being Deceived," Conversion XL, November 19, 2015 (updated February 7, 2019), https://conversionxl.com/blog/online-manipulation-all-the-ways-youre-currently-being-deceived/.

12.     Stephanie Pappas, "Shrinking Glaciers Point to Looming Water Shortages," Live Science, December 8, 2011, https://www.livescience.com/17379-shrinking-glaciers-water-shortages.html.

13.     Bridget Alex, "Artic [sic] Meltdown: We're Already Feeling the Consequences of Thawing Permafrost," *Discover*, June 2018, http://discovermagazine.com/2018/jun/something-stirs.

14.     Fern Riddell, "Suffragettes, Violence and Militancy," British Library, February 6, 2018, https://www.bl.uk/votes-for-women/articles/suffragettes-violence-and-militancy.

15.     Office of the Historian, Department of State, "The Collapse of the Soviet Union," https://history.state.gov/milestones/1989-1992/collapse-soviet-union.

16.     "Futurama: 'Magic City of Progress'" in *World's Fair: Enter the World of Tomorrow*, Biblion, http://exhibitions.nypl.org/biblion/worldsfair/enter-world-tomorrow-futurama-and-beyond/story/story-gmfuturama.

17.    Abby Norman, "Aliens, Autonomous Cars, and AI: This Is the World of 2118," Futurism.com, January 11, 2018, https://futurism.com/2118-century-predictions; Matthew Claudel and Carlo Ratti, "Full Speed Ahead: How the Driverless Car Could Transform Cities," McKinsey & Company, August 2015, https://www.mckinsey.com/business-functions/sustainability/our-insights/full-speed-ahead-how-the-driverless-car-could-transform-cities.

18.    Brad Plumer, "Cars Take Up Way Too Much Space in Cities. New Technology Could Change That," Vox, 2016, https://www.vox.com/a/new-economy-future/cars-cities-technologies; Vanessa Bates Ramirez, "The Future of Cars Is Electric, Autonomous, and Shared—Here's How We'll Get There," Singularity Hub, August 23, 2018, https://singularityhub.com/2018/08/23/the-future-of-cars-is-electric-autonomous-and-shared-heres-how-well-get-there/.

19.    Tim Walker, "Maya Angelou Dies: 'You May Encounter Many Defeats, but You Must Not Be Defeated,'" *Independent*, May 28, 2014, https://www.independent.co.uk/news/people/maya-angelou-dies-you-may-encounter-many-defeats-but-you-must-not-be-defeated-9449234.html.

20.    "Martin Luther King Jr.—Biography," NobelPrize.org, https://www.nobelprize.org/prizes/peace/1964/king/biographical.

21.    Jonathan Swift, "The Art of Political Lying," *The Examiner*, Nov. 9, 1710, https://www.bartleby.com/209/633.html.

22.    Soroush Vosoughi, Deb Roy, and Sinan Aral, "The Spread of True and False News Online," *Science*, March 9, 2018, https://science.sciencemag.org/content/359/6380/1146.full.

23.    Carolyn Gregoire, "The Psychology of Materialism, and Why

It's Making You Unhappy," *Huffington Post*, December 15, 2013 (updated December 7, 2017), https://www.huffpost.com/entry/psychology-materialism_n_4425982.

24.  Encyclopaedia Britannica Online, "Confirmation Bias," https://www.britannica.com/science/confirmation-bias.

25.  Ben Webster, "Britons Buy a Suitcase Full of New Clothes Every Year," *Times* (UK), October 5, 2018, https://www.thetimes.co.uk/article/britons-buy-a-suitcase-full-of-new-clothes-every-year-wxws895qd.

26.  United Nations Climate Change News, "UN Helps Fashion Industry Shift to Low Carbon," United Nations Framework Convention on Climate Change, September 6, 2018, https://unfccc.int/news/un-helps-fashion-industry-shift-to-low-carbon.

27.  Al Gore, *The Future: Six Drivers of Global Change* (New York: Random House, 2013), 159.

28.  Christina Gough, "Super Bowl Average Costs of a 30-Second TV Advertisement from 2002 to 2019 (in Million U.S. Dollars)," Statista, August 9, 2019, https://www.statista.com/statistics/217134/total-advertisement-revenue-of-super-bowls/.

29.  Garett Sloane, "Amazon Makes Major Leap in Ad Industry with $10 Billion Year," Ad Age, January 31, 2019, https://adage.com/article/digital/amazon-makes-quick-work-ad-industry-10-billion-year/316468.

30.  A. Guttmann, "Global Advertising Market—Statistics & Facts," Statista, July 24, 2018, https://www.statista.com/topics/990/global-advertising-market/.

31.  이 연구를 잘 요약한 글: Tori DeAngelis, "Consumerism and Its Discontents," American Psychological Association, June 2004,

https://www.apa.org/monitor/jun04/discontents.

32.  같은 출처.

33.  Tony Seba and James Arbib, "Are We Ready for the End of Individual Car Ownership?" *San Francisco Chronicle*, July 10, 2017, https://www.sfchronicle.com/opinion/openforum/article/Are-we-ready-for-the-end-of-individual-car-11278535.php.

34.  이 내용을 잘 다룬 기사와 팟캐스트: Hans-Werner Kaas, Detlev Mohr, and Luke Collins, "Self- Driving Cars and the Future of the Auto Sector," McKinsey & Company, August 2016, https://www.mckinsey.com/industries/automotive-and-assembly/our-insights/self-driving-cars-and-the-future-of-the-auto-sector.

35.  Rosie McCall, "Millions of Fossil Fuel Dollars Are Being Pumped into Anti-Climate Lobbying," IFLScience, March 22, 2019, https://www.iflscience.com/environment/millions-of-fossil-fuel-dollars-are-being-pumped-into-anticlimate-lobbying/.

36.  Eliot Whittington, "How Big Are Fossil Fuel Subsidies?" Cambridge Institute for Sustainability Leadership, https://www.cisl.cam.ac.uk/business-action/low-carbon-transformation/eliminating-fossil-fuel-subsidies/how-big-are-fossil-fuel-subsidies.

37.  Global Studies Initiative, "What We Do: Fossil Fuel Subsidies and Climate Change," International Institute for Sustainable Development, https://www.iisd.org/gsi/what-we-do/focus-areas/renewable-energy-subsidies-fossil-fuel-phase-out.

38.  Mark Carney, "Breaking the Tragedy of the Horizon — Climate Change and Financial Stability," speech given at Lloyd's of

London, September 29, 2015, https://www.fsb.org/wp-content/uploads/Breaking-the-Tragedy-of-the-Horizon-%E2%80%93-climate-change-and-financial-stability.pdf.

39.  녹색금융네트워크(Network for Greening the Financial System)의 공식 웹사이트는 https://www.ngfs.net/en이다. 참고: https://www.ngfs.net/en. 참고: *A Call for Action: Climate Change as a Source of Financial Risk* (NGFS, April 2019, https://www.banque-france.fr/sites/default/files/media/2019/04/17/ngfs_first_comprehensive_report_-_17042019_0.pdf.

40.  Moody's, "Moody's Acquires RiskFirst, Expanding Buy-Side Analytics Capabilities," press release, July 25, 2019, https://ir.moodys.com/news-and-financials/press-releases/press-release-details/2019/Moodys-Acquires-RiskFirst-Expanding-Buy-Side-Analytics-Capabilities/default.aspx.

41.  Fatih Birol, "Renewables 2018: Market Analysis and Forecast from 2018 to 2023," International Energy Agency, October 2018, https://www.iea.org/renewables2018/.

42.  RE100, "Companies," http://there100.org/companies.

43.  David Roberts, "Utilities Have a Problem: The Public Wants 100% Renewable Energy, and Quick," Vox, October 11, 2018, https://www.vox.com/energy-and-environment/2018/9/14/17853884/utilities-renewable-energy-100-percent-public-opinion.

44.  Stefan Jungcurt, "IRENA Report Predicts All Forms of Renewable Energy Will Be Cost Competitive by 2020," SDG Knowledge Hub, January 16, 2018, http://sdg.iisd.org/news/irena-report-predicts-all-forms-of-renewable-energy-will-be-cost-competitive-by-2020/.

45.  United Nations Climate Change, "IPCC Special Report on

Global Warming of 1.5℃," United Nations Framework Convention on Climate Change, https://unfccc.int/topics/ science/workstreams/cooperation-with-the-ipcc/ipcc- special-report-on-global-warming-of-15-degc.

46.    Sunday Times Driving, "10 Electric Cars with 248 Miles or More Range to Buy Instead of a Diesel or Petrol," *Sunday Times* (UK), July 1, 2019, https://www.driving.co.uk/news/10- electric-cars-248-miles-range-buy-instead-diesel-petrol/.

47.    Christine Negroni, "How Much of the World's Population Has Flown in an Airplane?" *Air & Space*, January 6, 2016; https:// www.airspacemag.com/daily-planet/how-much-worlds- population-has-flown-airplane-180957719/; 여기에 소개된 분 석은 항공 안전 전문가 톰 패리어가 수행해 웹사이트 Quora에 실 은 것이다. Farrier, "What Percent of the World's Popu-lation Will Fly in an Airplane in Their Lives?" Quora, December 13, 2013, https://www.quora.com/What-percent-of-the-worlds- population-will-fly-in-an-airplane-in-their-lives.

48.    Liz Goldman and Mikaela Weisse, "Technical Blog: Global Forest Watch's 2018 Data Update Explained," Global Forest Watch, April 25, 2019, https://blog.globalforestwatch. org/data-and-research/technical-blog-global-forest- watchs-2018-data-update-explained; Gabriel daSilva, "World Lost 12 Million Hectares of Tropical Forest in 2018," Ecosystem Marketplace, April 25, 2019, https://www. ecosystemmarketplace.com/articles/world-lost-12-million -hectares-tropical-forest-2018/.

49.    Rhett A. Butler, "Beef Drives 80% of Amazon Deforestation," Mongabay, January 29, 2009, https://news.mongabay. com/2009/01/beef-drives-80-of-amazon-deforestation/; 보 고서 전문: Greenpeace Amazon, "Amazon Cattle Footprint, Mato Grosso: State of Destruction," February 2010, https://

www.greenpeace.org/usa/wp-contentuploads/legacy/
Global/usa/report/2010/2/amazon-cattle-footprint.pdf.

50. Herton Escobar, "Deforestation in the Amazon Is Shooting
Up, but Brazil's President Calls the Data 'a Lie,'" *Science*,
July 28, 2019, https://www.sciencemag.org/news/2019/07/
deforestation-amazon-shooting-brazil-s-president-calls-
data-lie.

51. Yuna He, Xiaoguang Yang, Juan Xia, Liyun Zhao, and Yuexin
Yang, "Consumption of Meat and Dairy Products in China: A
Review," *Proceedings of the Nutrition Society* 75, no. 3 (August
2016): 385-91, https://doi.org/10.1017/S0029665116000641.

52. David Tilman, Michael Clark, David R. Williams, et al., "Future
Threats to Biodiversity and Pathways to Their Prevention,"
*Nature* 546, (June 1, 2017): 73-81, https://www.nature.com/
articles/nature22900; Jonathan A. Foley, Navin Ramankutty,
Kate A. Brauman, et al., "Solutions for a Cultivated Planet,"
*Nature* 478 (October 12, 2011): 337-42, https://www.nature.
com/articles/nature10452.

53. EATForum, "The EAT-Lancet Commission on Food, Planet,
Health," https://eatforum.org/eat-lancet-commission/.

54. Jean-Francois Bastin, Yelena Finegold, Claude Garcia, et al.,
"The Global Tree Restoration Potential," *Science 365*, no.
6448 (July 5, 2019): 76-79, https://science.sciencemag.org/
content/365/6448/76.

55. 같은 출처.

56. World Agroforestry, "New Look at Satellite Data Quantifies
Scale of China's Afforestation Success," press release, May 5,
2017, https://www.worldagroforestry.org/news/new-look-
satellite-data-quantifies-scale-chinas-afforestation-success.

57. United Nations Environment Programme, "Ethiopia Plants over 350 Million Trees in a Day, Setting New World Record," August 2, 2019, https://www.unenvironment.org/news-and-stories/story/ethiopia-plants-over-350-million-trees-day-setting-new-world-record.

58. Roland Ennos, "Can Trees Really Cool Our Cities Down?" The Con-versation, December 22, 2015, http://theconversation.com/can-trees-really-cool-our-cities-down-44099.

59. Amy Fleming, "The Importance of Urban Forests: Why Money Really Does Grow on Trees," *Guardian* (U.S. edition), October 12, 2016, https://www.theguardian.com/cities/2016/oct/12/importance-urban-forests-money-grow-trees.

60. 인간의 고기 섭취량은 역사적으로 변동이 컸지만, 전반적으로 현재보다는 훨씬 적었다. 선사시대에는 썩어가는 고기를 이따금 획득해 먹었고, 고대 그리스와 로마에서는 고기를 1인당 연간 20~30킬로그램 정도 섭취했다. 중세 유럽에서는 1인당 연간 섭취량이 40킬로그램 정도였으며, 흑사병 유행 이후 르네상스 시대에는 110킬로그램으로 늘었다. 그러다가 산업혁명기에는 고작 14킬로그램으로 줄었다. 참고: Tomorrow Today, "A History of Meat Consumption," video, Deutsche Welle, January 18, 2019, https://www.dw.com/en/a-history-of-meat-consumption/av-47130648. 산업화가 이루어지고 냉장 기술이 개발된 후에는 고기 섭취가 꾸준히 늘어서, 1960년에는 전 세계의 1인당 평균 섭취량이 20킬로그램이었다가 오늘날에는 40킬로그램에 이르렀다. 고소득 국가의 섭취량이 압도적으로 높다(1위는 호주로, 2013년 1인당 섭취량 116킬로그램). 유럽 평균은 약 80킬로그램, 북미 평균은 약 110킬로그램이다. (Hannah Ritchie and Max Roser, "Meat and Dairy Production," Our World in Data, August 2017, https://ourworldindata.org/meat-and-seafood-production-consumption.)

61. Areeba Hasan, "Signal of Change: AT Kearney Expects Alternative Meats to Make Up 60% Market in 2040," Futures

Centre, July 16, 2019, https://www.thefuturescentre.org/
signals-of-change/224145/kearney-expects-alternative-
meats-make-60-market-2040.

62. Paul Armstrong, "Greenpeace, Nestlé in Battle over Kit Kat
Viral," CNN, March 20, 2010, http://edition.cnn.com/2010/
WORLD/asiapcf/03/19/indonesia.rainforests.orangutan.
nestle/index.html.

63. Greenpeace International, "Nestlé Promise Inadequate to
Stop Deforestation for Palm Oil," press release, September
14, 2018, https://www.greenpeace.org/international/
press-release/18400/nestle-promise-inadequate-to-stop-
deforestation-for-palm-oil/. 네슬레의 곤경과 대응에 관한 더 자
세한 분석은 다음을 참고. Aileen Ionescu-Somers and Albrecht
Enders, "How Nestlé Dealt with a Social Media Campaign
Against It," *Financial Times*, December 3, 2012, https://www.
ft.com/content/90dbff8a-3aea-11e2-b3f0-00144feabdc0.

64. 이 주제를 다룬 무척 유익한 기사 두 편은 다음과 같다. Jonathan
Rowe and Judith Silverstein, "The GDP Myth," JonathanRowe.
org, http://jonathanrowe.org/the-gdp-myth, originally
published in *Washington Monthly*, March 1, 1999; and
Stephen Letts, "The GDP Myth: The Planet's Measure for
Economic Growth Is Deeply Flawed and Outdated," ABC.net.
au, June 2, 2018, https://www.abc.net.au/news/2018-06-02/
gdp-flawed-and-out-of-date-why-still-use-it/9821402.

65. United Nations, "About the Sustainable Development Goals,"
https://www.un.org/sustainabledevelopment/sustainable-
development-goals/. 17개 목표는 다음과 같다. 빈곤 퇴치, 기아
종식, 건강과 행복, 양질의 교육, 성 평등, 깨끗한 물과 위생, 저렴한
청정에너지, 양질의 일자리와 경제성장, 산업 혁신과 사회 기반 시
설 확충, 불평등 완화, 지속 가능한 도시와 공동체, 책임감 있는 소비
와 생산, 기후변화 대응, 해양생태계 보전, 육상생태계 보전, 평화와

정의 및 제도 강화, 지속 가능 발전 목표를 위한 협력 확대.

66.  Dieter Holger, "Norway's Sovereign-Wealth Fund Boosts Renewable Energy, Divests Fossil Fuels," *Wall Street Journal*, June 12, 2019, https://www.wsj.com/articles/norways-sovereign-wealth-fund-boosts-renewable-energy-divests-fossil-fuels-11560357485.

67.  350.org, "350 Campaign Update: Divestment," https://350.org/350-campaign-update-divestment/.

68.  Chris Mooney and Steven Mufson, "How Coal Titan Peabody, the World's Largest, Fell into Bankruptcy," *Washington Post*, April 13, 2016, https://www.washingtonpost.com/news/energy-environment/wp/2016/04/13/coal-titan-peabody-energy-files-for-bankruptcy/.

69.  350.org, "Shell Annual Report Acknowledges Impact of Divestment Campaign," press release, June 22, 2018, https://350.org/press-release/shell-report-impact-of-divestment/.

70.  Ceri Parker, "New Zealand Will Have a New 'Well-being Budget,' Says Jacinda Ardern," *World Economic Forum*, January 23, 2019, https://www.weforum.org/agenda/2019/01/new-zealand-s-new-well-being-budget-will-fix-broken-politics-says-jacinda-ardern/.

71.  Enter Costa Rica, "Costa Rica Education," https://www.entercostarica.com/travel-guide/about-costarica/education.

72.  World Bank, "Accounting Reveals That Costa Rica's Forest Wealth Is Greater Than Expected," May 31, 2016, https://www.worldbank.org/en/news/feature/2016/05/31/accounting-reveals-that-costa-ricas-forest-wealth-is-greater-than-expected.

73.  참고: http://happyplanetindex.org/countries/costa-rica.

74.  AI에 대한 유익한 개론: Snips, "A 6-Minute Intro to AI," https://snips.ai/content/intro-to-ai/#ai-metrics.

75.  David Silver and Demis Hassabis, "AlphaGo Zero: Starting from Scratch," DeepMind, October 18, 2017, https://deepmind.com/blog/alphago-zero-learning scratch/.

76.  DeepMind, https://deepmind.com/.

77.  Rupert Neate, "Richest 1% Own Half the World's Wealth, Study Finds," *Guardian* (U.S. edition), November 14, 2017, https://www.theguardian.com/inequality/2017/nov/14/worlds-richest-wealth-credit-suisse.

78.  Amy Sterling, "Millions of Jobs Have Been Lost to Automation. Economists Weigh In on What to Do About It," *Forbes*, June 15, 2019, https://www.forbes.com/sites/amysterling/2019/06/15/automated-future/.

79.  Trading Economics, "Brazil—Employment in Agriculture (% of Total Employment)," https://tradingeconomics.com/brazil/employment-in-agriculture-percent-of-total-employment-wb-data.html.

80.  더 자세한 정보는 다음을 참고. Olivia Gagan, "Here's How AI Fits into the Future of Energy," World Economic Forum, May 25, 2018, https://www.weforum.org/agenda/2018/05/how-ai-can-help-meet-global-energy-demand.

81.  David Rolnick, Priya L. Donti, Lynn H. Kaack, et al., "Tackling Climate Change with Machine Learning," Arxiv, June 10, 2019, https://arxiv.org/pdf/1906.05433.pdf.

82.  PricewaterhouseCoopers, "What Doctor? Why AI and Robotics Will Define New Health," April 11, 2017, https://www.pwc.com/gx/en/industries/healthcare/publications/ai-robotics-

new-health/ai-robotics-new-health.pdf.

83.  Nicolas Miailhe, "AI & Global Governance: Why We Need an Intergovernmental Panel for Artificial Intelligence," United Nations University Centre for Policy Research, December 10, 2018, https://cpr.unu.edu/ai-global-governance-why-we-need-an-intergovernmental-panel-for-artificial-intelligence.html.

84.  Tom Simonite, "Canada, France Plan Global Panel to Study the Effects of AI," *Wired*, December 6, 2018, https://www.wired.com/story/canada-france-plan-global-panel-study-ai/.

85.  Richard Evans and Jim Gao, "DeepMind AI Reduces Google Data Centre Cooling Bill by 40%," DeepMind, July 20, 2016, https://deepmind.com/blog/deepmind-ai-reduces-google-data-centre-cooling-bill-40/.

86.  United Nations Division for the Advancement of Women (UNDAW), "Equal Participation of Women and Men in Decision-Making Processes, with Particular Emphasis on Political Participation and Leadership," report of the Expert Group Meeting, October 24–25, 2005; Kathy Caprino, "How Decision-Making Is Different Between Men and Women and Why It Matters in Business," *Forbes*, May 12, 2016, https://www.forbes.com/sites/kathycaprino/2016/05/12/how-decision-making-is-different-between-men-and-women-and-why-it-matters-in-business/; Virginia Tech, "Study Finds Less Corruption in Countries Where More Women Are in Government," ScienceDaily, June 15, 2018, https://www.sciencedaily.com/releases/2018/06/180615094850.htm.

87.  United Nations Climate Change News, "5 Reasons Why Climate Action Needs Women," United Nations Framework Convention on Climate Change, April 2, 2019, https://unfccc.

int/news/5-reasons-why-climate-action-needs-women; Emily Dreyfuss, "Here's a Way to Fight Climate Change: Empower Women," *Wired*, December 3, 2018, https://www.wired.com/story/heres-a-way-to-fight-climate-change-empower-women/.

88.   Thais Compoint, "10 Key Barriers for Gender Balance (Part 2 of 3)," Déclic International, March 5, 2019, https://declicinternational.com/key-barriers-gender-balance-2/.

89.   Anne Finucane and Anne Hidalgo, "Climate Change Is Everyone's Problem. Women Are Ready to Solve It," *Fortune*, September 12, 2018, https://fortune.com/2018/09/12/climate-change-sustainability-women-leaders/.

90.   Project Drawdown.

91.   같은 출처.

92.   Brand New Congress, https://brandnewcongress.org/.

93.   Andrea González-Ramírez, "The Green New Deal Championed by Alexandria Ocasio-Cortez Gains Momentum," Refinery29, February 7, 2019, https://www.refinery29.com/en-us/2018/12/219189/alexandria-ocasio-cortez-green-new-deal-climate-change; 여성 간 연대 그리고 미국 여성 정치인들이 참정권 운동을 기념한 행동에 관해서는 다음 기사를 참고. Sirena Bergman, "State of the Union: How Congresswomen Used Their Outfits to Make a Statement at Trump's Big Address," *Independent*, February 6, 2019, https://www.independent.co.uk/life-style/women/trump-state-union-women-ocasio-cortez-pelosi-suffragette-white-a8765371.html.

94.   Natural Resources Defense Council, "Salt of the Earth, Courtesy of the Sun," January 30, 2019, https://www.nrdc.org/stories/salt-earth-courtesy-sun.

95. Solar Sister, https://solarsister.org.

96. Laurie Goering, "Climate Pressures Threaten Political Stability—Security Experts," Reuters, June 24, 2015, https://uk.reuters.com/article/climatechange-security-politics/climate-pressures-threaten-political-stability-security-experts-idUKL8N0ZA2H220150624.

97. Laura McCamy, "Companies Donate Millions to Political Causes to Have a Say in the Government—Here Are 10 That Have Given the Most in 2018," *Business Insider France*, October 13, 2018, http://www.businessinsider.fr/us/companies-are-influencing-politics-by-donating-millions-to-politicians-2018-9.

98. Influence Map, "National Association of Manufacturers (NAM)," https://influencemap.org/influencer/National-Association-of-Manufacturing-NAM.

99. 예를 들어 미국의 경우는 다음을 참고. Andy Stone, "Climate Change: A Real Force in the 2020 Campaign?" *Forbes*, July 25, 2019, https://www.forbes.com/sites/andystone/2019/07/25/climate-change-a-real-force-in-the-2020-campaign/.

100. 환경 단체 '멸종 저항(Extinction Rebellion)'에 관한 더 자세한 정보는 웹사이트 https://rebellion.earth/와 다음 자료를 참고. https://rebellion.earth/; Brian Doherty, Joost de Moor, and Graeme Hayes, "The 'New' Climate Politics of Extinction Rebellion?" openDemocracy, November 27, 2018, https://www.opendemocracy.net/en/new-climate-politics-of-extinction-rebellion/.

101. 시민 불복종운동에 관한 자료 모음: "Civil Disobedience," ScienceDirect, https://www.sciencedirect.com/topics/computer-science/civil-disobedience.

102. Erica Chenoweth, "The '3.5% Rule': How a Small Minority Can Change the World," Carr Center for Human Rights Policy, May 14, 2019, https://carrcenter.hks.harvard.edu/news/35-rule-how-small-minority-can-change-world.

103. Fridays for Future, https://www.fridaysforfuture.org/.

104. Jonathan Watts, "'Biggest Compliment Yet': Greta Thunberg Welcomes Oil Chief's 'Greatest Threat' Label," *Guardian* (U.S. edition), July 5, 2019, https://www.theguardian.com/environment/2019/jul/05/biggest-compliment-yet-greta-thunberg-welcomes-oil-chiefs-greatest-threat-label.

## 결론: 새로운 이야기

1. 스푸트니크 위성에 관해 NASA에서 자세히 설명한 자료: National Aeronautics and Space Administration, "Sputnik and the Dawn of the Space Age," October 10, 2007, https://history.nasa.gov/sputnik/.

2. 이 연설을 50년이 지난 현재 시점에서 분석한 글: Marina Koren, "What John F. Kennedy's Moon Speech Means 50 Years Later," *The Atlantic*, July 15, 2019, https://www.theatlantic.com/science/archive/2019/07/apollo-moon-landing-jfk-speech/593899/.

3. Space Center Houston, "Photo Gallery: Apollo-Era Flight Controllers," July 2, 2019, https://spacecenter.org/photo-gallery-apollo-era-flight-controllers/.

4. 케네디 대통령과 청소부의 일화를 자세히 소개하고 동기부여에 관한 시사점을 논한 글: Zach Mercurio, "What Every Leader Should Know About Purpose," *Huffington Post*, February 20, 2017, https://www.huffpost.com/entry/what-every-leader-should-know-about-purpose_b_58ab103fe4b026a89a7a2e31.

## 기후 문제

Archer, David. *The Long Thaw: How Humans Are Changing the Next 100,000 Years of Earth's Climate.* Princeton, N.J.: Princeton Science Library, 2016.

Carson, Rachel. *Silent Spring.* New York: Mariner Books, 1962. 《침묵의 봄》(에코리브르, 2011).

Evans, Alex. *The Myth Gap: What Happens When Evidence and Arguments Aren't Enough.* Bodelva, Cornwall, UK: Eden Project Books, 2017.

Ghosh, Amitav. *The Great Derangement: Climate Change and the Unthinkable.* Chicago: University of Chicago Press, 2017.

Goodell, Jeff. *The Water Will Come: Rising Seas, Sinking Cities, and the Remaking of the Civilized World.* New York: Back Bay Books, 2018.

Hansen, James. *Storms of My Grandchildren: The Truth About the Coming Climate Catastrophe and Our Last Chance to Save Humanity.* New York: Bloomsbury, 2010.

Henson, Robert. *The Rough Guide to Climate Change.* London; Rough

Guides, 2011.

Jamail, Dahr. *The End of Ice: Bearing Witness and Finding Meaning in the Path of Climate Disruption.* New York: New Press, 2019.

Jamieson, Dale. *Reason in a Dark Time: Why the Struggle Against Climate Change Failed—And What It Means for Our Future.* Oxford: Oxford University Press, 2014.

Keeling, Charles. "The Concentration and Isotopic Abundances of Carbon Dioxide in the Atmosphere." *Tellus* 12, no. 2 (1960). https://onlinelibrary.wiley.com/doi/epdf/10.1111/j.2153-3490.1960.tb01300.x.

Kolbert, Elizabeth. *Field Notes from a Catastrophe: Man, Nature, and Climate Change.* New York: Bloomsbury, 2015. 《지구 재앙 보고서》 (여름언덕, 2007).

Lancaster, John. *The Wall: A Novel.* New York: W. W. Norton, 2019.

Lynas, Mark. *Six Degrees: Our Future on a Hotter Planet.* Boone, Iowa: National Geographic, 2008. 《6도의 멸종》 (세종서적, 2014).

Masson-Delmotte, V., P. Zhai, H.-O. Pörtner, D. Roberts, J. Skea, P. R. Shukla, A. Pirani, W. Moufouma-Okia, C. Péan, R. Pidcock, S. Connors, J. B. R. Matthews, Y. Chen, X. Zhou, M. I. Gomis, E. Lonnoy, T. Maycock, M. Tignor, and T. Waterfield, eds. *Global Warming of 1.5°C. An IPCC Special Report on the Impacts of Global Warming of 1.5°C Above Pre-Industrial Levels and Related Global Greenhouse Gas Emission Pathways, in the Context of Strengthening the Global Response to the Threat of Climate Change, Sustainable Development, and Efforts to Eradicate Poverty.* In press.

Moellendorf, Darrell. "Progress, Destruction, and the Anthropocene." *Social Philosophy and Policy* 34, no. 2 (2017): 66–88.

Wallace-Wells, David. *The Uninhabitable Earth: Life After Warming.* New York: Tim Duggan Books, 2019. 《2050 거주불능 지구》 (추수밭, 2020).

Davey, Edward. *Given Half a Chance: Ten Ways to Save the World.* London: Unbound, 2019.

Franklin, Daniel. *Mega Tech: Technology in 2050.* London: Economist Books, 2017.《메가테크 2050》(한스미디어, 2017).

Gold, Russell. *Superpower: One Man's Quest to Transform American Energy.* New York: Simon and Schuster, 2019.

Harvey, Hal. *Designing Climate Solutions: A Policy Guide for Low-Carbon Energy.* Washington, D.C.: Island Press, 2018.

Hawken, Paul, ed. *Drawdown: The Most Comprehensive Plan Ever Proposed to Reverse Global Warming.* London: Penguin Books, 2017.《플랜 드로다운》(글항아리사이언스, 2019).

Latour, Bruno. *Down to Earth: Politics in the New Climate Regime.* Cambridge, UK: Polity Press, 2018.

Leicester, Graham. *Transformative Innovation: A Guide to Practice and Policy.* Charmouth, UK: Triarchy Press, 2016.

Lovelock, James. *The Vanishing Face of Gaia: A Final Warning.* London: Penguin, 2010.

McKibben, Bill. *Falter: Has the Human Game Begun to Play Itself Out?* New York: Henry Holt, 2019.《폴터》(생각이음, 2020).

O'Hara, Maureen, and Graham Leicester. *Dancing at the Edge, Competence, Culture and Organization in the 21st Century.* Charmouth, UK: Triarchy Press, 2012.

Robinson, Mary. *Climate Justice: Hope, Resilience, and the Fight for a Sustainable Future.* London: Bloomsbury, 2018.《기후정의》(필로소픽, 2020).

Sachs, Jeffrey D. *The Age of Sustainable Development.* New York: Columbia University Press, 2015.《지속 가능한 발전의 시대》(21세기북스, 2015).

Sahtouris, Elisabet. *Gaia: The Story of Earth and Us.* Scotts Valley, Calif.: CreateSpace Independent Publishing Platform, 2018.

Smith, Bren. *Eat Like a Fish: My Adventures as a Fisherman Turned*

*Restorative Ocean Farmer*. New York: Knopf, 2019.

Snyder, Timothy. *On Tyranny: Twenty Lessons from the Twentieth Century*. New York: Tim Duggan Books, 2017. 《폭정》(열린책들, 2017).

Wahl, Daniel Christian. *Designing Regenerative Cultures*. Charmouth, UK: Triarchy Press, 2016.

Walsh, Bryan. *End Times: A Brief Guide to the End of the World*. London: Hachette Books, 2019.

Wheatley, Margaret J. *Leadership and the New Science: Discovering Order in a Chaotic World*. Oakland, Calif.: Berrett-Koehler, 2006. 《현대과학과 리더십》(21세기북스, 2001).

## 경제

Assadourian, Erik. "The Rise and Fall of Consumer Cultures." In Worldwatch Institute, ed., *State of the World 2010: Transforming Cultures from Consumerism to Sustainability*. New York: W. W. Norton, 2010.

Jackson, Tim. *Prosperity Without Growth: Economics for a Finite Planet*. London: Routledge Earthscan, 2009. 《성장 없는 번영》(착한책가게, 2015).

Klein, Naomi. *On Fire: The (Burning) Case for a Green New Deal*. New York: Simon and Schuster, 2019.

————. *This Changes Everything: Capitalism vs. the Climate*. New York: Simon and Schuster, 2015. 《이것이 모든 것을 바꾼다》(열린책들, 2016).

Lovins, L. Hunter, Stewart Wallis, Anders Wijkman, and John Fullerton. *A Finer Future: Creating an Economy in Service to Life*. Philadelphia: New Society, 2018.

Meadows, Donella H., Dennis L. Meadows, Jørgen Randers, and William W. Behrens III. *Limits to Growth: The 30-Year Update*. Chelsea, Vt.: Chelsea Green, 2004. 《성장의 한계》(갈라파고스, 2012).

Nordhaus, William. *The Climate Casino: Risk, Uncertainty, and Economics for a Warming World*. New Haven, Conn.: Yale University Press, 2015.《기후 카지노》(한길사, 2017).

Raworth, Kate. *Doughnut Economics: Seven Ways to Think Like a 21st-Century Economist*. New York: Random House, 2017.《도넛 경제학》(학고재, 2018).

Rowland, Deborah. *Still Moving: How to Lead Mindful Change*. New York: Wiley Blackwell, 2017.

## 개인적 실천과 운동 참여

Bateson, Gregory. *Steps to an Ecology of Mind*. New York: Chandler, 1972.《마음의 생태학》(책세상, 2006).

Berners-Lee, Mike. *There Is No Planet B: A Handbook for the Make or Break Years*. Cambridge, UK: Cambridge University Press, 2019.

Extinction Rebellion. *This Is Not a Drill: An Extinction Rebellion Handbook*. London: Penguin, 2019.

Foer, Jonathan Safran. *We Are the Weather: Saving the Planet Begins at Breakfast*. New York: Farrar, Straus and Giroux, 2019.《우리가 날씨다》(민음사, 2020).

Friedman, Thomas L. *Thank You for Being Late: An Optimist's Guide to Thriving in the Age of Acceleration*. New York: Farrar, Straus and Giroux, 2016.《늦어서 고마워》(21세기북스, 2017).

Havel, Václav. *Disturbing the Peace: A Conversation with Karel Huizdala*. New York: Vintage Books, 1991.

Louv, Richard. *Last Child in the Woods: Saving Our Children from Nature-Deficit Disorder*. New York: Algonquin, 2005.《자연에서 멀어진 아이들》(즐거운상상, 2017).

Macy, Joanna, and Chris Johnstone. *Active Hope: How to Face the Mess We're in Without Going Crazy*. San Francisco: New World Library, 2012.《액티브 호프》(벗나래, 2016).

Mandela, Nelson. *A Long Walk to Freedom*. New York: Time Warner

Books, 1995.《자유를 향한 머나먼 길》(두레, 2020).

Martinez, Xiuhtezcatl. *We Rise: The Earth Guardians Guide to Building a Movement That Restores the Planet.* New York: Rodale Books, 2018.

Plous, Scott. *The Psychology of Judgment and Decision Making.* Philadelphia: Temple University Press, 1993.《비즈니스맨을 위한 심리학 카페》(토네이도, 2006).

Quinn, Robert E. *Building the Bridge As You Walk on It: A Guide for Leading Change.* Greensboro, N.C.: Jossey-Bass, 2004.《리딩 체인지》(늘봄, 2005).

Scranton, Roy. *Learning to Die in the Anthropocene: Reflections on the End of Civilization.* San Francisco: City Lights, 2015.

Seligman, Martin E. P. *Learned Optimism: How to Change Your Mind and Your Life.* London: Vintage, 2006.《마틴 셀리그만의 낙관성 학습》(물푸레, 2012).

Sharpe, Bill. *Three Horizons: The Patterning of Hope.* Charmouth, UK: Triarchy Press, 2013.

Solnit, Rebecca. *Hope in the Dark: Untold Histories, Wild Possibilities.* Chicago: Haymarket Books, 2016.《어둠 속의 희망》(창비, 2017).

Thunberg, Greta. *No One Is Too Small to Make a Difference.* London: Penguin, 2019.

Wheatley, Margaret J. *Who Do We Choose to Be? Facing Reality, Claiming Leadership, Restoring Sanity.* Oakland, Calif.: Berrett-Koehler, 2017.

## 자연

Baker, Nick. *ReWild: The Art of Returning to Nature.* London: Aurum, 2017.

Brown, Gabe. *Dirt to Soil: One Family's Journey into Regenerative Agriculture.* London: Chelsea Green, 2018.

Eisenstein, Charles. *Climate: A New Story.* Berkeley, Calif.: North Atlantic Books, 2018.

Glassley, William E. *A Wilder Time: Notes from a Geologist at the Edge of the Greenland Ice*. New York: Bellevue Literary Press, 2018.

Kolbert, Elizabeth. *The Sixth Extinction: An Unnatural History*. London: Picador, 2015.《여섯 번째 대멸종》(처음북스, 2014).

Monbiot, George. *Feral: Rewilding the Land, Sea and Human Life*. London: Penguin, 2015.《활생》(위고, 2020).

Oakes, Lauren E. *In Search of the Canary Tree: The Story of a Scientist, a Cypress, and a Changing World*. New York: Basic Books, 2018.

Simard, Suzanne. *Finding the Mother Tree*. London: Penguin Random House, 2020.

Tree, Isabella. *Wilding: The Return of Nature to a British Farm*. London: Picador, 2018.

Wohlleben, Peter. *The Hidden Life of Trees: What They Feel, How They Communicate—Discoveries from a Secret World*. Vancouver, B.C.: Greystone Books, 2016.《나무 수업》(위즈덤하우스, 2016).

Wulf, Andrea. *The Invention of Nature: Alexander von Humboldt's New World*. New York: Vintage, 2015.《자연의 발명》(생각의힘, 2016).

## 과학 관련 정보

Earth Observatory, NASA, https://earthobservatory.nasa.gov/

National Geographic, nationalgeographic.com

Nature: Climate Change, nature.com

Our World in Data, Ourworldindata.org

ScienceAlert.com

ScienceDirect.com

*Smithsonian Magazine*, smithsonianmag.com

Skeptical Science: Getting skeptical about global warming skepticism, https://skepticalscience.com/

Water Scarcity Atlas, waterscarcityatlas.org

World Health Organization, who.int

Drawdown.org: https://www.drawdown.org/references

이 협정의 당사자는,

〈기후변화에 관한 국제연합 기본협약(이하 "협약"이라 한다)〉의 당사자로서,

제17차 협약 당사자총회에서 결정(1/CP.17)으로 수립된 〈행동 강화를 위한 더반플랫폼〉에 따라,

협약의 목적을 추구하고, 상이한 국내 여건에 비추어 형평의 원칙 및 공통적이지만 그 정도에 차이가 나는 책임과 각자의 능력의 원칙을 포함하는 협약의 원칙에 따라,

이용 가능한 최선의 과학적 지식에 기초하여 기후변화라는 급박한 위협에 대하여 효과적이고 점진적으로 대응할 필요성을 인식하며,

---

* 독자들의 이해를 돕고자 파리협정문 전문(全文)을 싣는다(조약 제2315호 외교부 최종 번역문, 2016년 11월 10일자 관보(제18882호) 게재). 관보의 전문(前文)은 다음과 같다. "2015년 12월 12일 파리에서 개최된 유엔 기후변화협약 당사자총회에서 채택되고, 2016년 8월 30일 제38회 국무회의의 심의를 거쳐 2016년 11월 3일 제346회 국회(정기회) 제11차 본회의의 비준동의를 얻은 후, 2016년 11월 3일 국제연합 사무총장에게 비준서를 기탁하여 2016년 12월 3일자로 대한민국에 대하여 발효되는 "파리협정"을 이에 공포합니다."

  협정문 원문은 유엔기후변화협약(UNFCCC) 홈페이지(https://unfccc.int/process-and-meetings/the-paris-agreement/what-is-the-paris-agreement)에서, 파리협정의 핵심 내용에 대한 설명을 담은 〈파리협정 길라잡이〉는 환경부 홈페이지(http://www.me.go.kr/home/web/board/read.do?menuId=10181&boardMasterId=54&boardCategoryId=&boardId=656190)에서 내려받을 수 있다.

또한, 협약에서 규정된 대로 개발도상국인 당사자, 특히 기후변화의 부정적 영향에 특별히 취약한 개발도상국 당사자의 특수한 필요와 특별한 사정을 인식하고,

자금 제공 및 기술 이전과 관련하여 최빈개도국의 특수한 필요와 특별한 상황을 충분히 고려하며,

당사자들이 기후변화뿐만 아니라 그에 대한 대응 조치에서 비롯된 여파에 의해서도 영향을 받을 수 있음을 인식하고,

기후변화 행동, 대응 및 영향이 지속가능한 발전 및 빈곤 퇴치에 대한 형평한 접근과 본질적으로 관계가 있음을 강조하며,

식량안보 수호 및 기아 종식이 근본적인 우선 과제이며, 기후변화의 부정적 영향에 식량생산체계가 특별히 취약하다는 점을 인식하고,

국내적으로 규정된 개발우선순위에 따라 노동력의 정당한 전환과 좋은 일자리 및 양질의 직업 창출이 매우 필요함을 고려하며,

기후변화가 인류의 공통 관심사임을 인정하고, 당사자는 기후변화에 대응하는 행동을 할 때 양성평등, 여성의 역량 강화 및 세대 간 형평뿐만 아니라, 인권, 보건에 대한 권리, 원주민·지역공동체·이주민·아동·장애인·취약계층의 권리 및 발전권에 관한 각자의 의무를 존중하고 촉진하며 고려하여야 함을 인정하며,

협약에 언급된 온실가스의 흡수원과 저장고의 적절한 보전 및 증진의 중요성을 인식하고,

기후변화에 대응하는 행동을 할 때, 해양을 포함한 모든 생태계의 건전성을 보장하는 것과 일부 문화에서 어머니 대지로 인식되는 생물다양성의 보존을 보장하는 것의 중요성에 주목하고, 일각에게 "기후 정의"라는 개념이 갖는 중요성에 주목하며,

이 협정에서 다루어지는 문제에 대한 교육, 훈련, 공중의 인식, 공중의 참여, 공중의 정보 접근, 그리고 모든 차원에서의 협력이 중요함을 확인하고,

기후변화에 대한 대응에 당사자 각자의 국내 법령에 따라 모든 차원의 정부 조직과 다양한 행위자의 참여가 중요함을 인식하며,

또한, 선진국인 당사자가 주도하고 있는 지속가능한 생활양식과 지속가능한 소비 및 생산 방식이 기후변화에 대한 대응에 중요한 역할을 함을 인식하면서,

다음과 같이 합의하였다.

## 제1조

이 협정의 목적상, 협약 제1조에 포함된 정의가 적용된다. 추가로,

가. "협약"이란 1992년 5월 9일 뉴욕에서 채택된 〈기후변화에 관한 국제연합 기본협약〉을 말한다.

나. "당사자총회"란 협약의 당사자총회를 말한다.

다. "당사자"란 이 협정의 당사자를 말한다.


## 제2조

1. 이 협정은, 협약의 목적을 포함하여 협약의 이행을 강화하는 데에, 지속가능한 발전과 빈곤 퇴치를 위한 노력의 맥락에서, 다음의 방법을 포함하여 기후변화의 위협에 대한 전지구적 대응을 강화하는 것을 목표로 한다.

   가. 기후변화의 위험 및 영향을 상당히 감소시킬 것이라는 인식하에, 산업화 전 수준 대비 지구 평균 기온 상승을 섭씨 2도보다 현저히 낮은 수준으로 유지하는 것 및 산업화 전 수준 대비 지구 평균 기온 상승을 섭씨 1.5도로 제한하기 위한 노력의 추구

   나. 식량 생산을 위협하지 아니하는 방식으로, 기후변화의 부정적 영향에 적응하는 능력과 기후 회복력 및 온실가스 저배출 발전을 증진하는 능력의 증대, 그리고

   다. 온실가스 저배출 및 기후 회복적 발전이라는 방향에 부합하도록 하는 재정 흐름의 조성

2. 이 협정은 상이한 국내 여건에 비추어 형평 그리고 공통적이지만 그 정도에 차이가 나는 책임과 각자의 능력의 원칙을 반영하여 이행될 것이다.

## 제3조

기후변화에 전지구적으로 대응하기 위한 국가결정기여로서, 모든 당사자는 제2조에 규정된 이 협정의 목적을 달성하기 위하여 제4조, 제7조, 제9조, 제10조, 제11조 및 제13조에 규정된 바와 같이 의욕적인 노력을 수행하고 통보하여야 한다. 이 협정의 효과적인 이행을 위해서는 개발도상국 당사자에 대한 지원이 필요함을 인식하면서, 모든 당사자는 시간의 경과에 따라 진전되는 노력을 보여줄 것이다.

## 제4조

1.  형평에 기초하고 지속가능한 발전과 빈곤 퇴치를 위한 노력의 맥락에서, 제2조에 규정된 장기 기온 목표를 달성하기 위하여, 개발도상국 당사자에게는 온실가스 배출최대치 달성에 더욱 긴 시간이 걸릴 것임을 인식하면서, 당사자는 전지구적 온실가스 배출최대치를 가능한 한 조속히 달성할 것을 목표로 하고, 그 후에는 이용 가능한 최선의 과학에 따라 급속한 감축을 실시하는 것을 목표로 하여 금세기의 하반기에 온실가스의 배출원에 의한 인위적 배출과 흡수원에 의한 제거 간에 균형을 달성할 수 있도록 한다.

2.  각 당사자는 달성하고자 하는 차기 국가결정기여를 준비하고, 통보하며, 유지한다. 당사자는 그러한 국가결정기여의 목적을 달성하기 위하여 국내적 완화 조치를 추구한다.

3.  각 당사자의 차기 국가결정기여는 상이한 국내 여건에 비추어 공통적이지만 그 정도에 차이가 나는 책임과 각자의 능력을 반영하고, 당사자의 현재 국가결정기여보다 진전되는 노력을 시현할 것이며 가능한 한 가장 높은 의욕 수준을 반영할 것이다.

4.  선진국 당사자는 경제 전반에 걸친 절대량 배출 감축목표를 약속함으로써 주도적 역할을 지속하여야 한다. 개발도상국 당사자는 완화 노력을 계속 강화하여야 하며, 상이한 국내 여건에 비추어 시간의 경과에 따라 경제 전반의 배출 감축 또는 제한 목표로 나아갈 것이 장려된다.

5.  개발도상국 당사자에 대한 지원 강화를 통하여 그들이 보다 의욕적으

로 행동할 수 있을 것임을 인식하면서, 개발도상국 당사자에게 이 조의 이행을 위하여 제9조, 제10조 및 제11조에 따라 지원이 제공된다.

6.  최빈개도국과 소도서 개발도상국은 그들의 특별한 사정을 반영하여 온실가스 저배출 발전을 위한 전략, 계획 및 행동을 준비하고 통보할 수 있다.

7.  당사자의 적응 행동 그리고/또는 경제 다변화 계획으로부터 발생하는 완화의 공통이익은 이 조에 따른 완화 성과에 기여할 수 있다.

8.  국가결정기여를 통보할 때, 모든 당사자는 결정 1/CP.21과 이 협정의 당사자회의 역할을 하는 당사자총회의 모든 관련 결정에 따라 명확성, 투명성 및 이해를 위하여 필요한 정보를 제공한다.

9.  각 당사자는 결정 1/CP.21과 이 협정의 당사자회의 역할을 하는 당사자총회의 모든 관련 결정에 따라 5년마다 국가결정기여를 통보하며, 각 당사자는 제14조에 언급된 전지구적 이행점검의 결과를 통지받는다.

10.  이 협정의 당사자회의 역할을 하는 당사자총회는 제1차 회기에서 국가결정기여를 위한 공통의 시간 계획에 대하여 고려한다.

11.  이 협정의 당사자회의 역할을 하는 당사자총회가 채택하는 지침에 따라, 당사자는 자신의 의욕 수준을 증진하기 위하여 기존의 국가결정기여를 언제든지 조정할 수 있다.

12.  당사자가 통보한 국가결정기여는 사무국이 유지하는 공공 등록부에 기록된다.

13.  당사자는 자신의 국가결정기여를 산정한다. 자신의 국가결정기여에 따른 인위적 배출과 제거를 산정할 때는, 당사자는 이 협정의 당사자회의 역할을 하는 당사자총회가 채택하는 지침에 따라, 환경적 건전성, 투명성, 정확성, 완전성, 비교가능성, 일관성을 촉진하며, 이중계산의 방지를 보장한다.

14.  국가결정기여의 맥락에서, 인위적 배출과 제거에 관한 완화 행동을 인식하고 이행할 때 당사자는, 이 조 제13항에 비추어, 협약상의 기존 방법론과 지침을 적절히 고려하여야 한다.

15. 당사자는 이 협정을 이행할 때, 대응조치의 영향으로 인하여 자국 경제가 가장 크게 영향을 받는 당사자, 특히 개발도상국 당사자의 우려사항을 고려한다.

16. 공동으로 이 조 제2항에 따라 행동할 것에 합의한 지역경제통합기구와 그 회원국을 포함하는 당사자는 자신의 국가결정기여를 통보할 때, 관련 기간 내에 각 당사자에 할당된 배출 수준을 포함하는 합의 내용을 사무국에 통고한다. 그다음 순서로 사무국은 협약의 당사자 및 서명자에게 그 합의 내용을 통지한다.

17. 그러한 합의의 각 당사자는 이 조 제13항 및 제14항 그리고 제13조 및 제15조에 따라 이 조 제16항에서 언급된 합의에 규정된 배출 수준에 대하여 책임을 진다.

18. 공동으로 행동하는 당사자들이 이 협정의 당사자인 지역경제통합기구의 프레임워크 안에서 그리고 지역경제통합기구와 함께 공동으로 행동하는 경우, 그 지역경제통합기구의 각 회원국은 개별적으로 그리고 지역경제통합기구와 함께, 이 조 제13항 및 제14항 그리고 제13조 및 제15조에 따라 이 조 제16항에 따라 통보된 합의에서 명시된 배출 수준에 대하여 책임을 진다.

19. 모든 당사자는 상이한 국내 여건에 비추어, 공통적이지만 그 정도에 차이가 나는 책임과 각자의 능력을 고려하는 제2조를 유념하며 장기적인 온실가스 저배출 발전 전략을 수립하고 통보하기 위하여 노력하여야 한다.

### 제5조

1. 당사자는 협약 제4조 제1항 라목에 언급된 바와 같이, 산림을 포함한 온실가스 흡수원 및 저장고를 적절히 보전하고 증진하는 조치를 하여야 한다.

2. 당사자는, 협약하 이미 합의된 관련 지침과 결정에서 규정하고 있는 기존의 프레임워크인: 개발도상국에서의 산림 전용과 산림 황폐화로 인한 배출의 감축 관련 활동, 그리고 산림의 보전, 지속가능한 관리 및 산

림 탄소 축적 증진 역할에 관한 정책적 접근 및 긍정적 유인과; 산림의 통합적이고 지속가능한 관리를 위한 완화 및 적응 공동 접근과 같은 대안적 정책 접근을, 이러한 접근과 연계된 비탄소 편익에 대하여 적절히 긍정적인 유인을 제공하는 것의 중요성을 재확인하면서, 결과기반지불 등의 방식을 통하여, 이행하고 지원하는 조치를 하도록 장려된다.

제6조

1. 당사자는 일부 당사자가 완화 및 적응 행동을 하는 데에 보다 높은 수준의 의욕을 가능하게 하고 지속가능한 발전과 환경적 건전성을 촉진하도록 하기 위하여, 국가결정기여 이행에서 자발적 협력 추구를 선택하는 것을 인정한다.

2. 국가결정기여를 위하여 당사자가 국제적으로 이전된 완화 성과의 사용을 수반하는 협력적 접근에 자발적으로 참여하는 경우, 당사자는 지속가능한 발전을 촉진하고 거버넌스 등에서 환경적 건전성과 투명성을 보장하며, 이 협정의 당사자회의 역할을 하는 당사자총회가 채택하는 지침에 따라, 특히 이중계산의 방지 등을 보장하기 위한 엄격한 계산을 적용한다.

3. 이 협정에 따라 국가결정기여를 달성하기 위하여 국제적으로 이전된 완화 성과는 자발적으로 사용되며, 참여하는 당사자에 의하여 승인된다.

4. 당사자가 자발적으로 사용할 수 있도록 온실가스 배출 완화에 기여하고 지속가능한 발전을 지원하는 메커니즘을 이 협정의 당사자회의 역할을 하는 당사자총회의 권한과 지침에 따라 설립한다. 이 메커니즘은 이 협정의 당사자회의 역할을 하는 당사자총회가 지정한 기구의 감독을 받으며, 다음을 목표로 한다.

가. 지속가능한 발전 증진 및 온실가스 배출의 완화 촉진

나. 당사자가 허가한 공공 및 민간 실체가 온실가스 배출 완화에 참여하도록 유인 제공 및 촉진

다. 유치당사자 국내에서의 배출 수준 하락에 기여. 유치당사자는 배출

감축으로 이어질 완화 활동으로부터 이익을 얻을 것이며 그러한 배출 감축은 다른 당사자가 자신의 국가결정기여를 이행하는 데에도 사용될 수 있다. 그리고

라. 전지구적 배출의 전반적 완화 달성

5.  이 조 제4항에 언급된 메커니즘으로부터 발생하는 배출 감축을 다른 당사자가 자신의 국가결정기여 달성을 증명하는 데 사용하는 경우, 그러한 배출 감축은 유치당사자의 국가결정기여 달성을 증명하는 데 사용되지 아니한다.

6.  이 협정의 당사자회의 역할을 하는 당사자총회는 이 조 제4항에 언급된 메커니즘하에서의 활동 수익 중 일부가 행정 경비로 지불되고, 기후변화의 부정적 영향에 특별히 취약한 개발도상국 당사자의 적응 비용의 충당을 지원하는 데 사용되도록 보장한다.

7.  이 협정의 당사자회의 역할을 하는 당사자총회는 제1차 회기에서 이조 제4항에 언급된 메커니즘을 위한 규칙, 방식 및 절차를 채택한다.

8.  당사자는 지속가능한 발전과 빈곤퇴치의 맥락에서, 특히 완화, 적응, 금융, 기술 이전 및 역량 배양 등을 통하여 적절히 조율되고 효과적인 방식으로 국가결정기여의 이행을 지원하기 위하여 당사자가 이용 가능한 통합적이고, 전체적이며, 균형적인 비시장 접근의 중요성을 인식한다. 이러한 접근은 다음을 목표로 한다.

가. 완화 및 적응 의욕 촉진

나. 국가결정기여 이행에 공공 및 민간 부문의 참여 강화, 그리고

다. 여러 기제 및 관련 제도적 장치 전반에서 조정의 기회를 마련

9.  지속가능한 발전에 대한 비시장 접근 프레임워크를 이 조 제8항에 언급된 비시장 접근을 촉진하기 위하여 정의한다.

## 제7조

1.  당사자는 지속가능한 발전에 기여하고 제2조에서 언급된 기온 목표의

맥락에서 적절한 적응 대응을 보장하기 위하여, 적응 역량 강화, 회복력 강화 그리고 기후변화에 대한 취약성 경감이라는 전지구적 적응목표를 수립한다.

2. 당사자는 기후변화의 부정적 영향에 특별히 취약한 개발도상국 당사자의 급박하고 즉각적인 요구를 고려하면서, 적응이 현지적, 지방적, 국가적, 지역적 및 국제적 차원에서 모두가 직면한 전지구적 과제라는 점과, 적응이 인간, 생계 및 생태계를 보호하기 위한 장기적이며 전지구적인 기후변화 대응의 핵심 요소이며 이에 기여한다는 점을 인식한다.

3. 개발도상국 당사자의 적응 노력은 이 협정의 당사자회의 역할을 하는 당사자총회 제1차 회기에서 채택되는 방식에 따라 인정된다.

4. 당사자는 현재 적응에 대한 필요성이 상당하고, 더 높은 수준의 완화가 추가적인 적응 노력의 필요성을 줄일 수 있으며, 적응 필요성이 더 클수록 더 많은 적응 비용이 수반될 수 있다는 점을 인식한다.

5. 당사자는, 적절한 경우 적응을 관련 사회경제적 및 환경적 정책과 행동에 통합하기 위하여, 취약계층, 지역공동체 및 생태계를 고려하면서 적응 행동이 국가 주도적이고 성 인지적이며 참여적이고 전적으로 투명한 접근을 따라야 한다는 점과, 이용 가능한 최선의 과학, 그리고 적절히 전통 지식, 원주민 지식 및 지역 지식체계에 기반을 두고 따라야 한다는 점을 확인한다.

6. 당사자는 적응 노력에 대한 지원과 국제협력의 중요성을 인식하고, 개발도상국 당사자, 특히 기후변화의 부정적 영향에 특별히 취약한 국가의 요구를 고려하는 것의 중요성을 인식한다.

7. 당사자는 다음에 관한 것을 포함하여 〈칸쿤 적응 프레임워크〉를 고려하면서 적응 행동 강화를 위한 협력을 증진하여야 한다.

   가. 적응 행동과 관련 있는 과학, 계획, 정책 및 이행에 관한 것을 적절히 포함하여, 정보, 모범관행, 경험 및 교훈의 공유

   나. 관련 정보와 지식의 취합 및 당사자에 대한 기술적 지원 및 지침의 제공을 지원하기 위하여, 이 협정을 지원하는 협약상의 것을 포함한 제도적 장치의 강화

다. 기후 서비스에 정보를 제공하고 의사결정을 지원하는 방식으로, 연구, 기후체계에 관한 체계적 관측, 조기경보시스템 등을 포함하여 기후에 관한 과학적 지식의 강화

라. 개발도상국 당사자가 효과적인 적응 관행, 적응 요구, 우선순위, 적응 행동과 노력을 위하여 제공하고 제공받은 지원, 문제점과 격차를 파악할 수 있도록, 모범관행 장려에 부합하는 방식으로의 지원, 그리고

마. 적응 행동의 효과성 및 지속성 향상

8. 국제연합 전문기구 및 기관들은 이 조 제5항을 고려하면서 이 조 제7항에서 언급된 행동을 이행하기 위한 당사자의 노력을 지원하도록 장려된다.

9. 각 당사자는, 관련 계획, 정책 그리고/또는 기여의 개발 또는 강화를 포함하는 적응계획 과정과 행동의 이행에 적절히 참여하며, 이는 다음을 포함할 수 있다.

가. 적응 행동, 조치, 그리고/또는 노력의 이행

나. 국가별 적응계획을 수립하고 이행하는 절차

다. 취약인구, 지역 및 생태계를 고려하면서, 국가별로 결정된 우선 행동을 정하기 위하여 기후변화 영향과 취약성 평가

라. 적응 계획, 정책, 프로그램 및 행동에 대한 모니터링, 평가 및 그로부터의 학습, 그리고

마. 경제 다변화와 천연자원의 지속가능한 관리 등의 방식을 통하여 사회경제적 그리고 생태계의 회복력 구축

10. 각 당사자는 개발도상국 당사자에게 어떤 추가적 부담도 발생시키지 아니하면서 적절히 적응 보고서를 정기적으로 제출하고 갱신하여야 하며, 이 보고서는 당사자의 우선순위, 이행 및 지원 필요성, 계획 및 행동을 포함할 수 있다.

11. 이 조 제10항에 언급된 적응 보고서는 국가별 적응계획, 제4조 제2항에 언급된 국가결정기여, 그리고/또는는 국가별보고서를 포함하여 그 밖의 보고서나 문서의 일부로서 또는 이와 함께 정기적으로 적절히 제출되

고 갱신된다.

12. 이 조 제10항에 언급된 적응 보고서는 사무국이 유지하는 공공 등록부에 기록된다.

13. 제9조, 제10조 및 제11조의 규정에 따라 이 조 제7항, 제9항, 제10항 및 제11항을 이행하기 위하여 지속적이고 강화된 국제적 지원이 개발도상국 당사자에게 제공된다.

14. 제14조에 언급된 전지구적 이행점검은 특히 다음의 역할을 한다.

  가. 개발도상국 당사자의 적응 노력 인정

  나. 이 조 제10항에 언급된 적응보고서를 고려하며 적응 행동의 이행 강화

  다. 적응과 적응을 위하여 제공되는 지원의 적절성과 효과성 검토, 그리고

  라. 이 조 제1항에 언급된 전지구적 적응목표를 달성하면서 나타난 전반적인 진전 검토

### 제8조

1. 당사자는 기상이변과 서서히 발생하는 현상을 포함한 기후변화의 부정적 영향과 관련된 손실 및 피해를 방지하고, 최소화하며, 해결해 나가는 것의 중요성과, 그 손실과 피해의 위험을 줄이기 위한 지속가능한 발전의 역할을 인식한다.

2. 기후변화의 영향과 관련된 손실 및 피해에 관한 바르샤바 국제 메커니즘은 이 협정의 당사자 회의 역할을 하는 당사자총회의 권한 및 지침을 따르며, 이 협정의 당사자회의 역할을 하는 당사자총회가 결정하는 바에 따라 증진되고 강화될 수 있다.

3. 당사자는 협력과 촉진을 기반으로, 적절한 경우 바르샤바 국제 메커니즘 등을 통하여 기후변화의 부정적 영향과 관련된 손실 및 피해에 관한 이해, 행동 및 지원을 강화하여야 한다.

4. 이에 따라, 이해, 행동 및 지원을 강화하기 위한 협력과 촉진 분야는 다음을 포함할 수 있다.

    가. 조기경보시스템

    나. 비상준비태세

    다. 서서히 발생하는 현상

    라. 돌이킬 수 없고 영구적인 손실과 피해를 수반할 수 있는 현상

    마. 종합적 위험 평가 및 관리

    바. 위험 보험 제도, 기후 위험 분산 그리고 그 밖의 보험 해결책

    사. 비경제적 손실, 그리고

    아. 공동체, 생계 및 생태계의 회복력

5. 바르샤바 국제 메커니즘은 이 협정상의 기존 기구 및 전문가그룹, 그리고 이 협정 밖에 있는 관련 기구 및 전문가 단체와 협력한다.

### 제9조

1. 선진국 당사자는 협약상의 자신의 기존 의무의 연속선상에서 완화 및 적응 모두와 관련하여 개발도상국 당사자를 지원하기 위하여 재원을 제공한다.

2. 그 밖의 당사자는 자발적으로 그러한 지원을 제공하거나 제공을 지속하도록 장려된다.

3. 전지구적 노력의 일환으로, 선진국 당사자는 다양한 행동을 통하여 국가 주도적 전략 지원을 포함한 공적 재원의 중요한 역할에 주목하고 개발도상국 당사자의 요구와 우선순위를 고려하면서, 다양한 재원, 기제 및 경로를 통하여 기후재원을 조성하는 데 주도적 역할을 지속하여야 한다. 그러한 기후재원 조성은 이전보다 진전되는 노력을 보여주어야 한다.

4. 확대된 재원의 제공은 적응을 위한 공적 증여기반 재원의 필요성을 고

려하고, 국가 주도적 전략과 개발도상국, 특히, 최빈개도국, 소도서 개발도상국과 같이 기후변화의 부정적 영향에 특별히 취약하고 그 역량상 상당한 제약이 있는 개발도상국 당사자의 우선순위와 요구를 감안하면서 완화와 적응 간 균형 달성을 목표로 하여야 한다.

5.  선진국 당사자는 가능하다면 개발도상국 당사자에게 제공될 공적 재원의 예상 수준을 포함하여, 이 조 제1항 및 제3항과 관련된 예시적인 성격의 정성적·정량적 정보를 적용 가능한 범위에서 2년마다 통보한다. 재원을 제공하는 그 밖의 당사자는 그러한 정보를 자발적으로 2년마다 통보하도록 장려된다.

6.  제14조에 언급된 전지구적 이행점검은 기후재원 관련 노력에 관하여 선진국 당사자 그리고/또는 협정상의 기구가 제공하는 관련 정보를 고려한다.

7.  선진국 당사자는, 제13조 제13항에 명시된 바와 같이 이 협정의 당사자회의 역할을 하는 당사자총회 제1차 회기에서 채택되는 방식, 절차 및 지침에 따라, 공적 개입을 통하여 제공 및 조성된 개발도상국 당사자에 대한 지원에 관하여 투명하고 일관된 정보를 2년마다 제공한다. 그 밖의 당사자는 그와 같이 하도록 장려된다.

8.  운영 실체를 포함한 협약의 재정메커니즘은 이 협정의 재정메커니즘의 역할을 한다.

9.  협약의 재정메커니즘의 운영 실체를 포함하여 이 협정을 지원하는 기관은, 국가별 기후 전략과 계획의 맥락에서, 개발도상국 당사자, 특히 최빈개도국 및 소도서 개발도상국이 간소한 승인 절차 및 향상된 준비 수준 지원을 통하여 재원에 효율적으로 접근하도록 보장하는 것을 목표로 한다.

### 제10조

1.  당사자는 기후변화에 대한 회복력을 개선하고 온실가스 배출을 감축하기 위하여 기술 개발 및 이전을 완전히 실현하는 것의 중요성에 대한 장기적 전망을 공유한다.

2. 당사자는, 이 협정상의 완화 및 적응 행동의 이행을 위한 기술의 중요성에 주목하고 기존의 효율적 기술 사용 및 확산 노력을 인식하면서, 기술의 개발 및 이전을 위한 협력적 행동을 강화한다.

3. 협약에 따라 설립된 기술메커니즘은 이 협정을 지원한다.

4. 이 조 제1항에 언급된 장기적 전망을 추구하면서, 이 협정의 이행을 지원하기 위하여 기술 개발 및 이전 행동 강화를 촉진하고 증진하는 데 기술메커니즘의 작업에 포괄적인 지침을 제공하도록 기술에 관한 프레임워크를 설립한다.

5. 혁신을 가속화하고 장려하고 가능하게 하는 것은 기후변화에 대한 효과적이고 장기적인 전지구적 대응과 경제 성장 및 지속가능한 발전을 촉진하는 데 매우 중요하다. 그러한 노력은, 연구개발에 대한 협업적 접근을 위하여 그리고 특히 기술 주기의 초기 단계에 개발도상국 당사자가 기술에 쉽게 접근할 수 있도록 하기 위하여, 기술메커니즘 등에 의하여, 그리고 재정적 수단을 통하여 협약의 재정메커니즘 등에 의하여 적절히 지원된다.

6. 이 조의 이행을 위하여 재정적 지원 등의 지원이 개발도상국 당사자에게 제공되며, 이에는 완화와 적응을 위한 지원 간의 균형을 이루기 위하여, 상이한 기술 주기 단계에서의 기술 개발 및 이전에 관한 협력 행동을 강화하기 위한 지원이 포함된다. 제14조에 언급된 전지구적 이행점검은 개발도상국 당사자를 위한 기술 개발 및 이전 지원 관련 노력에 대한 이용 가능한 정보를 고려한다.

### 제11조

1. 이 협정에 따른 역량배양은, 특히 적응 및 완화 행동의 이행을 포함한 효과적인 기후변화 행동을 위하여 최빈개도국과 같은 역량이 가장 부족한 개발도상국 및 소도서 개발도상국과 같은 기후변화의 부정적 효과에 특별히 취약한 개발도상국 당사자의 역량과 능력을 강화하여야 하고, 기술의 개발·확산 및 효과적 사용, 기후재원에 대한 접근, 교육·훈련 및 공중의 인식과 관련된 측면, 그리고 투명하고 시의적절하며 정

확한 정보의 소통을 원활하게 하여야 한다.

2. 역량배양은 국가별 필요를 기반으로 반응하는 국가 주도적인 것이어야 하고, 국가적, 지방적 그리고 현지적 차원을 포함하여 당사자, 특히 개발도상국 당사자의 국가 주인의식을 조성하여야 한다. 역량배양은 협약상의 역량배양 활동을 통한 교훈을 포함하여 습득한 교훈을 따라야 하고, 참여적이고 종합적이며 성 인지적인 효과적·반복적 과정이 되어야 한다.

3. 모든 당사자는 이 협정을 이행하는 개발도상국 당사자의 역량을 강화하기 위하여 협력하여야 한다. 선진국 당사자는 개발도상국에서의 역량배양 행동에 대한 지원을 강화하여야 한다.

4. 지역적·양자적 및 다자적 접근 등의 수단을 통하여 이 협정의 이행을 위한 개발도상국 당사자의 역량을 강화하는 모든 당사자는, 역량배양을 위한 그러한 행동이나 조치에 대하여 정기적으로 통보한다. 개발도상국 당사자는 이 협정의 이행을 위한 역량배양 계획, 정책, 행동이나 조치를 이행하면서 얻은 진전을 정기적으로 통보하여야 한다.

5. 역량배양 활동은, 협약에 따라 설립되어 이 협정을 지원하는 적절한 제도적 장치 등 이 협정의 이행을 지원하기 위한 적절한 제도적 장치를 통하여 강화된다. 이 협정의 당사자회의 역할을 하는 당사자총회는 제1차 회기에서 역량배양을 위한 최초의 제도적 장치에 관한 결정을 고려하고 채택한다.

### 제12조

당사자는 이 협정상에서의 행동 강화와 관련하여 기후변화 교육, 훈련, 공중의 인식, 공중의 참여 그리고 정보에 대한 공중의 접근을 강화하기 위한 적절한 조치의 중요성을 인식하면서, 이러한 조치를 할 때 서로 협력한다.

### 제13조

1. 상호 신뢰와 확신을 구축하고 효과적 이행을 촉진하기 위하여, 당사자

의 상이한 역량을 고려하고 공동의 경험에서 비롯된 유연성을 내재하고 있는, 행동 및 지원을 위하여 강화된 투명성 프레임워크를 설립한다.

2. 투명성 프레임워크는 각자의 역량에 비추어 유연성이 필요한 개발도상국 당사자가 이 조의 규정을 이행하는 데 유연성을 제공한다. 이 조 제13항에 언급된 방식, 절차 및 지침은 그러한 유연성을 반영한다.

3. 투명성 프레임워크는 최빈개도국과 소도서 개발도상국의 특수한 여건을 인식하면서 협약상의 투명성 장치를 기반으로 이를 강화하고, 국가 주권을 존중하면서 촉진적·비침해적·비징벌적 방식으로 이행되며, 당사자에게 지나친 부담을 지우지 아니한다.

4. 국가별보고서, 격년보고서, 격년갱신보고서, 국제 평가 및 검토, 그리고 국제 협의 및 분석을 포함하는 협약상의 투명성 장치는 이 조 제13항에 따른 방식, 절차 및 지침을 개발하기 위하여 얻은 경험의 일부를 구성한다.

5. 행동의 투명성을 위한 프레임워크의 목적은, 제14조에 따른 전지구적 이행점검에 알려주기 위하여, 제4조에 따른 당사자의 국가결정기여와 모범관행·우선순위·필요·격차 등 제7조에 따른 당사자들의 적응 행동을 완수하도록 명확성 및 그 진전을 추적하는 것을 포함하여, 협약 제2조에 설정된 목적에 비추어 기후변화 행동에 대한 명확한 이해를 제공하는 것이다.

6. 지원의 투명성을 위한 프레임워크의 목적은, 제14조에 따른 전지구적 이행점검에 알려주기 위하여, 제4조, 제7조, 제9조, 제10조 및 제11조에 따른 기후변화 행동의 맥락에서 관련 개별 당사자가 제공하고 제공받은 지원과 관련하여 명확성을 제공하고, 제공된 총 재정지원의 전체적인 개관을 가능한 수준까지 제공하는 것이다.

7. 각 당사자는 다음의 정보를 정기적으로 제공한다.

가. 기후변화에 관한 정부 간 패널에서 수락되고 이 협정의 당사자회의 역할을 하는 당사자총회에서 합의된 모범관행 방법론을 사용하여 작성된 온실가스의 배출원에 의한 인위적 배출과 흡수원에 의한 제거에 관한 국가별 통계 보고서, 그리고

나. 제4조에 따른 국가결정기여를 이행하고 달성하는 데에서의 진전 추
적에 필요한 정보

8.  각 당사자는 또한 제7조에 따라 기후변화의 영향과 적응에 관련된 정
보를 적절히 제공하여야 한다.

9.  선진국 당사자는 제9조, 제10조 및 제11조에 따라 개발도상국 당사자
에게 제공된 재정지원, 기술 이전 지원 및 역량배양 지원에 관한 정보
를 제공하고, 지원을 제공하는 그 밖의 당사자는 이러한 정보를 제공하
여야 한다.

10. 개발도상국 당사자는 제9조, 제10조 및 제11조에 따라 필요로 하고 제
공받은 재정지원, 기술 이전 지원 및 역량배양 지원에 관한 정보를 제
공하여야 한다.

11. 이 조 제7항과 제9항에 따라 각 당사자가 제출한 정보는 결정 1/CP.21
에 따라 기술 전문가의 검토를 받는다. 개발도상국 당사자의 역량에 비
추어 필요한 경우 역량배양 필요를 파악하기 위한 지원을 검토 절차에
포함한다. 또한 각 당사자는 제9조에 따른 노력과 관련하여 그리고 국
가결정기여에 대한 당사자 각자의 이행 및 달성과 관련하여 그 진전에
대한 촉진적·다자적 고려에 참여한다.

12. 이 항에 따른 기술 전문가의 검토는, 관련이 있을 경우 당사자가 제공
한 지원에 대한 고려와, 국가결정기여의 이행 및 달성에 대한 고려로
구성된다. 또한 검토는 당사자를 위한 개선 분야를 파악하고, 이 조 제2
항에 따라 당사자에 부여된 유연성을 고려하여 이 조 제13항에 언급된
방식·절차 및지침과 제출된 정보 간 일관성에 대한 검토를 포함한다.
검토는 개발도상국 당사자 각자의 국가적 능력과 여건에 특별한 주의
를 기울인다.

13. 이 협정의 당사자회의 역할을 하는 당사자총회는 제1차 회기에서 협약
상의 투명성과 관련된 장치로부터 얻은 경험을 기반으로 이 조의 규정
을 구체화하여, 행동과 지원의 투명성을 위한 공통의 방식, 절차 및 지
침을 적절히 채택한다.

14. 이 조의 이행을 위하여 개발도상국에 지원이 제공된다.

15. 또한 개발도상국 당사자의 투명성 관련 역량배양을 위하여 지속적인 지원이 제공된다.

## 제14조

1. 이 협정의 당사자회의 역할을 하는 당사자총회는 이 협정의 목적과 그 장기적 목표의 달성을 위한 공동의 진전을 평가하기 위하여 이 협정의 이행을 정기적으로 점검(이하 "전지구적 이행점검"이라 한다)한다. 이는 완화, 적응 및 이행 수단과 지원 수단을 고려하면서, 형평과 이용 가능한 최선의 과학에 비추어 포괄적이고 촉진적인 방식으로 행하여진다.

2. 이 협정의 당사자회의 역할을 하는 당사자총회는 이 협정의 당사자회의 역할을 하는 당사자총회에서 달리 결정하는 경우가 아니면 2023년에 첫 번째 전지구적 이행점검을 실시하고 그 후 5년마다 이를 실시한다.

3. 전지구적 이행점검의 결과는, 이 협정의 관련 규정에 따라 당사자가 국내적으로 결정한 방식으로 행동과 지원을 갱신하고 강화하도록 또한 기후 행동을 위한 국제 협력을 강화하도록 당사자에게 알려준다.

## 제15조

1. 이 협정 규정의 이행을 원활하게 하고 그 준수를 촉진하기 위한 메커니즘을 설립한다.

2. 이 조 제1항에 언급된 메커니즘은 전문가를 기반으로 한 촉진적 성격의 위원회로 구성되고, 이 위원회는 투명하고 비대립적이며 비징벌적인 방식으로 기능한다. 위원회는 당사자 각자의 국가적 능력과 여건에 특별한 주의를 기울인다.

3. 위원회는 이 협정의 당사자회의 역할을 하는 당사자총회 제1차 회기에서 채택되는 방식 및 절차에 따라 운영되며, 매년 이 협정의 당사자회의 역할을 하는 당사자총회에 보고한다.

## 제16조

1. 협약의 최고기구인 당사자총회는 이 협정의 당사자회의 역할을 한다.

2. 이 협정의 당사자가 아닌 협약의 당사자는 이 협정의 당사자회의 역할을 하는 당사자총회의 모든 회기 절차에 옵서버로 참석할 수 있다. 당사자총회가 이 협정의 당사자회의 역할을 할 때, 이 협정에 따른 결정권은 이 협정의 당사자만이 갖는다.

3. 당사자총회가 이 협정의 당사자회의 역할을 할 때, 당사자총회 의장단의 구성원으로서 해당 시점에 이 협정의 당사자가 아닌 협약의 당사자를 대표하는 자는 이 협정의 당사자들이 그들 중에서 선출한 추가 구성원으로 대체된다.

4. 이 협정의 당사자회의 역할을 하는 당사자총회는 이 협정의 이행상황을 정기적으로 검토하고, 그 권한의 범위에서 이 협정의 효과적 이행의 증진에 필요한 결정을 한다. 이 협정의 당사자회의 역할을 하는 당사자총회는 이 협정에 의하여 부여된 기능을 수행하며 다음을 한다.

   가. 이 협정의 이행에 필요하다고 간주되는 보조기구의 설립, 그리고

   나. 이 협정의 이행을 위하여 요구될 수 있는 그 밖의 기능의 수행

5. 이 협정의 당사자회의 역할을 하는 당사자총회가 만장일치로 달리 결정하는 경우를 제외하고는, 당사자총회의 절차규칙 및 협약에 따라 적용되는 재정 절차는 이 협정에 준용된다.

6. 이 협정의 당사자회의 역할을 하는 당사자총회의 제1차 회기는 이 협정의 발효일 후에 예정되어 있는 당사자총회의 제1차 회기와 함께 사무국에 의하여 소집된다. 이 협정의 당사자회의 역할을 하는 당사자총회의 후속 정기회기는, 이 협정의 당사자회의 역할을 하는 당사자총회가 달리 결정하는 경우가 아니면, 당사자총회의 정기회기와 함께 개최된다.

7. 이 협정의 당사자회의 역할을 하는 당사자총회의 특별회기는 이 협정의 당사자회의 역할을 하는 당사자총회에서 필요하다고 간주되는 다른 때에 또는 어느 당사자의 서면요청이 있는 때에 개최된다. 다만, 그러한 서면 요청은 사무국에 의하여 당사자들에게 통보된 후 6개월 이내에

최소한 당사자 3분의 1의 지지를 받아야 한다.

8. 국제연합, 국제연합 전문기구, 국제원자력기구 및 이들 기구의 회원국 이나 옵서버인 협약의 비당사자는 이 협정의 당사자회의 역할을 하는 당사자총회의 회기에 옵서버로 참석할 수 있다. 이 협정이 다루는 문제 와 관련하여 자격을 갖추고 이 협정의 당사자회의 역할을 하는 당사자 총회의 회기에 옵서버로 참석하고자 하는 의사를 사무국에 통지한 기 구나 기관은, 국내적 또는 국제적, 정부 간 또는 비정부 간인지를 불문 하고, 출석당사자의 3분의 1 이상이 반대하는 경우가 아니면 참석이 승 인될 수 있다. 옵서버의 승인 및 참석은 이 조 제5항에 언급된 절차규칙 에 따른다.


### 제17조

1. 협약 제8조에 의하여 설립되는 사무국은 이 협정의 사무국 역할을 한다.

2. 사무국의 기능에 관한 협약 제8조제2항 및 사무국의 기능 수행에 필요 한 장치에 관한 협약 제8조제3항은 이 협정에 준용된다. 또한 사무국은 이 협정에 따라 부여된 기능과 이 협정의 당사자회의 역할을 하는 당사 자총회에 의하여 부여된 기능을 수행한다.


### 제18조

1. 협약 제9조 및 제10조에 의하여 설립된 과학기술자문 보조기구와 이행 보조기구는 각각 이 협정의 과학기술자문 보조기구와 이행보조기구의 역할을 한다. 이들 두 기구의 기능 수행에 관한 협약 규정은 이 협정에 준용된다. 이 협정의 과학기술자문 보조기구와 이행보조기구 회의의 회기는 각각 협약의 과학기술 보조기구 및 이행보조기구의 회의와 함 께 개최된다.

2. 이 협정의 당사자가 아닌 협약의 당사자는 그 보조기구의 모든 회기의 절차에 옵서버로 참석할 수 있다. 보조기구가 이 협정의 보조기구의 역 할을 할 때, 이 협정에 따른 결정권은 이 협정의 당사자만 가진다.

3. 협약 제9조 및 제10조에 의하여 설립된 보조기구가 이 협정에 대한 문제와 관련하여 그 기능을 수행할 때, 보조기구 의장단의 구성원으로서 해당 시점에 이 협정의 당사자가 아닌 협약의 당사자를 대표하는 자는 이 협정의 당사자들이 그들 중에서 선출한 추가 구성원으로 대체된다.

### 제19조

1. 이 협정에서 언급되지 아니한, 협약에 의하여 또는 협약에 따라 설립된 보조기구나 그 밖의 제도적 장치는 이 협정의 당사자회의 역할을 하는 당사자총회의 결정에 따라 이 협정을 지원한다. 이 협정의 당사자회의 역할을 하는 당사자총회는 그러한 보조기구나 장치가 수행할 기능을 명확히 한다.

2. 이 협정의 당사자회의 역할을 하는 당사자총회는 그러한 보조기구와 제도적 장치에 추가적인 지침을 제공할 수 있다.

### 제20조

1. 이 협정은 협약의 당사자인 국가와 지역경제통합기구의 서명을 위하여 개방되며, 이들에 의한 비준, 수락 또는 승인을 조건으로 한다. 이 협정은 뉴욕의 국제연합본부에서 2016년 4월 22일부터 2017년 4월 21일까지 서명을 위하여 개방된다. 그 후 이 협정은 서명기간이 종료한 날의 다음 날부터 가입을 위하여 개방된다. 비준서, 수락서, 승인서 또는 가입서는 수탁자에게 기탁된다.

2. 그 회원국 중 어느 국가도 이 협정의 당사자가 아니면서 이 협정의 당사자가 되는 모든 지역 경제통합기구는, 이 협정상의 모든 의무에 구속된다. 하나 또는 둘 이상의 회원국이 이 협정의 당사자인 지역경제통합기구의 경우, 그 기구와 그 회원국은 이 협정상의 의무를 이행하기 위한 각자의 책임에 관하여 결정한다. 그러한 경우, 그 기구와 그 회원국은 이 협정상의 권리를 동시에 행사하지 아니한다.

3. 지역경제통합기구는 그 비준서, 수락서, 승인서 또는 가입서에서 이 협

정이 규율하는 문제에 관한 기구의 권한범위를 선언한다. 또한, 이러한 기구는 그 권한범위의 실질적 변동을 수탁자에게 통지하며, 수탁자는 이를 당사자에게 통지한다.

## 제21조

1. 이 협정은 지구 온실가스 총 배출량 중 최소한 55퍼센트를 차지하는 것으로 추정되는 55개 이상의 협약 당사자가 비준서, 수락서, 승인서 또는 가입서를 기탁한 날부터 30일 후에 발효한다.

2. 오직 이 조 제1항의 제한적 목적상, "지구 온실가스 총 배출량"이란 협약의 당사자가 이 협정의 채택일에 또는 그 전에 통보한 가장 최신의 배출량을 말한다.

3. 발효에 관한 이 조 제1항의 조건이 충족된 후 이 협정을 비준, 수락 또는 승인하거나 이에 가입하는 국가 또는 지역경제통합기구의 경우, 이 협정은 그러한 국가 또는 지역경제통합기구의 비준서, 수락서, 승인서 또는 가입서가 기탁된 날부터 30일 후에 발효한다.

4. 이 조 제1항의 목적상, 지역경제통합기구가 기탁하는 모든 문서는 그 기구의 회원국이 기탁하는 문서에 추가하여 계산되지 아니한다.

## 제22조

협약의 개정안 채택에 관한 협약 제15조는 이 협정에 준용된다.

## 제23조

1. 협약의 부속서 채택 및 개정에 관한 협약 제16조는 이 협정에 준용된다.

2. 이 협정의 부속서는 이 협정의 불가분의 일부를 구성하며, 명시적으로 달리 규정되는 경우가 아니면, 이 협정을 언급하는 것은 이 협정의 모든 부속서도 언급하는 것으로 본다. 그러한 부속서는 목록, 양식 및 과

학적·기술적·절차적 또는 행정적 특성을 갖는 서술적 성격의 그 밖의 자료에 국한된다.

## 제24조

분쟁해결에 관한 협약 제14조는 이 협정에 준용된다.

## 제25조

1.  각 당사자는 이 조 제2항에 규정된 경우를 제외하고는 하나의 투표권을 가진다.

2.  지역경제통합기구는 자신의 권한 범위의 문제에서 이 협정의 당사자인 그 기구 회원국의 수와 같은 수만큼의 투표권을 행사한다. 기구 회원국 중 어느 한 국가라도 투표권을 행사하는 경우, 그러한 기구는 투표권을 행사하지 아니하며, 그 반대의 경우에서도 또한 같다.

## 제26조

국제연합 사무총장은 이 협정의 수탁자가 된다.

## 제27조

이 협정에 대해서는 어떤 유보도 할 수 없다.

## 제28조

1.  당사자는 이 협정이 자신에 대하여 발효한 날부터 3년 후에는 언제든지 수탁자에게 서면통고를 하여 이 협정에서 탈퇴할 수 있다.

2.  그러한 탈퇴는 수탁자가 탈퇴통고서를 접수한 날부터 1년이 경과한 날

또는 탈퇴통고서에 그보다 더 나중의 날짜가 명시된 경우에는 그 나중의 날에 효력이 발생한다.

3. 협약에서 탈퇴한 당사자는 이 협정에서도 탈퇴한 것으로 본다.


### 제29조

아랍어, 중국어, 영어, 프랑스어, 러시아어 및 스페인어본이 동등하게 정본인 이 협정의 원본은 국제연합 사무총장에게 기탁된다.


2015년 12월 12일에 파리에서 작성되었다.
이상의 증거로, 정당하게 권한을 위임받은 아래의 서명자들이 이 협정에 서명하였다.

# THE
# FUTURE
# WE
# CHOOSE

우리 모두에게 주는 강력한 경고이자 희망찬 지침서.

크리스 앤더슨, TED 수장

힘을 준다. 기후변화에 직면하여 개인적인 행동에 나서려는 이들을 위한 실제적인 선언문.

〈커커스 리뷰〉

우리는 인류와 지구상 생명체들의 생존을 결정할 중요한 순간에 서 있다. 이 책에서 피게레스와 리빗카냑은 이 지구를 보호하기 위해 우리가 할 수 있는 일을 설명한다. 우리가 공유하는 미래, 당신 자신과 이 행성의 모든 이들의 미래를 지키기 위해 무엇을 해야 하는지를 보여준다. 레오나르도 디카프리오, 영화배우

이 책을 읽으라. 마이클 맨, 기후과학자

마음을 변화시키는 것에서부터 세계를 바꾸는 것까지, 기후 행동주의를 이끄는 책. 저자들은 단호한 낙관, 끝없는 풍요, 그리고 철저한 재생이라는 세 가지 마음가짐을 권한다.

〈포브스〉

우리는 더 건강하고 지속가능한 미래를 향해 나아갈 수 있다. 이 책은 어떻게 하면 그럴 수 있는지 설명하는 첫 책이다.

안 이달고, 파리 시장

크리스티아나와 톰은 우리에게 희망을 준다.

예스페르 브로딘, 이케아 CEO

앞으로 나아가라고 촉구하며, 어떻게 하면 차이를 만들어낼 수 있는지를 알게 해준다.

제니퍼 모건, 그린피스 인터내셔널 CEO